Antonieta Penteado da Silva Prado, Caio da Silva Prado e filhos. Caio Prado Jr. é a segunda criança da esquerda para a direita (c. 1910).

Em Eastbourne, Inglaterra, 1920. Caio Prado Jr. é o estudante à esquerda do professor.

Caio Prado Jr., bacharel em direito, 1928.

Caio Prado Jr. e a segunda mulher, Helena Maria Nioac (Nena). São Paulo, c. 1940.

Em Trípoli, atual Líbia. Em 1926, Caio Prado Jr. fez uma longa viagem pelo norte da África, Sicília, Grécia e Oriente Próximo.

Pneu furado a caminho de Jericó, Palestina.

Egito.

Parthenon, Atenas.

FOTOGRAFIA DE CAIO PRADO JR.

Templo de Karnak, Egito.

Em 1927, ainda estudante de direito, Caio Prado Jr. desceu o rio São Francisco. Foi sua primeira grande viagem pelo Brasil "profundo".

Mercado, vale do São Francisco.

FOTOGRAFIA DE CAIO PRADO JR.

Jangadas no São Francisco.

Barrancas do rio.

Comércio fluvial no São Francisco.

Salvador, Cidade Alta.

Cachoeira de Paulo Afonso.

As "cidades-jardim", incorporadas pela Companhia City nos anos 1930, mudariam a paisagem urbana de São Paulo. Fotografia tirada em estudo de campo com o geógrafo francês Pierre Deffontaines, para artigo sobre a expansão urbana de São Paulo (publicado na revista *Geografia* e aqui reproduzido na p. 101).

São Paulo, anos 1930.

Centro de São Paulo, começo dos anos 1930.

Em fotografia dos anos 1930, a cidade avança sobre o campo. A convivência de "tempos históricos" distintos no Brasil é tema recorrente na obra de Caio Prado Jr.

FOTOGRAFIA DE CAIO PRADO JR.

São Petersburgo.

FOTOGRAFIAS DE CAIO PRADO JR.

Moscou. Caio Prado Jr. viajou à União Soviética em 1933. Registrou a experiência em belas fotos, expostas em conferências sobre o país no Clube dos Artistas Modernos (CAM), em São Paulo.

Catedral de Santo Isaac, São Petersburgo.

Moscou (?).

Palácio de Inverno/ Museu Hermitage, São Petersburgo.

Sertão baiano, 1927.

EVOLUÇÃO POLÍTICA DO BRASIL

E OUTROS ESTUDOS

Capa da primeira edição de *Evolução política do Brasil*, 1933.

CAIO PRADO JR.

EVOLUÇÃO POLÍTICA DO BRASIL

E OUTROS ESTUDOS

ENTREVISTA
ANTONIO CANDIDO

POSFÁCIO
PAULO HENRIQUE MARTINEZ

2ª reimpressão

COMPANHIA DAS LETRAS

Copyright © 2012 by herdeiros de Caio da Silva Prado Jr.

Copyright do posfácio © 2012 by Paulo Henrique Martinez

Grafia atualizada segundo o Acordo Ortográfico da Língua Portuguesa de 1990, que entrou em vigor no Brasil em 2009.

Conselho editorial Coleção Caio Prado Jr.
André Botelho
Bernardo Ricupero
Lilia Moritz Schwarcz
Luiz Schwarcz
Otávio Marques da Costa

Capa (sobre foto de Caio Prado Jr.) e projeto gráfico
Elisa v. Randow

Pesquisa iconográfica
Bernardo Ricupero
Otávio Marques da Costa

Fotografias
Arquivo do Instituto de Estudos Brasileiros da Universidade de São Paulo — IEB/USP — Fundo Caio Prado Jr. Reprodução de Romulo Fialdini.

Preparação
Osvaldo Tagliavini Filho

Índice remissivo
Luciano Marchiori

Revisão
Huendel Viana
Jane Pessoa

Dados Internacionais de Catalogação na Publicação (CIP)
(Câmara Brasileira do Livro, SP, Brasil)

Prado Júnior, Caio
    Evolução política do Brasil : e outros estudos / Caio Prado Jr. ; entrevista Antonio Candido ; posfácio Paulo Henrique Martinez. — 1ª ed. — São Paulo : Companhia das Letras, 2012.

    ISBN 978-85-359-2135-9

    1. Brasil – Condições econômicas 2. Brasil – Condições sociais 3. Brasil – História 4. Brasil – Política e governo I. Candido, Antonio. II. Martinez, Paulo Henrique. III. Título.

12-07302   CDD-320.981

Índice para catálogo sistemático:
1. Brasil : Política   320.981

[2021]
Todos os direitos desta edição reservados à
EDITORA SCHWARCZ S.A.
Rua Bandeira Paulista, 702, cj. 32
04532-002 — São Paulo — SP
Telefone: (11) 3707-3500
www.companhiadasletras.com.br
www.blogdacompanhia.com.br
facebook.com/companhiadasletras
instagram.com/companhiadasletras
twitter.com/cialetras

Sumário

EVOLUÇÃO POLÍTICA DO BRASIL

Prefácio da primeira edição 9

A colônia (I) 13
A colônia (II) 33
A revolução 44
O Império 85

OUTROS ESTUDOS [INCLUÍDOS NA EDIÇÃO DE 1953]

A CIDADE DE SÃO PAULO: GEOGRAFIA E HISTÓRIA

O fator geográfico na formação e no desenvolvimento da cidade
   de São Paulo 101
Contribuição para a geografia urbana da cidade de São Paulo 122

ESTUDOS HISTÓRICOS

Formação dos limites meridionais do Brasil 157
Aires de Casal, o pai da geografia brasileira, e sua *Corografia brasílica* 174

O *Tamoio* e a política dos Andradas na Independência do Brasil 197
Roteiro para a historiografia do Segundo Reinado (1840-89) 209
Cipriano Barata (1764-1838) 220

ESTUDOS DEMOGRÁFICOS

Problemas de povoamento e a divisão da propriedade rural 229
A imigração brasileira no passado e no futuro 255

Entrevista — *Antonio Candido* 275
Posfácio — *Paulo Henrique Martinez* 281
Sobre o autor 297
Índice remissivo 301

EVOLUÇÃO POLÍTICA DO BRASIL

Prefácio da primeira edição

Isto que o leitor vai ler não é uma História do Brasil. Como o indica o próprio título, é um simples ensaio. Procurei tão somente dar a síntese da evolução política do Brasil e não traçar a sua história completa.

Daí os defeitos que serão encontrados e que sou o primeiro a reconhecer. Como pensei apenas dar a resultante média dos inúmeros fatos que compõem a nossa história, a linha mestra em torno de que se agrupam esses fatos, fui obrigado a uma seleção rigorosa que excluísse tudo quanto não fosse absolutamente necessário para a compreensão geral do assunto. Isso me levaria por vezes, estou seguro, a desprezar circunstâncias cuja falta talvez se faça sentir para a perfeita clareza da exposição. Mas, tratando-se de um método relativamente novo — refiro-me à interpretação materialista — de analisar a história brasileira, não me era dado conhecer as exigências dos leitores.

Todos esses inconvenientes evidentemente não existiriam se se tratasse de uma história e não de uma síntese. Mas por dois motivos preferi esta última. Em primeiro lugar, para fazer a história completa — o que pretendo algum dia tentar — seria necessário um material que está em grande parte ainda por constituir-se. Os nossos historiadores, preocupados unicamente com a superfície dos acontecimentos — expedições sertanistas, entradas e bandeiras; substituições de governos e governantes; invasões ou guerras —, esqueceram, quase que por completo, o que se passa no íntimo da nossa história, de que esses acontecimentos não são senão um reflexo exterior.[1]

Nessas condições, seria preciso um tempo considerável para apresentar uma história completa. E isso o momento não comporta. Repetindo um conceito do prefaciador da obra de Max Beer — *História geral do socialismo* — a respeito da história universal, podemos também afirmar, com relação à nossa, que "há muito se faz sentir a necessidade de uma história que não seja a glorificação das classes dirigentes". E traçar uma tal história é tudo quanto pensei fazer.

Em segundo lugar, uma história completa só teria probabilidades de interessar um reduzido número de leitores. Seria por sua natureza uma obra longa, e afugentaria qualquer um que não tivesse pendores particulares pelos estudos históricos. Foi minha intenção evitar isso. Quis mostrar, num livro ao alcance de todo mundo, que também na nossa história os heróis e os grandes feitos não são heróis e grandes senão na medida em que acordam com os interesses das classes dirigentes, em cujo benefício se faz a história oficial...

Apesar da premeditada intenção de evitar minúcias, alonguei-me um pouco mais sobre o histórico das revoluções da Menoridade (1831-40) e de princípios do Segundo Reinado. Fi-lo porque, de todos os fatos da nossa história, nenhum há tão pouco compreendido — o que naturalmente nada tira à sua primordial importância. A Cabanada do Pará (1833-36), a Balaiada do Maranhão (1838-41) e a Revolta Praieira de 1848 em Pernambuco — que são as principais revoluções populares da época — não passam, para a generalidade dos nossos historiadores, de fatos sem maior significação social, e que exprimem apenas a explosão de "bestiais" sentimentos e paixões das massas. Isso principalmente com relação às duas primeiras. É característico notar que Rocha Pombo, escrevendo uma alentada história em dez grossos volumes, tenha dedicado à primeira apenas uma simples nota, e à segunda, umas poucas páginas em que se limita a discorrer sobre fatos militares — e isso ainda apenas para glorificar os feitos do herói Caxias.

1. Excetuo tão somente Oliveira Vianna, que foi o primeiro, e o único até agora, a tentar uma análise sistemática e séria da nossa constituição econômica e social no passado. A sua obra, contudo — afora a inexatidão que nela se observa e que chega por vezes a grosseiras adulterações dos fatos —, está ainda em seus primeiros passos.

A Revolta Praieira mereceu de Joaquim Nabuco uma análise mais séria.[2] Mas, ainda aqui, o que está em foco é uma questão de ordem pessoal. O que Nabuco quer é justificar ou, pelo menos, destacar a atuação de seu pai, que foi juiz dos rebeldes e seu mais encarniçado adversário. A sua análise se ressente, por isso, de falhas imperdoáveis que o levam a lamentáveis conclusões. Em todo caso, já se trata de um estudo que se pode chamar de "sério".

Mas o que Nabuco não fez em relação à Revolta Praieira, e com maior razão não se fez com relação às demais revoltas que citamos, é situá-las na história brasileira, mostrá-las não como fatos ocasionais e isolados, mas como fruto que são do desenvolvimento histórico da revolução da Independência. E por isso, dada a importância primordial dessas agitações para a compreensão da história política da época, julguei útil analisá-las com mais detalhes.

Uma última palavra sobre a divisão que adotei, da história brasileira. Dividi a história colonial em dois períodos: o primeiro se estende da descoberta até o final das guerras holandesas (meados do século XVII); o segundo, daí até a vinda de d. João VI em 1808. Não insisto sobre essa divisão porque o leitor encontrará no texto sua justificação.

Quanto à revolução da Independência, dei-lhe uma amplitude maior que a geralmente adotada. Assim procedi porque quis abranger com ela todos os fatos que diretamente a ela se filiam. O período que vai da chegada de d. João à instituição do Império (1808-22) é um período preparatório. O seguinte, até a revolta de 7 de abril de 1831, de transição: não há quem não reconheça no Sete de Abril um complemento do Sete de Setembro. A Menoridade é a fase de ebulição, em que as diferentes classes e grupos sociais disputam a direção do novo Estado nacional brasileiro. No primeiro decênio do Segundo Reinado declinam essas agitações e se define o caráter político oficial, a feição política definitiva do Império. Como se vê, a nossa história política desses quarenta anos gira em torno da revolução da Independência, e, assim, deve ser estudada sob essa mesma epígrafe geral.

---

2. Joaquim Nabuco, *Um estadista do Império*, I.

A colônia (1)

CARÁTER GERAL DA COLONIZAÇÃO BRASILEIRA

A colonização do Brasil constituiu para Portugal um problema de difícil solução. Com sua população pouco superior a 1 milhão de habitantes e suas demais conquistas ultramarinas da África e Ásia de que cuidar, pouco lhe sobrava, em gente e cabedais, para dedicar ao ocasional achado de Cabral.

Não era e não podia o pequeno reino lusitano ser uma potência colonizadora à feição da antiga Grécia. O surto marítimo que enche sua história do século xv não resultara do extravasamento de nenhum excesso de população, mas fora apenas provocado por uma burguesia comercial sedenta de lucros, e que não encontrava, no reduzido território pátrio, satisfação à sua desmedida ambição. A ascensão do fundador da Casa de Avis ao trono português trouxe essa burguesia para um primeiro plano. Fora ela quem, para se livrar da ameaça castelhana e do poder da nobreza, representado pela rainha Leonor Teles, cingira o Mestre de Avis com a Coroa lusitana. Era ela, portanto, quem devia merecer do novo rei o melhor das suas atenções. Esgotadas as possibilidades do reino com as pródigas dádivas reais — só o condestável Nuno Álvares recebeu o que os contemporâneos julgaram ser a mais rica doação jamais havida em toda a Espanha[1] —, restou apenas o recurso da expansão externa para contentar os insaciáveis companheiros de d. João I.

Começou-se pela África, com a tomada de Ceuta em 1415. O movimento, uma vez iniciado, não estacou mais. Menos de meio século depois, já se cogitava da Índia, "vaga expressão geográfica aplicada a todos os países distribuídos da saída do mar Vermelho ao reino de Catai e à ilha de Cipango",[2] donde vinham as especiarias, as pérolas e pedras preciosas, os finos estofos e as madeiras raras tão procuradas na Europa, e cujo comércio enriquecera venezianos e genoveses. Torna-se então o tráfico das Índias a meta principal de todos os esforços lusitanos, e seus navegantes se sucedem na busca da rota que para lá conduziria os mercadores de Portugal.

Subitamente, em meio caminho dessa vasta empresa comercial, depara-se Portugal com um território imenso, parcamente habitado por tribos nômades ainda na Idade da Pedra. Que fazer com ele? As notícias a respeito eram pouco animadoras. "Pode-se dizer que nela não encontramos nada de proveito", escreve o célebre Vespucci, referindo-se à terra descoberta por Cabral. A solução acertada, portanto, para um povo de comerciantes, era naturalmente o abandono. E assim se procedeu. Afora as concessões para exploração do pau-brasil, única riqueza aproveitável encontrada, nada mais fez a Coroa portuguesa com relação à nova colônia nos primeiros trinta anos posteriores à descoberta.

Mas assim abandonada, não poderia a nova conquista permanecer livre das incursões de aventureiros estranhos. A ânsia por terras desconhecidas, que empolgara as nações da Europa, provocando uma corrida geral para o Novo Mundo, acabaria fatalmente por arrebatar à Coroa portuguesa a colônia sul-americana. Para amostra, aí estavam os franceses, que desde os primeiros anos do descobrimento tinham estabelecido um tráfico intenso ao longo da costa brasileira, carregando para a Europa madeiras e outros produtos.

Isso não convinha a Portugal. Se a terra era pobre, ditava-lhe contudo a previdência uma atitude menos imprudente. Alguma coisa indicava àqueles comerciantes o perigo de se desprezar uma conquista de tamanho vulto, embora fosse para guardá-la apenas como reserva para um futuro mais ou menos remoto. Não estaria dentro das normas de prudência de um povo que hauria

---

1. F. Lopes, *Crônica*, citado por J. Lúcio de Azevedo, *Épocas de Portugal econômico*.
2. Capistrano de Abreu, *Capítulos de história colonial*.

do exterior a maior parte dos seus proventos o abandono sumário de centenas de léguas de terras que lhe cabiam por direito de descobrimento.

Cogitou-se então na única forma de defesa: a colonização. Já então alguns projetos tinham sido apresentados. Partira um deles de Cristóvão Jaques, comandante da armada guarda-costas que em 1526 percorrera o litoral brasileiro, expurgando-o de traficantes intrusos. Também se apresentara um tal João Melo da Câmara. A nenhum deles atendeu a Coroa. Seus planos eram de maior envergadura. Urgia não apenas formar um ou outro núcleo, mas colonizar simultaneamente todo o extenso litoral. Era essa a condição necessária para uma eficiente defesa.

Resolveu-se o problema com a criação das capitanias hereditárias, repetindo-se em larga escala o processo adotado anos antes na colonização dos Açores e da Madeira. Entregando à iniciativa privada a solução do caso, forrava-se a Coroa portuguesa do ônus, que dificilmente suportaria, da ocupação efetiva da terra por conta própria. Seria o mesmo processo adotado quase um século depois pela Inglaterra nas suas colônias da América do Norte. Mas se o sucesso foi lá apreciável, nada, ou quase nada, se obteve no Brasil. A diferença era notável. Também nas ilhas a enfeudação do território deu magníficos resultados. Um fator concorreu, contudo, decisivamente para determinar efeitos opostos no Brasil: a vastidão do território. Nenhuma empresa particular poderia arcar com o ônus de tão vasto empreendimento como o de tornar efetiva a ocupação de dezenas de léguas de costa. O que se deu, em todas ou quase todas as capitanias, foi a dissipação imediata da totalidade dos capitais destinados à colonização e consequente impossibilidade do seu prosseguimento. Quando é instituído o governo-geral (1549), pode-se dizer que praticamente só vingara a colonização em Pernambuco, ao norte, e São Vicente, ao sul. Era tudo quanto produzira a inversão de vultosas somas e quinze anos de esforços dos malogrados donatários.

O regime das capitanias foi em princípio caracteristicamente feudal. Não gozavam os donatários de nenhum direito direto sobre a terra, vedando-lhes mesmo expressamente os forais a posse de mais de dez léguas (alguns dezesseis) de terra. E mesmo essas dez léguas deviam ser separadas em várias porções. Cabia-lhes contudo um direito eminente, quase soberano, sobre todo o território da capitania, e que se expressava por vários tributos: a redízima dos frutos; a dízima do quinto, pago à Coroa, do ouro e das pedras preciosas; passagem dos rios etc.; o monopólio das marinhas, moendas de águas e quaisquer outros engenhos; finalmente o provimento dos ofícios e cargos públicos da capitania.

Esse ensaio de feudalismo não vingou. Decaiu com o sistema de colonização que o engendrara, e com ele desapareceu sem deixar traço algum de relevo na formação histórica do Brasil. Em 1549, com a instituição do governo-geral, começa o resgate pela Coroa das capitanias doadas. Neste mesmo ano é recuperada a Bahia, que seria a sede do novo governo. Depois da guerra dos holandeses, Pernambuco; em princípios do século XVIII, Espírito Santo, São Vicente e Santo Amaro (estas duas últimas juntas formaram a capitania de São Paulo). No decorrer deste mesmo século, Paraíba do Sul (1753), Porto Seguro (1759) e Ilhéus (1761). Quanto às do extremo norte, abandonadas e esquecidas pelos sucessores dos primitivos donatários, elas se agregam automaticamente aos domínios diretos do rei. É esta a história da primitiva enfeudação do território brasileiro.

O caráter mais profundo da colonização reside na forma pela qual se distribuiu a terra. A superfície do solo e seus recursos naturais constituíam, naturalmente, a única riqueza da colônia. Não éramos, como as Índias, um país de civilização avançada, cujo aproveitamento pelos conquistadores se pudesse fazer pelo comércio ou pelo saque — que na época se confundiam num só e mesmo conceito. Aqui, uma só riqueza: os recursos naturais; daí uma só forma de exploração: a agricultura ou a pecuária, subordinadas ambas à posse fundiária. Assim um povo de comerciantes, que fazia um século se afastara do cultivo do solo para se dedicar de preferência à especulação mercantil, era novamente arrastado para o amanho da terra.

Os forais dos donatários determinavam que as terras fossem distribuídas em sesmarias aos moradores. Ficava portanto a apropriação da terra vazada em determinada forma jurídica, pois a designação *sesmaria* não se referia genericamente a qualquer forma de doação, mas, pelo contrário, subordinava-se especificamente a certos caracteres jurídicos. A propriedade do sesmeiro era alodial, isto é, plena, não consagrando outros ônus que não o pagamento da dízima da Ordem de Cristo, que afinal não passa de um simples imposto, e outras restrições, como os monopólios reais, servidões públicas de água, caminhos etc. Não comporta, todavia, nenhuma relação de caráter feudal, vassalagem ou outra. As terras eram alienáveis por livre disposição dos proprietários e não criavam laço algum de dependência pessoal. Só muito mais tarde, de 1780 em diante, passam as cartas de dada de terras a registrar a cláusula de foro. É verdade que desde 1695 determinavam as leis que não se concedessem terras sem tal cláusula; mas esta providência só teve cumprimento quase um século depois.

O que caracteriza ainda as sesmarias é a obrigação do seu aproveitamento por parte do beneficiário dentro de um certo prazo. Era disposição de lei (Ordenações Manuelinas, livro IV, p. 67), repetida nos forais dos donatários, e com frequência confirmada nas cartas de dada de terras. O prazo variava, sendo em princípio de cinco anos, excepcionalmente mais. Como sanção, figuravam a perda da terra e uma determinada multa pecuniária. Tais disposições ficaram frequentemente, é verdade, letra morta; mas não são raros na história colonial os exemplos da sua rigorosa aplicação.

Este foi o caráter da propriedade fundiária da colônia. Mas como ela se distribuiu, em outras palavras, qual a categoria dos colonos por ela contemplados? Naturalmente, os que dispunham de recursos próprios eram os preferidos. Interessava aos donatários e à Coroa não se fazerem de generosos, mas sim a produtividade da colônia, condição essencial para o aumento dos seus rendimentos; e isto naturalmente só alcançavam com a entrega da terra a quem, por conta própria, estivesse em condições de aproveitá-la. Por isso preferiam sempre os mais abastados. "A mente de Sua Majestade, diz um governador, parece dar preferência entre todas as classes de pessoas aos lavradores e estancieiros, cabeças de casal que tiverem maior quantidade de escravos e gados para povoar os sobreditos terrenos."[3] Das cartas de dada de chão se depreende que em geral os beneficiados possuíam escravos e outros bens: gente de recursos, portanto. Apressavam-se mesmo os requerentes de sesmarias, que não ignoravam as preferências dos donatários e da Coroa, em alegar que são *homens de posses que podem fazer lavouras*.

Além deste fator pecuniário intervinham também, como era natural, considerações de ordem pessoal. Um protegido do primeiro governador-geral, por exemplo, o fundador da Casa da Torre, Garcia d'Ávila, alcançou na Bahia uma verdadeira província: centenas de léguas. A posição social dos colonos também exerce grande influência. Estabeleceu-se, mesmo nesta base, uma dis-

---

3. Citado por Oliveira Vianna, *Evolução do povo brasileiro*.

tinção entre o norte e o sul da colônia. Lá, onde as possibilidades eram maiores, e por isso recebia colonos mais graduados — alta nobreza, funcionários régios de primeira categoria —, lá são concedidos tratos de terra imensos: dezenas e até centenas de léguas. No sul, pelo contrário, salvo as vinte léguas do visconde de Asseca, em Campos (atual Estado do Rio de Janeiro), as doações nunca ultrapassam duas ou três léguas, menos em geral. É que o sul, menos atraente, recebia colonos mais modestos.[4]

Todavia, esse critério de ordem pessoal da metrópole e dos donatários na concessão de sesmarias teve sua influência reduzida a um mínimo, foi praticamente anulado pelas condições gerais, especialmente físicas, da colônia. A imensidade do território deserto era mais forte que todas as preferências da Coroa ou dos donatários. Assim, a seleção dos proprietários da colônia subordinou-se afinal, unicamente, às possibilidades materiais e à habilidade própria com que cada um contava para aproveitar e valorizar as terras que recebia ou que simplesmente ocupava sem título legal algum. Já um dos mais antigos cronistas da colônia observava com razão que "no Brasil, onde a todos se dava de graça mais terra do que lhe era necessária, e quanta os moradores pediam, ninguém teria necessidade de lavrar prédios alheios, obrigando-se à solução de foros anuais; por isso, ou nunca, ou só depois de alguns séculos chegariam a ser permanentes as casas ricas [...]. Neste Estado", continua, "vive com suma indigência quem não negocia ou carece de escravos; e o mais é que para alguém ser rico não basta possuir escravatura, a qual nenhuma conveniência faz a seus senhores se estes são pouco laboriosos, e não feitorizam pessoalmente aos ditos seus escravos".[5]

É de grande importância essa constatação. Ela nos leva à conclusão de que, no Brasil Colônia, a simples propriedade da terra, independentemente dos meios de a explorar, do capital que a fecunda, nada significa. Nisso se distingue a nossa formação daquela da Europa medieval saída da invasão dos bárbaros. Lá encontraram os conquistadores descidos do norte uma população relativamente densa e estável que já se dedicava à agricultura como único meio de subsistência. O predomínio econômico e político dos senhores feudais

4. Felisbelo Freire, *História territorial do Brasil*.
5. Frei Gaspar da Madre de Deus, *Memórias para a história da capitania de São Vicente*, 3ª ed., p. 167.

resultou assim *direta e unicamente* da apropriação do solo, o que automaticamente gerava em relação a eles os laços de dependência dos primitivos ocupantes. Aqui, não. A organização político-econômica brasileira não resultou da superposição de uma classe sobre uma estrutura social já constituída, superposição esta resultante da apropriação e monopolização do solo. Faltou-nos este caráter econômico fundamental do feudalismo europeu.[6]

A ECONOMIA COLONIAL

Muito se tem discutido sobre os latifúndios brasileiros. Com uma meticulosidade a toda prova, deram-se alguns historiadores ao trabalho de cuidadosamente catalogar a extensão das propriedades territoriais de que se têm notícias, a fim de chegarem a esta ou àquela conclusão. Mas evidentemente o que interessa não é o número de léguas de cada propriedade, o que afinal não passa de uma simples expressão matemática, e nada nos diz sobre o caráter da economia agrária colonial. O importante é saber o que nela predomina, se a grande exploração agrícola, isto é, que reúne grande número de pessoas, trabalhando conjuntamente, ou se pelo contrário se funda no trabalho individual de pequenos agricultores autônomos, que lavram, eles mesmos, terras próprias ou arrendadas.

A resposta não pode sofrer dúvidas. A economia agrária colonial sempre teve por tipo a grande exploração rural. Estão aí as lavouras de cana e os engenhos de açúcar — nossa principal riqueza de então —, os extensos latifúndios dedicados à pecuária; enfim, as demais indústrias agrícolas que, embora em menor escala, sempre se revestem do mesmo caráter de grandes explorações. Basta lembrar que nosso trabalho agrícola sempre se baseou no braço escravo, negro ou índio. Mesmo em São Vicente, onde encontramos as menores e mais modestas propriedades, a regra é a mesma. "Afazendados em torno da vila", refere um historiador falando de São Paulo, "ocupavam-se os homens-bons e

6. Esta observação destina-se principalmente aos que, fundados em certas analogias superficiais, se apressam em traçar paralelos que não têm assento algum na realidade. Podemos falar num feudalismo brasileiro apenas como figura de retórica, mas absolutamente para exprimir um paralelismo, que não existe, entre nossa economia e a da Europa medieval.

da governança da terra em obrigar os seus índios a trabalhar nos trigais e milharais, nas plantações de feijão e algodão, no fabrico da farinha de mandioca e marmelada, de chapéus de feltro grosso e de baetas, na criação de grandes rebanhos." Daí lhes provinha, como diz o cronista, "grande tratamento e opulência por dominar debaixo de sua administração muitos centos de índios".[7] Não raro deparamos com proprietários de mais de mil escravos. Assim, mesmo em São Paulo, que é a zona mais pobre do Brasil Colônia, o tipo da exploração agrícola foi sempre o da grande propriedade rural.

A pequena propriedade não encontrou terreno favorável para se desenvolver na economia da colônia. O trabalho livre de pequenos lavradores não podia concorrer na rude tarefa do desbravamento de uma terra ainda virgem e nas primitivas culturas e produções aqui adotadas com o grosseiro trabalho do escravo. Este satisfazia plenamente as exigências desta rudimentar agricultura por um custo inacessível ao trabalho livre. Além disso, é um fato de observação comum que as culturas tropicais resultam muito mais rendosas — mesmo com a técnica primitiva daquela época — quando tratadas em larga escala. Daí a formação no Brasil das grandes explorações de preferência às pequenas. É o que analogamente constatamos nas colônias inglesas da América do Norte. Enquanto nas setentrionais[8] sempre predominou a pequena propriedade, nas do Sul firmou-se, como entre nós, o tipo da cultura em grande escala. Assistimos mesmo na Carolina a uma confirmação patente deste fenômeno. Quando se iniciou o povoamento desta colônia, era intenção dos seus concessionários formar uma comunidade de pequenos proprietários. Mas a influência das condições físicas foi mais forte que seus planos cuidadosamente assentados. O governo foi obrigado a adotar outros processos de distribuição da terra, e as grandes propriedades se tornaram a regra.[9] No Brasil Colônia, salta logo aos

---

7. Taunay, *São Paulo no século XVI*, p. 212. Um autor que se esforçou notavelmente por apresentar São Paulo colonial como uma organização "democrática", em que predominava a pequena propriedade, chega à conclusão de que "toda a engrenagem agrícola (dos proprietários paulistas) era impulsionada por cerca de cinquenta a cem índios forros (forro aqui quer dizer escravo, como adiante veremos) entre homens, mulheres e crianças, além de pouquíssimos índios escravos" (A. Elis, *Raça de gigantes*, p. 266).
8. São consideradas setentrionais as colônias, hoje Estados, situadas acima da chamada Mason-Dixon Line (39° 43' 26,3" Lat. N.).
9. Coman, *Industrial History of the United States*.

olhos a impossibilidade de se adaptarem os nossos produtos ao regime de pequenos lavradores sem recursos de monta. A instalação, por exemplo, de um engenho de açúcar — a principal riqueza da colônia —, mesmo dos mais modestos, exigia uma despesa de nada menos de 10 mil cruzados. Para o seu funcionamento requeriam-se ainda de 150 a duzentos trabalhadores.

Outro obstáculo ao pequeno lavrador independente é a falta de mercados para o escoamento de seus produtos. O de exportação estava reservado quase exclusivamente a mercadorias que não podia produzir por falta de recursos, como o açúcar, então praticamente a única riqueza exportável. Quanto ao mercado interno, era ele limitadíssimo, não só pelas condições da população colonial, constituída quase toda de escravos e semiescravos negros, índios e mestiços, como também pela dificuldade das comunicações, o que segregava as populações por completo umas das outras. Doutro lado, as grandes propriedades rurais produziam mais ou menos todo o necessário para o seu consumo interno, especialmente no que diz respeito aos produtos agrícolas, e dependiam muito pouco do exterior. Quanto aos centros urbanos, eram de reduzidíssima importância, especialmente nos primeiros anos da colonização de que nos ocupamos, e não podiam por isso constituir mercados de vulto.

A todas essas dificuldades que se antolham à pequena propriedade, havemos de acrescentar a agressividade das tribos indígenas, que punham os estabelecimentos colonizadores em constante alarma. Era tão sério esse problema das agressões do gentio que as próprias determinações régias exigiam dos colonos um preparo bélico permanente. O senhor de engenho ou fazenda era obrigado a sustentar quatro terços de espingardas, vinte espadas, dez lanças e vinte gibões ou pelotes de armas, além de manter uma casa-forte; cada morador, por seu lado, devia possuir uma arma: lança, arcabuz ou espada.[10] Pode-se por essas determinações inferir o risco em que viviam os colonos. E enquanto a grande unidade agrícola, o grande domínio rural conta com numeroso contingente de escravos e agregados para se defender dos ataques, os pequenos lavradores são presas fáceis das incursões dos bárbaros. Compreende-se que essa insegurança perpétua, agravada pela turbulência dos próprios colonos, aventureiros sertanistas à frente de bandos armados, não fosse propícia ao de-

---

10. *História da colonização portuguesa do Brasil* (edição comemorativa do 1º Centenário da Independência do Brasil. Porto, MCMXXIV), III, Introdução.

senvolvimento da pequena propriedade, exposta mais que qualquer outra a todos os contratempos dela oriundos.

A precariedade das condições do pequeno lavrador torna-se ainda maior pela vizinhança dos grandes e poderosos latifundiários, que lhes movem uma guerra sem tréguas. A luta destas classes, pequenos e grandes proprietários, enche a história colonial, degenerando não raro em violentos conflitos a mão armada.[11] Essas lutas terminam quase sempre pela espoliação dos primeiros em benefício dos segundos. São conhecidos neste sentido os abusos praticados pelos célebres latifundiários da Bahia e do Piauí: Antônio Guedes de Brito, Bernardo Vieira Ravasco e Domingos Afonso Sertão. Quando não sucumbem pela força, cedem os pequenos lavradores diante de uma legislação opressiva contra eles dirigida. Em tal capítulo constituem episódios dos mais ilustrativos da nossa história os obstáculos legais opostos a culturas e produções mais ao alcance dos minguados recursos de modestos lavradores. É assim com a aguardente que se fabricava em simples molinetes ou engenhocas de reduzido custo. Como tal produção desfalcasse os engenhos da cana de que necessitavam, sofreu o fabrico da aguardente sucessivos golpes das autoridades da metrópole e da colônia, até ser definitivamente proibido, sob penas severas, que iam até o confisco dos bens dos transgressores. Caso análogo dá-se com o algodão. Como o seu cultivo desviasse esforços do plantio da cana em prejuízo dos engenhos, foi igualmente proibido. Mais tarde, quando os ricos proprietários o julgaram suficientemente remunerador, conseguem por todos os meios e modos açambarcar toda a produção, obrigando os pequenos lavradores a lhes venderem o seu produto.

Nessas condições não era possível à pequena propriedade medrar no Brasil colonial. Impelidos pelas circunstâncias vão os pequenos proprietários aos poucos se desfazendo de suas posses em benefício dos grandes domínios. Depois de tal processo de eliminação da pequena propriedade, vai-se afinal fundar toda a economia agrária da colônia unicamente no grande domínio rural.

A diversidade das várias zonas econômicas em que se divide o país não altera sensivelmente esse quadro fundamental. Na extensa faixa costeira, onde impera a lavoura açucareira, o caráter da grande exploração é incontestável. Na zona da pecuária, localizada no sertão nordestino e que se estende do mé-

---

11. *Arquivo Público do Pará*, IV, citado por Rocha Pombo, *História do Brasil*.

dio São Francisco ao Maranhão, o regime dos grandes latifúndios é típico. Já um dos primeiros cronistas do Brasil nota que "sendo o sertão da Bahia tão dilatado como temos referido, quase todo pertence a duas das principais famílias da mesma cidade, que são a da Torre e do defunto mestre de campo Antônio Guedes de Brito. Porque a Casa da Torre tem 260 léguas pelo rio de São Francisco acima, à mão direita, indo para o sul; e indo para o norte, chega a oitenta léguas. E os herdeiros do mestre de campo Antônio Guedes possuem desde o morro dos Chapéus até as nascenças do rio das Velhas, 160 léguas".[12] No Piauí, são conhecidas as imensas propriedades, a que já nos referimos, dos afamados sertanistas Domingos Afonso Sertão, Bernardo Vieira Ravasco, Domingos Jorge Velho e alguns outros, que senhoreavam por si sós toda a imensa extensão dos sertões piauienses.

Quanto ao planalto paulista, já tivemos ocasião de notar que, embora mais modestos, não perdiam contudo os domínios rurais o caráter comum das demais explorações agrícolas brasileiras.

São estes, em traços gerais, os caracteres da economia agrária da colônia. Quanto à urbana, ela é no primeiro século e meio da colonização praticamente inexistente. Nem a indústria, nem o comércio, estes elementos constitutivos da economia urbana, tinham então importância suficiente para se caracterizarem como categorias distintas da exploração primária do solo. O comércio estava limitado aos pequenos mercadores ambulantes que percorriam o interior à cata de fregueses. O seu desenvolvimento data realmente de meados do século XVII. Quanto à indústria, ela se concentra nos próprios domínios rurais. Estes não recebiam de fora senão o que importavam da metrópole e isso mesmo em reduzida escala. Deparamos nos domínios com olarias, ferrarias, carpintarias, selarias, sapatarias, serrarias.[13] Não é de estranhar, portanto, que em São Paulo vivam, em 1622, apenas treze oficiais artífices: cinco alfaiates, três sapateiros, três ourives, um serralheiro e um barbeiro.[14] Em toda a capitania do Rio Grande do Norte havia em princípios do século XVIII somente um ferreiro, um carpinteiro e um pedreiro.[15] Não passavam por isso os centros urbanos de pequenos

---

12. Antonil, *Cultura e opulência do Brasil*.
13. Taunay, *História seiscentista da vila de São Paulo*, IV, p. 15.
14. Idem, ibidem.
15. *Revista do Instituto Histórico Brasileiro*, LXII, p. 7.

arraiais, vilas quando muito, de caráter tipicamente rural. Constituía-se mesmo sua população, no mais das vezes, da própria gente do campo que neles fixava residência, em geral temporária.[16] É portanto no campo que se concentra a vida da colônia, e é a economia agrária a sua única base material.

A SOCIEDADE COLONIAL

A sociedade colonial brasileira é o reflexo fiel de sua base material: a economia agrária que descrevemos. Assim como a grande exploração absorve a terra, o senhor rural monopoliza a riqueza, e com ela seus atributos naturais: o prestígio, o domínio. "O ser senhor de engenho", refere um cronista, "é título a que muitos aspiram porque traz consigo o ser servido, obedecido e respeitado de muitos."[17] Alcançavam por vezes os haveres desses grandes lavradores somas consideráveis para a época. A posição privilegiada do Brasil no primeiro século da colonização, como único produtor do açúcar, posição que só começa a perder em meados do século seguinte, favorece uma rápida prosperidade que cedo se revela na constituição de grandes fortunas. Em fins dos Quinhentos já havia colonos de 40, 50 e 80 mil cruzados de seu. Mais de cem colonos possuíam, em 1584, de 1 mil a 5 mil cruzados de renda, e alguns de 8 mil a 10 mil.[18] Naturalmente, tal abastança exigia o esforço de dezenas e centenas de trabalhadores; sua condição necessária era pois uma ínfima minoria de colonos, formando grandes explorações.

Compreende-se a importância destes grandes agricultores em meio de uma população miserável de índios, mestiços e negros escravos. E desde o início da colonização é destes que se constitui a massa popular. É de fato numa base essencialmente escravista, ninguém o ignora, que assenta a economia colonial brasileira. Sem escravos não era possível aos colonos abastecerem-se da mão de obra de que necessitavam. A imigração branca era escassa, e tornava-se

---

16. As cidades brasileiras, ainda em fins do regime colonial, eram insignificantes. Rio de Janeiro, então já a capital, não passava de 50144 habitantes; Bahia, 45600; Recife, 30 mil; São Luís do Maranhão, 22 mil; São Paulo, 16 mil. Estas cinco cidades reunidas (as demais não passavam de aldeias) representam apenas 5,7% da população total do país, ou seja, 2852000 habitantes.
17. Antonil, op. cit.
18. *História da colonização portuguesa do Brasil*, II, Introdução. O cruzado valeria então cerca de 40$000; hoje (1993) vale Cr$ 40,00.

assim indispensável o emprego do braço escravo de outras raças. A par disso, tratava-se apenas de seguir o exemplo da metrópole, onde a instituição servil largamente se difundira desde as guerras da Conquista. Os mouros aprisionados eram em geral reduzidos ao cativeiro. Mais tarde, no século XV, com a conquista da África e a consequente importação de negros cativos, toma a escravidão no Reino grandes proporções. Em meados do século XVI orçava a população escrava de Lisboa por 9950 indivíduos, ou seja, cerca de 10% da população total. Em Évora havia mais negros que brancos.[19]

Já entre as primeiras concessões de d. João III aos donatários das capitanias brasileiras figura a de poderem "cativar o gentio que quisessem para o seu serviço", e mesmo a de levarem alguns para o Reino. "Reduzir" o gentio tornou-se a palavra de ordem dos colonos. Logo de início lograram atrair algumas tribos menos hostis, que vieram quase espontaneamente colaborar com eles na obra da colonização, engajando-se como trabalhadores nos engenhos e nas fazendas. Mas nem sempre foi tão fácil a tarefa. Os processos brutais empregados pelos portugueses para forçarem os indígenas ao trabalho — processos de que em nossos dias ainda temos exemplo entre as populações não iniciadas na civilização ocidental — não eram de molde a despertar nos índios grande entusiasmo pela colonização branca. Preferiam permanecer no recesso das matas, longe da cultura europeia de que só chegavam a conhecer os horrores da mais atroz das opressões. Foi por isso preciso ir lá buscá-los.

Inicia-se então esta "caça" do homem pelo homem, que pelas suas proporções tem poucos paralelos na história, e que figura como apanágio de glória das "epopeias" bandeirantes... Escusado será repetir o que foram estas expedições preadoras do gentio, que percorreram o território brasileiro de norte a sul e de leste a oeste, descendo do sertão milhares e milhares de cativos a serem iniciados nas "belezas" da civilização.

Mas cedo começou a legislação da metrópole a pôr obstáculos a estas "caçadas". Para infelicidade dos colonos, vem contrabalançar-lhes o arbítrio sem limites a influência poderosa dos padres da Companhia de Jesus junto aos soberanos portugueses. O papel dos jesuítas na colonização do Brasil e da América em geral ocupa um lugar de destaque e sem precedentes na história das missões cristãs. Ninguém ignora qual tenha sido a parte dos missionários

---

19. *História da colonização portuguesa do Brasil*, ibidem.

na obra de penetração da civilização ocidental entre os povos mais primitivos. São eles que formam na vanguarda, preparando o terreno com a domesticação dos naturais. Assim foi na Europa Oriental com os frades dos séculos xv e xvi, e assim é hoje ainda entre as populações asiáticas e africanas; antes dos capitais europeus ou norte-americanos aparece o crucifixo dos missionários.

Desempenharam tal papel na colonização brasileira os capuchinhos, carmelitas e religiosos de outras ordens. Os jesuítas contudo se individualizam nesta obra missionária. Sua tarefa consistiu em preparar o terreno, não para os outros, mas para eles próprios. Almejavam a constituição na América de seu império temporal, e destes planos ficou-nos a amostra das célebres missões jesuítas do Paraguai.

Tais projetos colidiam, como era natural, com os interesses dos colonos, pois fundavam-se no privilégio, que os jesuítas reivindicavam, da conquista das almas, "eufemismo casuístico disfarçando o monopólio do braço indígena".[20] Daí as lutas incessantes de padres e colonos, principalmente naquelas zonas — São Vicente, Maranhão e Pará — onde os moradores, pobres demais para importarem escravos africanos, não podiam dispensar o trabalho dos índios. Culminaram essas lutas com a expulsão dos padres — São Paulo, em 1643, e Maranhão, em 1661.

De tais lutas, e da legislação repressiva da metrópole, deriva para os nossos aborígenes uma situação jurídica original e por vezes complexa. Era preciso contornar as disposições legais, e, embora mantendo a escravidão índia, encobri-la com mais ou menos disfarces. Para isso, classificam-se os índios em duas categorias. Os cativos em guerra justa — cujo conceito foi o mais elástico possível, variando ao sabor das circunstâncias do momento — e os prisioneiros de outras tribos, resgatados pelos colonos, eram considerados escravos de pleno direito. Os demais eram tidos como livres, mas deviam permanecer sob a administração e tutela dos colonos. São as "peças forras", os "servos de administração", os "administrados" dos documentos da época. Reunidos em aldeias, designava-lhes a metrópole um administrador. Escusado será dizer que este administrador empregava seus tutelados como escravos, distribuindo-os por suas propriedades. Por isso era o cargo de administrador tão disputado. No-

---

20. Euclides da Cunha, *Os sertões*.

meavam-se administradores a rodo, e em São Paulo, por exemplo, todo colono mais ou menos importante tinha esse título. Basta lembrar que só no termo da vila paulistana havia em fins do século XVII mais de quatrocentos, e nas capitanias anexas mais de 4 mil.[21] Quanto ao tratamento dispensado aos aldeados, damos a palavra a um contemporâneo: "Serviam-se dos índios pela madrugada até a noite, como fazem aos negros do Brasil. Nas cáfilas de São Paulo a Santos, não só iam carregados como homens, mas sobrecarregados como azêmolas, quase todos nus ou cingidos de um trapo e com uma espiga de milho pela ração de cada dia".[22] A distinção, portanto, entre índios forros e escravos tinha tão somente o objetivo de burlar a lei com designações diversas, que na realidade exprimem a mesma coisa. Admitiu-se a princípio a inalienabilidade dos forros, ao inverso dos escravos; proibia-se também que fossem objeto de avaliação, sequestro, venda ou arrematação em hasta pública.[23] Mesmo tal distinção, contudo, logo desapareceu, sendo todos equiparados, embora conservassem as antigas denominações de forros e escravos.

A servidão índia, sob estas formas, se manteve até meados do século XVIII, quando foi totalmente abolida por Pombal.[24] Mas havia muito já vinha em declínio, tendo mesmo desaparecido por completo naquelas zonas onde condições favoráveis de prosperidade comportavam o custo mais elevado dos escravos africanos. É que além da oposição legal, havia contra ela a ineficiência do trabalho indígena. Avessos à vida sedentária da lavoura, que lhes contrariava o natural nomadismo, trabalhavam os índios mal, e fugiam com facilidade. Além dos limites da colonização branca encontravam seu habitat natural, as tribos a que pertenciam. Não eram estranhos como os africanos, e por isso não temiam como eles a fuga. Ofereciam também, ao contrário dos negros, pouca resistência física no cativeiro. A sua dizimação pela moléstia e maus-tratos foi espantosa. Refere um contemporâneo que dos 40 mil índios aldeados que havia na Bahia em 1563, restavam vinte anos depois apenas 3 mil, apesar das levas contínuas

---

21. Taunay, *História geral das bandeiras paulistas*, I, p. 85.
22. Padre Antônio Vieira.
23. Alcântara Machado, *Vida e morte do bandeirante*, p. 171.
24. No entanto, vemos ainda em 1808 as Cartas Régias de 13 de maio, 24 de agosto, 5 de novembro e 2 de dezembro declararem guerra justa aos índios botocudos e permitirem o cativeiro dos prisioneiros. Essas cartas só foram revogadas pela lei de 27 de outubro de 1831.

que vieram neste período reforçar-lhes o número.[25] Era por isso de muito preferido o trabalhador africano.

Não se sabe ao certo quando chegaram os primeiros negros escravos. Vimos que desde o século xv fazia-se deles em Portugal um tráfico intenso, e a conquista da Guiné em 1534 por André Gonçalves, coincidindo com o início da colonização brasileira, deu-lhe um vigoroso impulso. É portanto provável que tivessem acompanhado os mais primitivos colonizadores. As primeiras referências positivas datam contudo do penúltimo ano do governo de Tomé de Sousa (1552). O certo é que seu número tomou rapidamente grande vulto. Em fins do primeiro século já somavam cerca de 14 mil indivíduos numa população total — inclusive índios aldeados — que não chegava a 60 mil habitantes. Em fins da era colonial representavam 50% da população.

A condição dos escravos negros é mais simples que a dos índios. Não tiveram, como estes, "protetores" jesuítas, e até o Império continuaram simplesmente equiparados às "bestas" das Ordenações Manuelinas.[26]

Essa massa de escravos índios ou negros constituía a maior parte da população colonial. Quanto à parte que, embora livre, não dispunha de recursos suficientes para se classificar entre os grandes senhores, e que dependia por isso para sua manutenção do trabalho próprio, tinha ela que forçosamente sofrer a influência aviltante da massa escrava que a circunda, e que punha seu marco deprimente em todo o trabalho da colônia. Por isso o próprio trabalho, em princípio livre, pouco se diferencia do trabalho do escravo. Mesmo o pequeno proprietário que lavra terras próprias — aliás raro, como vimos — é pouco mais que um servo. Sua gleba é antes uma dependência do grande domínio com que confina que outra coisa qualquer.

Ao lado desses pequenos proprietários encontramos o tipo mais comum dos agregados. São estes os indivíduos — em geral escravos libertos ou mestiços espúrios — que vivem nos grandes domínios prestando aos senhores toda sorte de serviços: guardas da propriedade, mensageiros etc. Entre eles figuram também os rendeiros, que pagam seus alugueres em dinheiro ou mais comumente em produtos naturais ou em serviços. A situação destes rendeiros é a

---

25. Citado por Taunay, *História geral das bandeiras paulistas*, I, p. 73.
26. Havia um título das Ordenações Manuelinas assim concebido: *De como se podem enjeitar escravos ou bestas por doenças ou manqueira.*

mais precária possível. Raramente se faziam contratos escritos, e mesmo não havia autoridades para os sancionar. Na propriedade quem domina incontrastavelmente é o senhor. Todos os que se fixam em suas terras cedem, em troca da gleba que cultivam para seu sustento e da proteção que lhes outorga o senhor contra outros mandões do sertão ou a própria Justiça, praticamente, toda a liberdade. Ainda em pleno Império, discorrendo sobre os moradores dos engenhos pernambucanos, fundamentava Nabuco de Araújo os direitos dos senhores sobre eles.[27]

Tais são em linhas gerais a composição e as condições das classes sociais da colônia. Não falamos nos assalariados porque seu contingente é mínimo. Encontramo-los em algumas funções mais qualificadas do engenho de açúcar — feitores, mestres de açúcar etc. — e em outras poucas ocupações. Mas são casos excepcionais que não chegam a constituir uma categoria à parte de alguma importância social.

É assim extremamente simples a estrutura social da colônia no primeiro século e meio da colonização. Reduz-se em suma a duas classes: de um lado os proprietários rurais, a classe abastada dos senhores de engenho e fazendas; doutro a massa da população espúria dos trabalhadores do campo, escravos e semilivres. Da simplicidade da infraestrutura econômica — a terra, única força produtiva, absorvida pela grande exploração agrícola — deriva a da estrutura social: a reduzida classe de proprietários, e a grande massa que trabalha e produz, explorada e oprimida. Há naturalmente no seio desta massa gradações, que assinalamos. Mas elas não são contudo bastante profundas para se caracterizarem em situações radicalmente distintas. Trabalhadores escravos ou pseudolivres, proprietários de pequenas glebas mais ou menos dependentes, ou simples rendeiros, todos em linhas gerais se equivalem. Vivam do seu salário, diretamente de suas produções ou do sustento que lhes concede o senhor, suas condições materiais de vida, sua classificação social é praticamente a mesma.

27. Eleições senatoriais, citado por Joaquim Nabuco, *Um estadista do Império*. Apesar do que se tem dito sobre os agregados rendeiros, e da importância atribuída a esta categoria social por alguns historiadores, eles não têm tal significação. Encontramo-los comumente no norte. No sul são praticamente desconhecidos. De qualquer forma não concorrem para a população colonial com um contingente apreciável.

O ESTATUTO POLÍTICO DA COLÔNIA

Toda essa população que se comprime nos grandes domínios vive, como notamos, na mais completa dependência dos senhores rurais. A grande exploração agrícola — única que se pôde estabelecer — absorve toda a economia colonial; monopoliza por conseguinte os meios de subsistência e subordina assim a massa da população — já sem contar a escrava, naturalmente ligada aos senhores por sua condição servil — aos grandes proprietários rurais.

Segue-se daí para estes, na ordem política, um poder de fato que ofusca a própria soberania teórica da Coroa. Até meados do século XVII pode-se afirmar que a autoridade desta somente se exerce efetivamente dentro dos estreitos limites da sede do governo-geral. Mantinha ela na colônia apenas uma administração rudimentar, o estritamente necessário para não perder com ela todo contato, e atendia a seus pedidos com a relutância e morosidade de quem não se decide a fazer grandes gastos com o que não lhe pagava o custo. Via-se por isso a administração colonial desarmada, a braços com a turbulência e arrogância dos colonos. Como alcançar através de tão extenso território esses vassalos desobedientes, que, isolados nos seus domínios e cercados de sua gente, não trepidavam em receber com a força os funcionários da Coroa acaso mandados para refrear-lhes os excessos e desmandos sem conta? Que maior autoridade podiam nestas condições exercer governadores e capitães-mores? Não raro, por isso, fechavam os olhos a toda sorte de abusos que não tinham forças para reprimir ou castigar. Intervinham junto aos colonos, quando muito, como seus aliados nas empresas contra o gentio ou na sua opressão da população inferior. Deixavam-lhes, no mais, carta branca para agirem da forma que melhor entendessem.

Compreende-se, aliás, tal atitude passiva da metrópole. Coincidiam perfeitamente seus interesses nestes primeiros anos da colonização com os das classes dominantes na colônia. Eram elas que desbravavam o território — ou faziam-no desbravar — conquistando-o palmo a palmo aos indígenas e aventureiros de outras nações que aqui se instalavam; eram elas que o valorizavam e exploravam em busca de pedras e metais preciosos, que tanto fascinavam a Coroa. E faziam tudo isto por conta e risco próprios, não concorrendo a metrópole senão nos possíveis proventos, que sob a forma dos dízimos e dos quintos reais reservava para si.

Tais circunstâncias condicionam a estrutura política da colônia. São elas que explicam a importância das câmaras municipais, que constituem a verdadeira e quase única administração da colônia. Já nos referimos à nenhuma importância das pequenas vilas e cidades de então. A administração municipal não se organiza, pois, numa base urbana, contrariamente ao que se observa na Europa com as cidades libertas do jugo feudal. Como as vilas, onde se constitui, nasce apenas do influxo rural. Dominam portanto nela os proprietários rurais. Nas eleições para os cargos da administração municipal votam apenas os homens-bons, a nobreza, como se chamavam os proprietários. Tal privilégio é por eles ciosamente defendido, com exclusão de toda a população propriamente urbana: mercadores, mecânicos, outros artífices, os industriais de então. O poder das câmaras é, pois, o dos proprietários. E seu raio de ação é grande, muito maior que o estabelecido nas leis. Vemos as câmaras fixarem salários e o preço das mercadorias; regularem o curso e valor das moedas; proporem e recusarem tributos reais; organizarem expedições contra o gentio, e com ele celebrarem pazes; tratarem da ereção de arraiais e povoações; proverem sobre o comércio, a indústria e a administração pública em geral; chegam a suspender governadores e capitães, nomeando-lhes substitutos, e prender e pôr a ferro funcionários e delegados régios.[28] Algumas câmaras mantinham até representantes efetivos em Lisboa, tratando assim diretamente com o governo metropolitano, por cima da autoridade dos seus delegados no Brasil. Por isso não admira que a Câmara de São Luís do Maranhão, apenas instalada, se dirija ao rei pedindo altivamente que "os capitães-mores, dali em diante, não dessem mais terras, e não se metessem em coisa alguma da competência exclusiva da autoridade municipal".[29] Dentro das normas da administração colonial neste primeiro século e meio do descobrimento, nada deveria sobrepor-se ao poder incontrastável das câmaras...

Diante disso, como haveremos de encarar o poder político na colônia? Noutras palavras, em que consiste o *Estado colonial* neste período que analisamos? Na observação de um fato social não nos podemos limitar ao sistema jurídico que teoricamente o rege. A realidade objetiva é por vezes muito mais ampla, quando não contrária a ele. É este o caso que analisamos. Se dentro do

---

28. J. F. Lisboa, citado por Pereira da Silva, *História da fundação do Império brasileiro*, I, p. 175.
29. Rocha Pombo, *História do Brasil*, v, p. 397.

sistema político vigente na colônia só descobrimos a soberania, o *poder político* da Coroa, vamos encontrá-lo, *de fato*, investido nos proprietários rurais, que o exercem através das administrações municipais.

Apresenta-se assim o *Estado colonial*, até meados do século XVII, como instrumento de classe desses proprietários. É por intermédio dele, contrariando as próprias leis da metrópole, que se suprem dos índios de que carecem para suas lavouras, intervindo nas aldeias, instituições públicas que deviam gozar da proteção oficial, ou então fazendo declarar a torto e a direito guerra ao gentio, para trazê-lo das florestas ao tronco da escravidão. É com a organização política de que dispõem que conseguem manter na sujeição, explorando o seu trabalho, a grande massa da população, escravos e semiescravos.

A autoridade da metrópole se amolda perfeitamente a essa situação de inferioridade, sancionando, raras vezes contrariando, o poder de fato dos colonos. Assistimos por vezes a conflitos: as agitações vicentinas e as do Pará e Maranhão em torno da questão índia são deles um exemplo. E o que vemos, enquanto perduram as condições descritas, senão a vitória final dos colonos? Podemos acompanhar a legislação da metrópole até a época assinalada. Sempre, com raras exceções, ela é ditada pelos interesses exclusivos da classe dos colonos abastados. Citamos as medidas relativas à proibição do fabrico da aguardente e do plantio do algodão. Falamos também do sistema eleitoral vigente. Por este diapasão se afinam as demais normas legais promulgadas no primeiro século e meio da descoberta. Sempre, na primeira linha, estão os interesses dos grandes proprietários rurais. É destes portanto, e só destes, o poder político da colônia.

Ele é por isso necessariamente disperso. Em cada região, é a câmara respectiva que exerce o poder. Formam-se assim sistemas praticamente soberanos, regidos cada qual por uma organização política autônoma. O Brasil colonial forma uma unidade política somente no nome. Na realidade é um aglomerado de órgãos independentes, ligados entre si apenas pelo domínio comum, porém muito mais teórico que real, da mesma metrópole.

A colônia (II)

NOVAS CONDIÇÕES ECONÔMICAS

Ao se abrir a segunda metade do século XVII, quando terminam as guerras holandesas, as condições sociais e políticas da colônia começaram a se transformar profundamente. Limitara-se até então a colonização, ainda em seus primeiros passos, a ocupar o país, disputando-o às tribos indígenas e organizando nele seus primeiros estabelecimentos. Essa atividade preliminar coubera perfeitamente dentro do quadro da nossa condição de colônia. Já notamos como concordavam nela os interesses coloniais e metropolitanos, brasileiros e portugueses. Mas esse primeiro caráter da colonização vai dando lugar, por força da sua própria e natural evolução, à diferenciação desses interesses, que se afirmam com toda sua nitidez na segunda metade do século XVII. A economia nacional encontra por essa época o obstáculo que, ao seu natural desenvolvimento, representa a estreiteza do regime de colônia em que vivíamos. Revela-se então a contradição fundamental que minava o regime: interesses nacionais e portugueses díspares.

Tínhamos atingido um desenvolvimento econômico de certa forma notável. Exportava o Brasil, já em fins dos Seiscentos, cerca de 4 mil contos anuais. Também começavam a avultar os rendimentos fiscais; e a tudo isso havemos de acrescentar a descoberta das minas de ouro no último ano do século, achado este que abre novas possibilidades de vulto para a economia da colônia.

Tal progresso econômico ia encontrar pela frente, embargando-lhe os passos, a opressão colonial da metrópole. Essa oposição de interesses é acentuada por circunstâncias especiais ao momento: o contraste da profunda decadência do Reino, apenas liberado do jugo espanhol. Esvaecera-se por essa época o sonho português das Índias. O comércio oriental praticamente terminara, e o fracasso fora completo. A verdade é que só na época da conquista, diz um historiador, a Índia pagava o seu custo; não porém das rendas normais de um Estado, mas do eventual, proveniente de guerras: presas, tomadias, resgates. Depois da conquista dissipa-se a ilusão dos primeiros anos e Portugal, acorrentado à sua obra, foi-se dessangrando de homens e cabedais.[1] A situação do Reino neste final do século XVIII é lamentável. Perdido o comércio das Índias, que passa às mãos dos holandeses e mais tarde ingleses, via a nação portuguesa desaparecer com ele o termo essencial de sua atividade mais que secular. O descalabro em Portugal era tal, que chegaram a faltar por várias vezes os recursos necessários para adquirir no Oriente a pimenta, donde provinha ainda a maior parte dos rendimentos da Coroa. Lança-se então mão de toda sorte de expedientes. Fraudam-se os credores, e quando falta o crédito, apossa-se o erário dos fundos alheios depositados em suas mãos — heranças e outros; quando não isto, recorre a empréstimos forçados. Era o desastre mais completo. Desfazia-se o império colonial lusitano, e o Reino ia perdendo a principal base da sua economia. Da África só lhe provinham então os proventos do tráfico de escravos, insuficiente, está visto, para alimentar por si só a economia portuguesa. Restava o Brasil, cujas riquezas de país novo e vigoroso se desdobravam não só em possibilidades imediatas, mas em promessas seguras para o futuro.

Tais circunstâncias fazem crescer desmesuradamente o relevo da colônia americana na economia da metrópole. Apresentava-se ela como base colonial única para a atividade mercantil do Reino, e sobre que, portanto, vai pesar todo o ônus do parasitismo lusitano. Assim, ao mesmo tempo que o Brasil atinge um grau de evolução econômica que começava a fazer-lhe sentir a estreiteza do regime de colônia em que vivia, a metrópole torna tais condições ainda mais pesadas.

1. J. Lúcio de Azevedo, *Épocas de Portugal econômico*, p. 155.

Multiplicam-se as restrições comerciais. É exato que tais restrições vinham de longe, e faziam mesmo necessariamente parte do nosso estatuto de colônia. Portugal não se singularizava na sua política colonial por normas mercantis particularmente liberais. Mas o entrave que então opunham era pouco sentido, não só devido ao pequeno desenvolvimento do país, como também porque não eram de fato excessivamente rigorosas. Limitavam-se as medidas então em vigor a reprimir o contrabando ou adotavam-nas apenas em represália a nações com que a metrópole estava em guerra. Vemos assim proibir-se em 1605 o comércio com os holandeses, então em guerra com a Espanha. Encontramos outras medidas restritivas: todas porém dentro deste critério geral. "Basta ir confrontando", diz Rocha Pombo, "as datas de tais providências com as épocas de crise que Portugal sofria na política externa, para ver que todas as medidas de exceção se justificavam pela necessidade de acautelar os interesses do Reino em colisão com os das suas concorrentes do ultramar."[2]

Mas, na segunda metade do século XVII, os rigores da política de restrições se acentuam de forma sensível, e assumem o seu pleno caráter de parasitismo colonial. Em 1661 é proibido o comércio da colônia a todos os navios estrangeiros. A proibição é renovada logo no ano seguinte (Cartas Régias de 21 de julho de 1661 e 27 de janeiro de 1662). Em 1684 é vedado aos navios saídos do Brasil tocarem em portos estrangeiros. Tal medida pretendia não somente reprimir o contrabando, mas principalmente transformar o Reino em único entreposto para as mercadorias brasileiras. É a preocupação dominante da metrópole: vemo-la implícita em todos os regulamentos comerciais que expediu para a colônia. Em 1711 (Carta Régia de 8 de fevereiro) chega a proibir aos moradores do Brasil passarem-se diretamente a países estrangeiros. Tudo deveria fazer-se pelo Reino, que assim canalizava para si toda a nossa atividade comercial. Portugal se erigia em intermediário necessário dos nossos negócios externos.

Mas não foi somente esse o processo adotado pela metrópole para usufruir as possibilidades comerciais da colônia. Sua maior fonte de lucros proveio do sistema de companhias privilegiadas, adotadas por essa época e inspiradas nos processos comerciais holandeses. Concedia-se a essas companhias a exclusividade do comércio exterior da colônia, quer de importação, quer de

---

2. Rocha Pombo, *História do Brasil*, v, p. 611.

exportação. Criou-se a primeira em 1647: foi a Companhia Geral do Comércio, para o Estado do Brasil.[3] Seus privilégios eram consideráveis: todos os navios que se destinassem ao Brasil deviam, tanto na ida como na volta, ir incorporados às suas frotas, pagando para isso 10% sobre a carga transportada. Foram-lhe concedidos ainda o estanco de vários gêneros e o monopólio do pau-brasil. Em 1682 é incorporada outra companhia, com maiores privilégios ainda, para o Estado do Maranhão. "Pessoa alguma, de qualquer condição", diz o alvará de concessão, "poderá levar ou mandar ao mesmo Estado navios e negros (escravos), nem fazendas ou gêneros alguns, ficando todo o suprimento a cargo dos assentistas exclusivamente." Quanto à exportação, quando feita diretamente pelos colonos, devia vir consignada à companhia.[4] Sucessivamente vão aparecendo outras e outras companhias: Geral do Grão-Pará, Geral do Comércio de Pernambuco e Paraíba etc.

O regime das companhias foi lamentável para os interesses da colônia. Enquanto esta se via completamente tolhida em sua natural expansão, os assentistas, preocupados unicamente, como era natural, com seus próprios interesses, em geral contrários aos dos colonos, e escudados em privilégios que permitiam toda sorte de abusos, recebiam fartas remunerações pelos capitais empregados, canalizando assim para o Reino o melhor da economia brasileira. Falando da Companhia do Maranhão, refere um historiador:

> O monopólio do comércio do Maranhão foi não somente a ruína da nossa lavoura e comércio nascentes e a miséria do povo das colônias: foi também, pelo excesso de menosprezo com que os assentistas se furtavam ao cumprimento das obrigações que contraíram, a causa próxima da revolução de 1648. A lavoura estava sem braços, e a companhia não os importava em número suficiente para o serviço, como o prometera; a população, sem víveres que bastassem para o seu sustento, e a companhia não os aumentava, como era seu dever, e além disto só os fornecia de má qualidade e por preços superiores ao convencionado; o traba-

---

3. O Estado do Brasil compreendia as capitanias ao Sul do Rio Grande do Norte. No Norte, era o Estado do Maranhão. Esta divisão data de 1621.
4. Não percebia ela para isto nenhuma comissão, reza o alvará; o que, afinal, vinha a dar no mesmo que o monopólio absoluto, porque, dispondo de todos os produtos com exclusividade, podia a companhia, como o fez, especular com eles de acordo unicamente com seus interesses e em prejuízo dos colonos.

lho estava sem estímulos, porque a exportação se teria de fazer nos navios da companhia, e ela só raramente concedia praça para os produtos particulares, visando com esta tática adquiri-los por um preço que lhe permitisse grandes lucros.[5]

Não ficam contudo nas companhias privilegiadas as medidas da metrópole no sentido de proteger seus interesses à custa do Brasil. O círculo de ferro da opressão colonial vai-se apertando em todo o correr do século XVII, e não passa um ano em que não se invente uma nova forma de sugar a colônia, tolhendo-lhe por todos os meios o livre desenvolvimento. Então quando se começa a extrair o ouro e mais tarde se descobrem os diamantes (1729) as intromissões da metrópole na vida dos colonos chegam ao auge. O regime das minas era o mais opressivo possível. Proibia-se a qualquer pessoa a entrada e saída dos distritos dos mineiros sem expressa licença das autoridades; as perquisições nos domicílios dos moradores para a descoberta de desvios eram constantes; havia um regimento especial para fiscalizar a extração e condução do ouro; fechavam-se todas as estradas que levavam às minas... Enfim uma regulamentação minuciosa que mantinha toda uma população sob o mais severo e estreito controle.

Ao mesmo tempo, a concorrência que a colônia por acaso fizesse aos produtos do Reino era brutalmente cerceada. Proibia-se o cultivo de plantas que tivessem similares no Reino, como a castanheira, a oliveira e outras. Chega-se a vedar o simples uso de fogos de artifício fabricados na colônia... O exemplo mais frisante da intolerância de Portugal está na proibição de quaisquer manufaturas, salvo apenas os grosseiros tecidos de algodão. Esta medida, adotada em 1785, é a satisfação dada aos industriais e comerciantes do Reino, que pela voz do vice-rei do Rio de Janeiro, marquês de Lavradio, se queixavam dos prejuízos que lhes causavam as fábricas e teares da colônia...

Tal foi a nova política adotada pela metrópole em relação ao Brasil, a partir da segunda metade do século XVII. Repetia-se aqui, adaptando-os às condições do meio, os processos de brutal opressão que caracterizam toda sua conduta para com as demais conquistas ultramarinas. Deixou que o país evoluísse, que se formasse uma economia suscetível de exploração, para depois se atirar a ela num verdadeiro saque organizado.

5. Antônio Batista Barbosa de Godóis, *História do Maranhão*.

Ao mesmo tempo que por essa forma se agravam as condições do Brasil, fazendo-lhe sentir, com todo o seu peso, o ônus da opressão colonial, a estrutura social brasileira se transforma. Nesta transformação vamos encontrar as demais contradições internas que minavam o regime, e que lhe vão aos poucos trazendo a dissolução final.

NOVAS FORMAS SOCIAIS E POLÍTICAS

A relativa simplicidade da estrutura social brasileira no primeiro século e meio do descobrimento se complica na segunda metade do século XVII, com o aumento da riqueza e desenvolvimento econômico do país, pela intromissão de novas formas econômicas e sociais. Ao lado da economia agrícola que até então dominara, desenvolve-se a mobiliária: o comércio e o crédito. E com ela surge uma rica burguesia de negociantes, que, por seus haveres rapidamente acumulados, começa a pôr em xeque a nobreza dos proprietários rurais, até então a única classe abastada e, portanto, de prestígio da colônia. É por obra dela que as cidades do litoral, onde se fixa, se transformam em centros populosos e ricos. Recife, que antes da ocupação holandesa não passava de um ajuntamento de choças habitadas quase exclusivamente por humildes pescadores, vai ofuscar a capital de Pernambuco, Olinda, a cidade da nobreza. Remodelado por Nassau, que nele estabeleceu a sede do governo, já conta, quando os holandeses são expulsos, 1600 fogos e 15 mil habitantes. Cinquenta anos depois, dobrara a população, "quase toda de mercadores", no dizer de um contemporâneo.[6]

Compunha-se essa burguesia quase toda de naturais do Reino. São de fato os imigrantes recém-vindos de Portugal que empolgam o comércio da colônia. Depois da guerra dos holandeses, e como reflexo da depressão econômica da metrópole, a corrente emigratória para a colônia se intensifica consideravelmente, a ponto de alarmar o governo português com a perspectiva de despovoamento do Reino.[7] E é ao comércio que se dedicam de preferência esses novos elementos. Mais tarde derivam em grande quantidade para as minas; afastam-se contudo, em princípio, da lavoura. É um fato esse que não escapou

---

6. *Calamidades de Pernambuco*, escrito anônimo do século XVIII, publicado na *Revista do Instituto Brasileiro*, LIII, 2ª parte.
7. Daí as restrições à emigração que sucessivamente vai adotando até proibi-la de todo em 1720.

à observação dos contemporâneos.[8] Podemos explicá-lo por várias causas. A agricultura já não atraía como nos primeiros anos da colonização. Declinava o preço dos nossos produtos agrícolas, especialmente do açúcar, até então produzido quase exclusivamente pelo Brasil, e que entrava a sofrer a concorrência das possessões espanholas e inglesas da América Central. Além disso, a grande maioria dos novos colonos não dispunha de recursos para encetar uma indústria relativamente dispendiosa como era a nossa agricultura. Por conseguinte, quando não se engajavam como simples assalariados — o que era difícil nas condições do meio, em que predominava o trabalho escravo — ou não se dirigiam para as minas, eram levados a se dedicar ao comércio, aliás desprezado pelas classes abastadas da colônia. Criam mesmo, em benefício dos naturais do Reino, um verdadeiro monopólio de fato das posições mercantis. Os brasileiros são delas excluídos por uma guerra sem tréguas que lhes movem os comerciantes estabelecidos, o que torna nelas impossível o seu progresso.

Tais condições se perpetuam. Até a Independência, e ainda em pleno Império, como havemos de ver, o comércio brasileiro é exclusivamente estrangeiro, e dele são sistematicamente afastados os nacionais. Em seu relatório de 1779, o vice-rei do Rio de Janeiro, marquês de Lavradio, assinala o fato, observando que "logo que aqui chegam [os portugueses] não cuidam de nenhuma outra coisa que se fazerem senhores do comércio que aqui há, não admitirem filho nenhum da terra a caixeiro, por donde possam algum dia serem negociantes".

Essa classe comercial estava, naturalmente, por seus interesses, estreitamente ligada ao regime de colônia do Brasil. As leis da metrópole excluíam os concorrentes de outras nações, que aqui não se podiam estabelecer. Além disso, eram os negociantes portugueses da colônia direta ou indiretamente interessados nas companhias privilegiadas, ou como acionistas — muitos deles o foram — ou como representantes delas no país. Eram ainda eles, em geral, os arrematadores dos contratos reais: estancos, monopólios, rendimentos fiscais da colônia. Prosperavam portanto à sombra da opressiva política comercial da metrópole, constituindo-se por essa forma em adversários natos das demais classes da colônia.

A hostilidade contra os negociantes reinóis, que representavam no Brasil, por assim dizer, a opressão lusitana, era agravada pelas condições cada vez

---

8. Veja-se, por exemplo, o que a respeito diz Brandônio nos *Diálogos das grandezas do Brasil* (Diálogo Terceiro).

mais críticas dos proprietários rurais. Contrastando com a opulência daqueles, sempre em aumento, arruinavam-se os lavradores. No Norte, as guerras dos holandeses, que por mais de vinte anos assolaram todo o território do Ceará à Bahia,[9] arrasando engenhos e queimando canaviais, tinham-lhes vibrado um golpe profundo. Doutro lado, no correr do século XVIII, as minas, drenando o trabalho escravo que se tornava assim escasso, e fazendo subir o preço de todos os gêneros consumidos na colônia, iam-nos debilitando. Por cima de tudo, vinham os monopólios operar-lhes a produção, enquanto se desvalorizavam seus produtos pela concorrência de outros países... Era essa a situação da lavoura em fins do século XVII e princípios do seguinte. Com isso foram os proprietários aos poucos se endividando, a tal ponto que poucos restaram sem os haveres todos empenhados por dívidas. E os credores eram justamente os comerciantes, seus comissários e banqueiros. Vinha assim juntar-se às outras mais essa causa de rivalidades. Por isso entre as reivindicações dos grandes proprietários na Guerra dos Mascates[10] vemos figurar a especificação cuidadosa da forma pela qual se deviam processar as execuções e cobranças:

> Que por nenhuma dívida, ainda que seja da fazenda real, assim das que estão contraídas como das que ao diante se contraírem, se façam execuções aos senhores de engenho lavradores de cana, ou roças em nenhuns bens seus assim móveis como de raiz, ou outros de qualquer qualidade que sejam mas somente nos rendimentos se possam executar, e que os açúcares se não rematem, por nenhumas dívidas, e o receberão pelo preço que sair, pois Sua Majestade o manda dar, e isto será sem limitação de tempo e para sempre. (*Calamidades de Pernambuco*)

Alinham-se assim, frente a frente, diferenciados pela evolução econômica e social da colônia, interesses opostos: de um lado os dos brasileiros, especialmente dos proprietários rurais, a aristocracia fundiária nacional, que mais diretamente sofria o ônus da opressão colonial; doutro, os da metrópole, e a eles ligados os dos mercadores portugueses, a burguesia comercial.

9. Os holandeses chegaram mesmo até o Pará, em 1644.
10. Tomou o nome de Guerra dos Mascates a luta que se desenrolou em Pernambuco nos anos de 1710 e 1711 entre os grandes proprietários, em geral naturais da terra, e os negociantes portugueses — daí o nome de *mascates*, denominação pejorativa dada a estes traficantes.

Acompanha esse processo de diferenciação, não sem ásperas lutas, a transformação política da colônia. Vai aos poucos deslocando-se a autoridade política das mãos dos proprietários rurais. É em primeiro lugar a burguesia comercial que lhes vem disputar os cargos da administração municipal, até então monopólio exclusivo deles. As representações neste sentido, dos negociantes do Brasil aos soberanos portugueses, se multiplicaram. Em 1707 os do Rio de Janeiro clamam providências contra os naturais da terra, que empregavam — diziam eles — toda sorte de fraudes e violências para os excluírem do número dos eleitores e dos postos da administração. E para fundamentarem seus direitos, alegavam "que com abundância de seus próprios cabedais viviam com todo luzimento à lei da nobreza". Deparamos com representações semelhantes dos comerciantes de outras capitanias. A princípio desatendidos — o rei Pedro II chega em 1700 a ordenar "que nunca mais se renovasse tão absurda pretensão" —, começam afinal a ver satisfeitos seus desejos. Em 1703 alcançam os mercadores de Pernambuco o direito de concorrer às eleições da Câmara de Olinda. E finalmente, em 1707, obtêm a ereção de Recife, onde dominavam pelo número, como vimos, à categoria de vila independente da capital.[11] No resto do país foi-se dando idêntica infiltração da burguesia mercantil na administração municipal.

Mas muito mais importante, e de efeitos muito mais profundos, é o declínio da autoridade das câmaras. As figuras dos governadores e demais funcionários reais começam a emergir do segundo plano a que até então tinham sido relegadas. Em sentido inverso e correspondendo a esta consolidação crescente da autoridade real, cerceiam-se as atribuições das câmaras municipais, até então soberanas. O poder delas vai dando lugar ao da metrópole.

A declaração do governador do Maranhão, Rui de Siqueira, em 1662, vale pela afirmação de um novo princípio de direito público da colônia, que passa então, já não mais unicamente em teoria, a vigorar. Às veleidades da Câmara de São Luís em sobrepor-lhe a sua autoridade, responde o governador que

11. Foi esta, aliás, a causa imediata da Guerra dos Mascates. Não se conformando a nobreza, que dominava em Olinda, com a separação de Recife, levanta-se em armas, e, depondo o governador, impediu que se desse execução à determinação régia. Só em outubro de 1711, com a chegada do novo governador, F. J. Machado de Mendonça, foi a ordem restabelecida, e Recife erigida em vila.

"ficasse entendido que daquele dia em diante era ele quem ali no Maranhão governava em nome de el-rei".

As prerrogativas de que tinham até então gozado as administrações municipais vão sendo aos poucos reduzidas. Proíbe-se às câmaras convocarem juntas, chamarem governadores ao Senado, recusarem-se às convocações destes para, em palácio, comparecerem incorporadas, desobedecerem-nos em quaisquer ordens etc. "Com o andar dos tempos", diz Pereira da Silva, "e multiplicadas as graduais determinações da metrópole, perderam as câmaras a maior parte das funções de que se haviam apossado e se reduziram, à semelhança das do Reino, à expressão simples de corporações locais e circunscritas aos limites traçados pela legislação vigente."[12]

É a autoridade política da metrópole sobre sua colônia que se afirma. A atitude dos governadores já é outra: basta comparar os do século XVIII com seus antecessores. Já não são mais os humildes funcionários que se curvam ante as câmaras, atendendo prontamente a seus desejos, e usando da maior diplomacia para não melindrar os colonos todo-poderosos. É a brutalidade de um Rodrigo César de Meneses, que, apenas chegando à sua capitania, manda erguer a forca, e nela executar alguns condenados para exemplo aos moradores...

Até São Paulo, cuja autonomia até fins do século XVII fizera quase esquecer a existência do governo lusitano, e passar para a lenda como "uma raça de energia quase selvagem, de gostos aventureiros, hábitos independentes e republicanos, e que por largo tempo se conservou completamente separada de Portugal",[13] até São Paulo é absorvido em princípios do século XVIII pelo novo sistema administrativo, passando a uma estreita dependência da metrópole. A chegada do seu primeiro governador em 1721 veio, no dizer de um autor, "cerrar as cortinas sobre um passado de aventuras e de altiva independência e inaugurar a administração colonial paulista".[14]

A nossa evolução política segue portanto passo a passo a transformação econômica que se opera a partir de meados do século XVII. Esta transforma-

---

12. Cartas Régias de 4 de dezembro de 1677, 12 de agosto de 1693 e outras do século XVIII, citadas por Pereira da Silva, op. cit., I, p. 180.
13. Leroy-Beaulieu (*De la Colonisation chez les peuples modernes*, Paris, 1886, p. 54) dá esta descrição dos paulistas. É, aliás, a ideia que todos os escritores estrangeiros e alguns nacionais fazem de São Paulo.
14. Washington Luís, *A capitania de São Paulo*.

ção, que se define pela maior penetração econômica da metrópole, repercute no terreno político pelo desaparecimento gradual da nossa autonomia local do primeiro século e meio da colonização. Desloca-se a autoridade das mãos dos proprietários territoriais, a antiga classe dominante, para as da Coroa portuguesa. E é nesta que ela se vai consolidar. Despojam-se as câmaras sucessivamente, como vimos, de todas as suas prerrogativas, e a elas se substitui a onipotência dos governadores. No correr do século XVIII só existe na colônia uma autoridade: a da metrópole portuguesa.

Mas rompera-se o equilíbrio político do regime colonial. Minando-lhe surdamente a base, e manifestando-se por vezes na superfície em atritos e choques violentos, trabalhavam forças contrárias, que dia a dia mais lhe comprometiam a estabilidade. O choque destas forças, interesses nacionais e lusitanos, no terreno econômico; autonomia local, representada pela autoadministração dos colonos, e sujeição administrativa, representada pelo poder soberano da Coroa portuguesa, no terreno político; o choque destas forças contrárias assinala a contradição fundamental entre o desenvolvimento do país e o acanhado quadro do regime de colônia. Dele vai resultar a nossa emancipação.

A revolução

D. JOÃO VI NO BRASIL

A transferência da Corte portuguesa para o Brasil em 1808 veio dar à nossa emancipação política um caráter que a singulariza no conjunto do processo histórico da independência das colônias americanas. Todas elas, mais ou menos pela mesma época, romperam os laços de subordinação que as prendiam às nações do Velho Mundo. Mas enquanto nas demais a separação é violenta e se resolve nos campos de batalha, no Brasil é o próprio governo metropolitano, premido pelas circunstâncias, embora ocasionais, que faziam da colônia a sede da monarquia, quem vai paradoxalmente lançar as bases da autonomia brasileira.

A vinda da Corte deriva do conjunto de circunstâncias que assinalam o agitado momento por que então atravessa a Europa. Mas, em última análise, representa muito mais uma hábil manobra da diplomacia britânica. A situação anormal do Velho Mundo, presa das convulsões que sobre ele desencadeara a Revolução Francesa de 1789, não foi senão a arma de que se utilizou a Inglaterra para completar a sua já tradicional política de absorção econômica do pequeno Reino lusitano.

A questão então em vista era a da liberdade do comércio das colônias portuguesas, especialmente do Brasil. Interessava-se a Inglaterra sobremaneira por esses mercados, até então praticamente fechados ao seu comércio. É verdade que desde o tratado de 1654 obtivera de Portugal o privilégio de mandar seus navios ao Brasil. Mas era essa uma concessão parcial e muito limitada nas suas vantagens. Não só devia o comércio se fazer indiretamente por Portugal, tocando nos seus portos na ida e na volta, como ainda deviam os navios ir incorporados às frotas portuguesas e sujeitos por conseguinte aos ônus daí decorrentes. Também é certo que se fazia correntemente o tráfico direto, e como confessava o próprio cônsul inglês em Lisboa, chegou-se a publicamente anunciar em Londres a saída de navios para o Brasil. Mas tudo isso era precário, e ferindo como feria a letra dos tratados, estava constantemente sujeito a protestos e reações do governo português. Não satisfazia por isso às aspirações britânicas.

Com a transferência da Corte parecia resolvido o problema. Era esta pelo menos a previsão inglesa: não só com o abandono de Portugal punha-se o governo lusitano ainda mais na dependência da Inglaterra, pois valia isto por reconhecer-lhe expressamente a tutela, como ainda, entregue o Reino aos franceses, não seria mais possível fazer-se por ele o comércio do Brasil. Discursando no Parlamento inglês, prognosticava Pitt que uma vez assente o trono português no Brasil "o império da América do Sul e a Grã-Bretanha ficarão ligados eternamente, fazendo estas duas potências um comércio exclusivo".[1]

Não se enganava o ministro britânico. O primeiro ato do regente, apenas desembarcado no Brasil, foi justamente franquear os seus portos ao comércio das "nações amigas", o que queria dizer — a Inglaterra. Quanto ao Brasil, e é isto que aqui nos interessa, veio a manobra inglesa profundamente alterar suas condições políticas e sociais. A transferência da Corte constituiu praticamente a realização da nossa independência. Não resta a menor dúvida que ela viria, mais cedo ou mais tarde, mesmo sem a presença do regente, depois rei de Portugal. Mas também é certo que nossa condição de sede provisória da monarquia foi a causa última e imediata da Independência, substituindo, talvez sem vantagem alguma, o processo final da luta armada que foi o das demais colônias americanas.

O certo é que se os marcos cronológicos com que os historiadores assinalam a evolução social e política dos povos não se estribassem unicamente nos caracteres externos e formais dos fatos, mas refletissem a sua significação ínti-

---

1. Citado por Tobias Monteiro, *História do Império*, p. 68.

ma, a independência brasileira seria antedatada de catorze anos, e se contaria justamente da transferência da Corte em 1808. Estabelecendo no Brasil a sede da monarquia, o regente aboliu *ipso facto* o regime de colônia em que o país até então vivera. Todos os caracteres de tal regime desaparecem, restando apenas a circunstância de continuar à sua frente um governo estranho. São abolidas, uma atrás da outra, as velhas engrenagens da administração colonial, e substituídas por outras já de uma nação soberana. Caem as restrições econômicas e passam para um primeiro plano das cogitações políticas do governo os interesses do país. São esses os efeitos diretos e imediatos da chegada da Corte. Naquele mesmo ano de 1808 são adotadas mais ou menos todas as medidas que mesmo um governo propriamente nacional não poderia ultrapassar.

Sem a menor dúvida podemos ligar esses fatos diretamente à vinda do regente. A simples circunstância de aqui exercer o seu governo exigia naturalmente um aparelhamento político e administrativo que não fosse o de uma simples colônia, quando Portugal, abandonado e ocupado primeiro por franceses, depois por ingleses, já não estava em condições de desempenhar sua função de metrópole. Concorrerá também para a atitude do regente português, favorável aos interesses nacionais, de um lado o próprio ambiente brasileiro que o cercava e a que não se poderia furtar, e de outro, talvez, o desejo íntimo, em todo caso nunca expressamente manifestado, de se fixar definitivamente no Brasil. Mas fosse este ou aquele o motivo que ditasse a política de d. João, o certo é que os catorze anos que decorrem da sua chegada até a proclamação formal da Independência não podem ser computados na fase colonial da história brasileira.

Pode-se imaginar como repercutiu no seio dos interesses ligados ao regime de colônia essa curiosa inversão de papéis que fazia do soberano português e da sua política instrumentos quase inconscientes da autonomia nacional! A isso devemos filiar, como um de seus principais efeitos, a Revolução Constitucional do Porto. Naturalmente, essa revolução tem causas internas no Reino português. Dirige-se sobretudo contra a ordem estabelecida em Portugal, isto é, o absolutismo monárquico, e o regime econômico, social, político e administrativo a ele ligado. Mas é certo também que o profundo dano sofrido pelos interesses portugueses com a nova política adotada pelo soberano com relação ao Brasil levou para o lado da revolução setores importantes do Reino, movidos unicamente por esse fato. Aquela política representara nada menos que a supressão de um secular parasitismo colonial a que Portugal se acostumara e em que fundava, pode-se dizer, a sua economia. O comércio com o Brasil, que a Abertura dos Portos em 1808 e o tratado de 1810 fizeram passar para a Inglaterra, representava nada menos que nove décimos de todo comércio externo português. Éramos os únicos consumidores — forçados, está visto — dos medíocres produtos das indústrias portuguesas, que de forma alguma poderiam agora, em igualdade de condições, concorrer com os da Inglaterra.[2] Perdido assim seu principal e quase único mercado, as manufaturas portuguesas receberam um golpe de morte. Além disso, os demais proventos que Portugal, sob as mais variadas formas, recebia do Brasil cessam bruscamente, levando o Reino a uma situação econômica desesperadora. É contra tal ordem de coisas que em grande parte se dirige o movimento constitucional do Porto; e a atitude das cortes convocadas pelos revolucionários será disto prova cabal: uma de suas preocupações máximas consistirá em reconduzir o Brasil ao antigo regime de colônia.

Também aqui repercutira desfavoravelmente em certos meios a política de d. João. Já nos referimos à classe que no Brasil prosperava à sombra do regime de colônia, regime a que direta ou indiretamente se ligavam seus interesses. Queremos falar dos comerciantes portugueses. Também eles se viram prejudicados pela supressão das inúmeras restrições que oneravam a economia brasileira. Com o declínio do regime colonial, sentiam-se decair dos passados privilégios e vantagens. Senhores exclusivos, até então, do comércio da colônia, são agora dele excluídos por concorrentes de outras nações, que depois da vinda de d. João não somente encontram abertas as portas do Brasil, como ainda se veem favorecidos por vantagens múltiplas: juízes privativos, liberdade religiosa etc. Era natural, portanto, que os antigos monopolistas do nosso comércio se constituíssem em adversários do novo sistema, e se aliassem por isso à revolução de que esperavam um retorno ao passado. Serão eles dos seus principais agentes no Brasil.

Mas para compreendermos a revolução constitucional e sua repercussão entre nós, é preciso considerar ainda outro aspecto que nela ocorre. O desencadeamento da insurreição faz com que venham à tona, e explodam em agita-

---

2. Pelo tratado de 1810 ficaram até em piores condições, pois pagavam nas alfândegas brasileiras 16% *ad valorem*, enquanto os ingleses estavam sujeitos a 15% apenas.

ções, as diferentes contradições econômicas e sociais que se abrigavam no íntimo da sociedade colonial e que a ordem estabelecida mantinha em respeito. Assim as profundas diferenças sociais que separavam entre si as classes e os setores sociais, relegando a massa da população para um ínfimo padrão de vida material e desprezível estatuto moral. São ainda as contradições de natureza étnica, resultando da posição deprimente do escravo preto, e em menor escala do indígena, o que dá no preconceito contra todo indivíduo, mesmo livre, de cor escura. É a grande maioria da população que é aí atingida, e que se ergue contra uma organização social que, além do efeito moral, resulta para ela na exclusão de quase tudo quanto de melhor oferece a existência na colônia. A condição dos escravos é outra fonte de atritos. Não se julgue a normal e aparente quietação dos escravos (perturbada aliás pelas fugas, formação de quilombos, insurreições mesmo, por vezes) fosse expressão de um conformismo total. É uma revolta constante que lavra surdamente entre eles, e que não se manifesta mais porque a comprime todo o peso e força organizada da ordem estabelecida.

São todas essas contradições e oposições que deflagram quando a colônia é abalada pela revolução constitucional. O país entra em ebulição, e são grandes movimentos de massa que provocam ou acompanham a derrubada dos governos locais das diferentes capitanias, a sua substituição por juntas eleitas e a implantação do regime constitucional no Brasil. O próprio soberano é atingido pela agitação, e em consequência do movimento de 26 de fevereiro de 1821, no Rio de Janeiro, sede do trono, ele é obrigado a aceitar o novo regime, reorganizar seu ministério com elementos de confiança popular e jurar a Constituição que estava sendo elaborada pelas cortes convocadas em Lisboa.

A agitação que em consequência da revolução portuguesa se alastrou pelo Brasil, propagando-se de norte a sul do país, assume, por efeito da heterogeneidade de interesses e reivindicações que nela se manifestam, uma feição complexa e muitas vezes até contraditória. Encontramos nela, como vimos, forças reacionárias que não pensam senão no retorno do país ao seu passado colonial e de segregamento econômico e comercial. Ao lado destas forças alinham-se paradoxalmente outras, em particular as classes superiores da colônia que esperavam, pelo contrário, consolidar, com a revolução e o estabelecimento de um regime constitucional, as vantagens, liberdades e autonomia adquiridas pelo Brasil nos anteriores anos de governo quase próprio e que tanto os favorecera. Encontramos finalmente as referidas forças populares, as camadas oprimidas da população brasileira que enxergavam na Constituição que lhes era oferecida perspectivas de libertação econômica e social.

É do entrechoque dessas forças, procurando cada qual fazer prevalecer suas reivindicações, que resultam os diferentes fatos que constituem o agitado período que se estende de 1821 em diante. Não entraremos em pormenores, mas assinalemos sua resultante geral. No desenvolvimento da revolução constitucional no Brasil é o segundo grupo de forças citadas — isto é, o "partido brasileiro" como já então era chamado e que representava as classes superiores da colônia, grandes proprietários rurais e seus aliados — que ganhará a supremacia. A reação recolonizadora, embora contando com o apoio da metrópole e das cortes portuguesas, será levada de vencida porque não era mais possível deter o curso dos acontecimentos e fazer o Brasil retrogradar na marcha da História. A isto se opunha o conjunto do país, cuja própria subsistência, como vimos em capítulo anterior, se tornara incompatível com os estreitos quadros do antigo e já superado regime de colônia.

Quanto às camadas populares, elas não se encontravam politicamente maduras para fazerem prevalecer suas reivindicações; nem as condições objetivas do Brasil eram ainda favoráveis para sua libertação econômica e social. Daí, aliás, a descontinuidade e falta de rumo seguro nos seus movimentos, que, apesar da amplitude que por vezes atingem, não chegam nunca a propor reformas e soluções compatíveis com as condições do país. As relações de classe existentes, e contra que se insurgiam, ainda se encontravam solidamente alicerçadas na estrutura econômica fundamental do Brasil, que descrevemos nos primeiros capítulos deste livro, e que não somente não se alterara, como prosperava; as relações de classe dela derivadas não se podiam, por isso, modificar sensivelmente. E assim a luta popular contra elas desencadeada não as atingirá, e a revolução não irá além daquilo para que o Brasil estava preparado, isto é, a libertação do jugo colonial e a emancipação política. Reformas mais profundas teriam ainda de esperar outros tempos e outro momento mais favorável e avançado de evolução histórica do país.

A agitação popular será por isso dominada, serenando aos poucos. E permanecerá mais ou menos intacta a organização social vigente. É simplesmente no sentido da Independência que evoluirá a revolução constitucional. E caberá a direção deste processo ao "partido brasileiro", naturalmente indicado para isto, pois seus interesses e objetivos se confundiam no momento com a marcha dos acontecimentos. Este partido, divisando no príncipe herdeiro d. Pedro (que ficara como regente depois da partida do rei seu pai) um hábil instrumento de suas reivindicações, soube dele se utilizar, atirando-o, talvez sem que ele mesmo a princípio o sentisse, na luta contra as cortes portuguesas e os projetos de recolonização do Brasil. Dessa manobra, coroada de pleno êxito, resultaria a Independência; e foi esse o grande mérito de José Bonifácio e dos demais que o seguiram nesta política.

ORGANIZAÇÃO DO ESTADO NACIONAL:
A ASSEMBLEIA CONSTITUINTE DE 1823

Já vimos como a emancipação política do Brasil resultou do desenvolvimento econômico do país, incompatível com o regime de colônia que o peava, e que por conseguinte, sob sua pressão, tinha de ceder. Em outras palavras, é a superestrutura política do Brasil Colônia que, já não correspondendo ao estado das forças produtivas e à infraestrutura econômica do país, se rompe, para dar lugar a outras formas mais adequadas às novas condições econômicas e capazes de conter a sua evolução. A repercussão desse fato no terreno político — a revolução da Independência — não é mais que o termo final do processo de diferenciação de interesses nacionais, ligados ao desenvolvimento econômico do país, e por isso mesmo distintos dos da metrópole e contrários a eles.

A intervenção de fatores por assim dizer estranhos ao Brasil, e que fazem dele momentaneamente sede da monarquia portuguesa, emprestam à Independência brasileira um caráter em que faltam a violência e os conflitos armados que observamos nas demais colônias americanas. Tivemos um período de transição em que, sem sermos ainda uma nação de todo autônoma, não éramos tampouco propriamente uma colônia. Mas, no fundo, o fenômeno é o mesmo. Realizada por esta ou aquela forma, a emancipação de uma colônia resulta sempre de sua evolução econômica incompatível com o estatuto colonial. E se nos foi poupada uma luta de proporções talvez consideráveis, a exemplo da América espanhola ou inglesa, tivemos doutro lado, para o estabelecimento definitivo da nossa autonomia, de arcar com dificuldades não menos sérias, ainda que de outra natureza. É o que mais adiante veremos.

Outro efeito da forma pela qual se operou a emancipação do Brasil é o caráter de "arranjo político", se assim nos podemos exprimir, de que se revestiu. Os meses que medeiam da partida de d. João à proclamação da Independência, período final em que os acontecimentos se precipitam, decorrem num ambiente de manobras de bastidores, em que a luta se desenrola exclusivamente em torno do príncipe regente, num trabalho intenso de o afastar da influência das cortes portuguesas e trazê-lo para o seio dos autonomistas. Resulta daí que a Independência se fez por uma simples transferência pacífica de poderes da metrópole para o novo governo brasileiro. E na falta de movimentos populares, na falta de participação direta das massas neste processo, o poder é todo absorvido pelas classes superiores da ex-colônia, naturalmente as únicas em contato direto com o regente e sua política. Fez-se a Independência praticamente à revelia do povo; e se isto lhe poupou sacrifícios, também afastou por completo sua participação na nova ordem política. A Independência brasileira é fruto mais de uma classe que da nação tomada em conjunto.

Quanto ao papel representado por d. Pedro, ele é todo ocasional, como se depreende do que acima ficou dito. Regente do Brasil com a partida de d. João, pôde ele com toda facilidade levar adiante os planos do "partido brasileiro", e realizar a separação do país. Constituiu-se assim num mero instrumento das reivindicações nacionalistas, e a tais circunstâncias fortuitas deveu o trono do novel império. A monarquia é por isso mesmo precária. Não é nela que assenta, ao contrário do que se passou nos modernos Estados europeus saídos do feudalismo, não é nela que assenta o Estado nacional brasileiro. Por isso não tivemos, e não poderíamos ter tido, um poder autocrático, que não caberia no quadro da nossa evolução política.[3]

Vamos encontrar todos esses caracteres do Estado brasileiro, logo que depois da Independência ele se organiza, no projeto constitucional elaborado pela Assembleia de 1823. Uma constituição é sempre a tradução do equilíbrio político de uma sociedade em normas jurídicas fundamentais. Ela reflete as condições políticas reinantes, isto é, os interesses da classe que domina e a forma pela qual exerce o seu domínio. Assim, o projeto de 1823, que não se che-

---

3. Talvez se pudesse chamar "autocrático" ao poder do primeiro imperador. Em todo caso, os oito anos do seu governo são apenas um período transitório e, por sua natureza, passageiro, e a sua própria instabilidade é a maior prova de que não se adaptava às condições brasileiras.

gou a converter em lei devido à dissolução prematura da Assembleia, sintetiza admiravelmente as nossas condições políticas de então. Daí o interesse em analisá-la.

É verdade que não passou de um projeto, de que se discutiu apenas uma reduzida parte. Mas saindo, como saiu, de uma comissão que legitimamente representava o espírito da Assembleia, e fazendo-se o confronto de suas disposições com a atitude desta nos seis meses em que funcionou, pode-se afirmar que concordava perfeitamente com o modo de sentir dos constituintes. É, numa palavra, um documento político idôneo e de considerável interesse para o estudo das origens do Império brasileiro.

Ao elaborarem-no, foram os constituintes brasileiros buscar seus modelos nas constituições da época, inglesa e francesa, nesta principalmente, e nos princípios filosóficos e políticos do *Contrato social* de J.-J. Rousseau. Era uma homenagem às doutrinas então em voga. Mas daí não se infere, como erradamente entenderam alguns, que nossas condições fossem idênticas ou mesmo semelhantes às daquelas nações. Basta lembrar que as ideias do sistema político adotado por nossos legisladores constitucionais exprimiam na Europa as reivindicações do Terceiro Estado, especialmente da burguesia comercial e industrial, contra a nobreza feudal, a classe dos proprietários. Até certo ponto, é o contrário que se dá no Brasil. São aqui os proprietários rurais que as adotam contra a burguesia mercantil daqui e do Reino. O que houve foi apenas uma simples coincidência de meios a serem empregados para fins diversos. Qual era o problema dos legisladores brasileiros? Substituir as restrições políticas e econômicas do regime colonial pela estrutura de um Estado nacional. Ora, as ideias centrais dos sistemas políticos e filosóficos que orientaram a revolução do Velho Mundo eram justamente estas: liberdade econômica e soberania nacional. Adotaram-nas por isso os constituintes de 1823 porque coincidiam perfeitamente com seus propósitos, porque se adaptavam como luvas — feitas as devidas correções, de que, como veremos, não se esqueceram — ao caso que tinham sob as vistas; e também porque toda a cultura intelectual brasileira da época se formara na filosofia francesa do século XVIII. Por isso, na falta de um sistema original, que não estavam evidentemente em condições de produzir, apegam-se os nossos constituintes a elas, fazendo mais ou menos o que já realizara o Código Napoleônico, adaptando à sociedade burguesa do século XIX os princípios do direito civil romano.

Mas, posta de lado essa ganga doutrinária, vejamos os caracteres próprios do projeto.

O que choca em primeiro lugar é o xenofobismo extremado dos constituintes. No dizer de Aurelino Leal, o redator do projeto, Antônio Carlos, cada vez que nele escreveu a palavra *estrangeiro*, teve diante de si o fantasma português, que por seu turno evocava o espectro da recolonização.[4] Nem podia ser de outra forma. A Independência era de ontem, e o primeiro dever desses construtores do Estado nacional brasileiro era naturalmente cortar para sempre as últimas amarras que ainda nos prendiam a Portugal. A ameaça de recolonização aí estava: a Bahia e a Província Cisplatina ocupadas por tropas portuguesas e o Pará ainda insubmisso ao governo do Rio. E se é verdade que a resistência lusitana cedia à vista-d'olhos e que as condições políticas e econômicas do Reino não autorizavam a previsão de uma atitude mais enérgica, também é certo que ninguém podia esquecer-se que à frente do Império se achava um príncipe português, e o que era mais, herdeiro da Coroa lusitana. Além disso, lavravam ainda no Brasil os inúmeros interesses feridos pela política de d. João e cujas últimas esperanças viera a Independência aniquilar. Esses interesses criavam um ambiente agitado, principalmente na capital do Império, e cercando tão de perto os constituintes — faziam-se ouvir na própria Assembleia —, ditavam-lhes uma atitude de extrema prudência. Seria ocioso repetir aqui o que foram as lutas que na imprensa e na praça pública se desenrolaram durante as sessões da Assembleia em torno da oposição de brasileiros e portugueses.

Por isso, o projeto está cheio de restrições aos estrangeiros: naturalização limitada, incompatibilidade dos naturalizados para os cargos da representação nacional. Mesmo os brasileiros nascidos em Portugal somente depois de doze anos de residência no país passavam a gozar de seus plenos direitos políticos.

Outro caráter do projeto que nitidamente se destaca é a preocupação em limitar o mais possível os poderes do imperador e, pelo contrário, valorizar a representação nacional. É este, como vimos, um dos traços fundamentais do novo regime: a soberania nacional em oposição à do monarca.

Todas as vezes que na Assembleia se tratou de questões que envolvessem relações dela com o imperador, as suscetibilidades dos constituintes chegam ao

---

4. *História constitucional do Brasil*, p. 64.

auge. Logo nas primeiras sessões, uma simples frase de d. Pedro na Fala do Trono, frase em que afirmava "esperar da Assembleia uma constituição digna dele e do Brasil", foi suficiente para levantar tempestades. E não tarda a retificação. Na resposta, declara a Assembleia que "confia que fará uma constituição digna da nação brasileira, de si e do imperador", em que a referência a d. Pedro era acintosamente colocada em último lugar. Casos semelhantes se repetem amiúde.

O projeto vai fielmente refletir tal ânimo, a começar pelo tratamento outorgado aos representantes: *altos e poderosos senhores* (art. 83). Segue-se a indissolubilidade da Câmara, o veto apenas suspensivo (art. 113); as disposições relativas às Forças Armadas, sujeitas ao Parlamento e não ao imperador, e assim por diante. Um detalhe é característico. Ao regular a forma do veto imperial, dispôs o art. 116 do projeto que fosse interposto com a simples e eufêmica declaração de que "o imperador *examinará*" o projeto submetido à sanção.

Finalmente, o caráter classista do projeto se revela claramente na discriminação dos direitos políticos. Os grandes proprietários rurais, principais responsáveis pela Independência, reservavam-se todas as vantagens políticas dela. Com esse fim, adota o projeto uma complicada hierarquia de direitos políticos, que, do simples direito de votar nas assembleias primárias (as eleições eram de dois graus) ao de ocupar os assentos do Parlamento, vai sucessivamente restringindo o círculo dos cidadãos deles investidos. Excluem-se de todos, isto é, não se consideravam na terminologia adotada, *cidadãos ativos*, os criados de servir, os jornaleiros, os caixeiros das casas comerciais, enfim qualquer cidadão com rendimentos líquidos anuais inferiores ao valor de 150 alqueires de farinha de mandioca. Numa palavra, toda a população trabalhadora do país, os escravos naturalmente incluídos.[5]

Para os eleitores de segundo grau, que escolhiam os deputados e senadores, exigia-se um rendimento do valor de 250 alqueires. Finalmente, para os deputados requeria o projeto quinhentos alqueires (mil para os senadores); a qualidade de proprietário, foreiro ou rendeiro por longo prazo de bens de raiz rurais, de fábricas ou de qualquer estabelecimento de indústria. Excluíam-se portanto os que auferissem renda de profissão mercantil.

---

5. Não se consideravam nem brasileiros, *ex vi* do art. 5º, § 1º. Segundo uma emenda posterior, passaram os escravos a brasileiros, mas não a cidadãos.

Em último lugar, suprimiu o projeto todas as restrições de ordem econômica — monopólios, privilégios etc. —, estabelecendo a mais ampla liberdade econômica e profissional.

Vemos assim como o projeto de 1823 traduzia bem as condições políticas dominantes. Afastando o perigo da recolonização; excluindo dos direitos políticos as classes inferiores e praticamente reservando os cargos da representação nacional aos proprietários rurais;[6] concentrando a autoridade política no Parlamento e proclamando a mais ampla liberdade econômica, o projeto consagra todas as aspirações da classe dominante dos proprietários rurais, oprimidos pelo regime de colônia, e que a nova ordem política vinha justamente liberar.

Assim, a ideologia da Assembleia de 1823 — que era a da classe dominante, por ela representada em grande maioria — reflete perfeitamente seus interesses. Isso explica porque, apesar de todo o seu tão apregoado liberalismo, não se embaraça com a questão dos escravos, adaptando-lhes a situação às exigências da filosofia rousseauista, de que fazia timbre em não se afastar, com a eufêmica disposição do art. 265 do projeto: "A Constituição reconhece os contratos [!] entre os senhores e escravos; o governo vigiará sobre sua manutenção".

É este o mais perfeito retrato do liberalismo burguês...

O PRIMEIRO REINADO

Com a proclamação da Independência e a reunião da Assembleia Constituinte não se encerra o ciclo completo da revolução separatista. Entravando-lhe o natural desenvolvimento, levanta-se a reação do partido português — como ficou chamado — e que representava os interesses ligados ao regime de colônia. Produzia seus frutos a forma pela qual se realizara a emancipação política do Brasil. Os adversários da revolução, que não tinham sido propriamente vencidos, mas apenas postos de lado pela política de d. Pedro, vão agora, passado o primeiro ímpeto que os apanhara quase de surpresa, tentar a reconquista das posições perdidas. E postos em minoria no país, com a oposição generalizada de toda a massa da população brasileira pela frente, eles evolvem

---

6. Também aos foreiros e rendeiros *por longo prazo*, o que os equiparava de certa forma aos nus-proprietários.

naturalmente para o absolutismo. Para isso encontram no imperador, que já servira os contrários, o instrumento de suas reivindicações.

Prestava-se d. Pedro admiravelmente para esse papel. A sua efêmera aliança com os brasileiros não resultara senão do ódio comum, que com eles partilhava, às cortes constituintes de Portugal. Mas, realizada a Independência, desperta-se nele a natural solidariedade com os compatriotas. Além disso, estes lhe ofereciam um poder absoluto, que, dados os seus pendores, não podia deixar de preferir ao papel simplesmente decorativo de soberano constitucional que lhe queriam emprestar os aliados da véspera. E assim, apoiados no imperador, são os adversários da Independência que empolgam o poder, enquanto os "nativistas" se debatem na oposição.

Estes, contudo, se tinham um alvo comum — o combate à reação portuguesa —, dividiam-se internamente em tendências distintas que refletem a posição própria na revolução da Independência das várias camadas sociais que os compunham. O partido que representava a classe abastada dos proprietários rurais, e que, como vimos, dominava na Assembleia Constituinte, era, é natural, socialmente conservador. Dirigia-se sua oposição unicamente contra a política dominante e o imperador que a encabeçava, e atrás de quem sentia abrigar-se o fantasma da recolonização. Mas ao lado dele figuram os democratas radicais, que, representando as classes populares, aspiravam por reformas sociais profundas. Para eles, tinha a revolução da Independência um significado muito mais radical, e com ela pensavam varrer toda a ordem vigente herdada da colônia. A economia brasileira, absorvida pelas grandes explorações rurais, com que não podiam concorrer as classes menos abastadas e onde se empregava de preferência o braço escravo, e pelos comerciantes estrangeiros, tornava quase impossível à população livre mas pobre do país a obtenção de regulares meios de subsistência.

A abertura dos portos veio paradoxalmente agravar de certo modo esta sua já precária situação. Desenvolvendo as relações comerciais e pondo o país em maior contato com outros povos mais civilizados, desenvolve ao mesmo tempo as exigências da população. Apodera-se do país uma ânsia de conforto e luxo antes desconhecida. "Os hábitos do povo", relata um viajante inglês,

> modificaram-se sensivelmente em pouco tempo. Muitas antigas e respeitáveis famílias brasileiras, cujos hábitos eram tão rudes como sua acanhada mentalidade,

por efeito do rústico isolamento em que viviam, procuram agora a capital, para onde as atraíam festas, recepções e cerimônias frequentes. Ali, por efeito do seu contato com estrangeiros, cedo se despiram da ferrugem do isolamento, e voltaram para casa com novas ideias e modos de vida, que iam sendo igualmente adotados por seus vizinhos; e assim o progresso e a civilização se espalharam pelo país.[7]

Com isto sofre um profundo golpe a tradicional vida semipatriarcal dos grandes domínios. As novas exigências dos senhores rurais fazem com que se abandonem as produções invendáveis, os gêneros de consumo interno dos domínios, por outros que servissem para abastecer o comércio exterior. Transformam-se assim as explorações rurais cada vez mais em empresas essencialmente mercantis, votadas exclusivamente à produção para a venda. Com isso substitui-se, cada vez em maior escala, o trabalho livre pelo trabalho mais econômico do escravo, assumindo o tráfico africano proporções nunca vistas. Tal processo vai naturalmente agravando a situação das classes pobres, que já não encontram nos domínios o acolhimento outrora desfrutado.

Doutro lado, com a abertura dos portos e a permissão do livre estabelecimento de estrangeiros no Brasil, entram os comerciantes reinóis, antes senhores exclusivos do comércio brasileiro, a sofrer a concorrência dos traficantes de outras nações, ingleses principalmente, e fazem por isso ainda mais sistematicamente a exclusão dos brasileiros, a que já nos referimos.

A posição das classes pobres na revolução da Independência é, por isso, radical ao extremo. Planejavam-se completas transformações sociais, e não faltaram mesmo projetos de divisão igualitária de toda a riqueza social. Mas faltavam as condições objetivas necessárias para a realização dessas reformas, e elas por isso andam mais no ar que concretizadas e em programas definidos. Vemo-las assumirem um caráter principalmente político, vago e abstrato, sem se apoiarem numa sólida base econômica e social. Eram em suma aspirações confusas, muito mais destruidoras que construtivas.

Os orientadores destas correntes extremistas, na falta de compreensão nítida do processo social que sob suas vistas se desenrolava, ficam em geral numa linguagem demagógica e jacobina, emprestada dos revolucionários franceses

---

7. Walsh, *Notices of Brazil*, II, p. 170.

de 1789, em que "liberdade" e "democracia", entendidas muito mais como ideias abstratas que como programas definidos, voltam a cada momento; mas no final das contas, "incapazes" de assumirem uma posição própria e definida, põem-se simplesmente a reboque das classes abastadas que delas se servem na luta comum contra a reação recolonizadora. E isto faz com que, abandonados depois da abdicação de d. Pedro pelos aliados da véspera, que passam então a adversários, sejam incapazes de levar adiante a revolução e sucumbam ante a reação conservadora que então se opera.

A história do Primeiro Reinado não é mais que o longo desfilar de choques entre o poder absoluto do imperador e os nativistas. O domínio destes, que se vinha prolongando desde a partida de d. João, com o ministério dos Andradas no poder, deu logo lugar ao de seus adversários. E foi a inabilidade de José Bonifácio e seus irmãos — ou sua desmedida ambição — que preparou o terreno para a reação portuguesa. Tal foi a atitude dos Andradas depois da Independência que logo fê-los perder as simpatias dos próprios partidários. No fundo, o que eles queriam era uma coisa impossível: um quase absolutismo do imperador — por eles naturalmente exercido —, equidistante de brasileiros e portugueses. Enfraquecido pela cisão que provoca a atitude dos Andradas, o partido nacional acaba finalmente por perder o controle dos negócios públicos. Quando cai José Bonifácio, quem o substitui são os absolutistas, que ascendem ao poder com o ministério de 17 de julho de 1823. Daí até a abdicação de d. Pedro são eles que dominam.

A dissolução da Assembleia Constituinte em novembro do mesmo ano consolida o seu poder, afastando por completo a interferência dos adversários nos negócios públicos. Este ato foi mesmo considerado um primeiro passo para a recolonização do país, que era afinal o objetivo último dos "absolutistas". Mesmo em Portugal assim interpretaram o violento gesto do imperador.[8] E certamente não andavam muito longe da verdade. Nos anos do Primeiro Reinado é esta a preocupação constante do partido no poder, que apenas esperava o momento oportuno para desferir o golpe final. Qualquer circunstância é aproveitada para um recrudescimento de suas manobras. Assim é por ocasião da dissolução, mais tarde quando é promulgada a Constituição portuguesa, e ainda depois do falecimento de d. João. A estas manobras do partido por-

---

8. Armitage, *History of Brazil*, I, p. 159.

tuguês respondiam imediatamente os nativistas com agitações, que tomam por vezes um caráter francamente revolucionário. Da primeira vez é assentado o projeto de assassinato do imperador,[9] e na segunda agita-se a Bahia com a palavra de ordem de *morte aos portugueses!* e depredações de toda ordem, que somente se amainam com a presença do próprio monarca.

Logo depois de dissolvida a Assembleia, nomeara o imperador, para acalmar os ânimos, uma comissão elaboradora de um projeto constitucional. Tão bem-intencionado quis parecer que lhe concedeu apenas quarenta dias para apresentar seus trabalhos, e expressamente recomendou um máximo de liberalismo — no firme propósito, está claro, de o deixar apenas no papel. O novo projeto conservou em suas linhas gerais o sistema do anterior e do comum das constituições da época, de que aliás fartamente se inspirou. Constituiu sua única inovação de vulto a introdução de um quarto Poder, o Moderador, ao lado do Executivo, Legislativo e Judiciário. Mas as funções deste quarto Poder, exercido pelo imperador, consistiam apenas em atribuições comumente outorgadas, mesmo no projeto da Constituinte, ao Executivo. Assim a escolha dos senadores, a livre nomeação dos ministros, a sanção e veto dos atos do Poder Legislativo etc.

As boas intenções de d. Pedro ficaram contudo nas promessas. A Constituição, regularmente aceita pelas câmaras municipais do país, e por ele jurada, ficou inteiramente letra morta. Não se convocou o Parlamento senão dois anos depois, e continuou tal qual o governo absoluto do imperador. No seu íntimo, afagava d. Pedro o firme propósito de a revogar sumariamente, logo que isso lhe parecesse oportuno. Sua atitude para com os que lhe aconselharam tal gesto (todos agraciados com títulos e comendas) não deixa a respeito a menor dúvida.[10]

Sem o incômodo de câmaras hostis à sua política pôde o partido português manejar o poder a seu gosto. Suprimiu a liberdade de imprensa, encheu os cargos públicos de apaniguados, enquanto abertamente favorecia os interesses que representava. Não é sem razão que a Comissão de Fazenda da Câmara se queixa mais tarde, em parecer, do "comércio, empolgado todo pelos estrangeiros, que regurgitam em privilégios, enquanto a agricultura se vê amea-

---

9. Idem, ibidem, I, p. 139.
10. Idem, ibidem, I, p. 203.

çada de repentina privação de forças".[11] Aos diretores e acionistas do Banco do Brasil, fundado em 1808, com caráter semioficial, e que, como era natural, caíra inteiramente nas mãos do comércio português do Rio de Janeiro, cumulava o governo de favores, fechando os olhos a toda sorte de abusos de que eram os responsáveis; o que fez mais tarde um deputado chamá-los, em plena Câmara, de "ladrões".[12]

Tal era a atitude do grupo que no poder ia assim desfrutando as vantagens do mando, enquanto esperava pela hora propícia de reunir novamente o país à antiga metrópole.

Afinal, em 1826 resolve d. Pedro, premido pelas aperturas do tesouro, convocar o Parlamento. A maioria dos deputados, eleitos já em 1824, era-lhe francamente desfavorável, e fora este o principal motivo do adiamento sucessivo da convocação. Mas posto em xeque por este lado, cobriu-se com o Senado, que formou a seu gosto. Cabendo-lhe a escolha dos senadores, de listas tríplices dos nomes mais votados em cada província, lançou mão de um hábil expediente para nomear candidatos aliados colocados em quarto e até quinto lugar. Indicado um nome por uma província, riscava-o sumariamente das demais listas em que acaso figurasse, melhorando assim a colocação dos menos votados.[13] Por esta forma, constituiu uma maioria favorável à sua política, inutilizando até certo ponto a oposição da Câmara baixa.

Como era de esperar, não foram melhores as relações do imperador com esta nova Assembleia. Os atritos se repetem diariamente. Os ministérios, escudados na doutrina de que competia ao imperador a livre escolha de seus ministros, permaneciam inabaláveis no poder, não prestando senão uma atenção muito relativa aos ataques continuados que sofriam no Parlamento. Por vezes, quando as relações se tornavam excessivamente tensas, como por exemplo depois da célebre questão dos regimentos estrangeiros, procurava d. Pedro aproximar-se do partido brasileiro, oferecendo-lhe algumas pastas. Mas esta aparente aproximação nunca enganou os oposicionistas. O que lhes interessava não era uma simples troca de nomes na administração, mas uma reforma

---

11. Parecer de 27 de julho de 1828 sobre a questão do Banco do Brasil.
12. Manuel Odorico Mendes, deputado pelo Maranhão.
13. Armitage, op. cit., I, p. 237. Assim procedeu, por exemplo, com relação a Goiás. Querendo nomear o quinto colocado na lista desta província, escolheu os dois primeiros por outras províncias; o quinto colocado passou assim para o terceiro lugar.

do sistema; e para isto não confiavam, e com razão, no imperador e suas veleidades oportunistas.

Assim, cada vez mais se aprofunda o abismo entre o governo e a maioria do país, sem que uma solução se apresentasse. A simples aceitação de uma pasta era o suficiente para incompatibilizar o novo ministro com o partido nacional, que da Câmara agitava o país com uma desenfreada demagogia. Estava-se evidentemente diante de uma situação que só se resolveria pela revolução. O imperador não dava ouvidos aos reclamos da opinião pública, e ao mesmo tempo não ousava dissolver o Parlamento, rasgar a Constituição e francamente instituir o absolutismo. Deixava por isso as coisas permanecerem no mesmo pé, e em atritos constantes com a representação nacional, o que cada vez mais lhe minava a popularidade, esperava pelo desenrolar dos acontecimentos.

Depois das agitações na capital do Império conhecidas por Noite das Garrafadas (13 de março de 1831), as coisas se precipitam. Em dezembro do ano anterior partira d. Pedro para Minas Gerais. Era lá que a oposição ao seu governo se mostrava mais violenta e o imperador esperava com sua presença captar as simpatias da província. A recepção foi contudo a menos cordial possível, e já então pensou d. Pedro em abdicar. Em desagravo, preparam-lhe os portugueses do Rio, por ocasião de sua volta, uma recepção pomposa que apenas serviu para irritar os ânimos dos brasileiros. Acabaram as festas em lutas sangrentas que colocam o governo numa situação visivelmente insustentável. Procura então d. Pedro, mais uma vez, reconciliar-se com os nativistas, e para isto tenta formar um ministério saído da oposição. Não o conseguindo, apela para elementos neutros, suspeitos a ambos os partidos. Este ministério incolor só contribuiu para agravar a situação, que aceleradamente marchava para um desfecho revolucionário. Já não era mais possível evitar a revolução. Na capital e nas províncias fundam-se abertamente associações que, com desassombro, às vistas de um governo impotente, pregam a insurreição. Arma-se o povo e conquista-se a tropa.

Para fazer face a esses acontecimentos, na esperança de ainda resolver a crise com um golpe de audácia, resolve d. Pedro chamar novamente os absolutistas, escolhendo seus elementos mais reacionários. E são esses que formam o ministério de 5 de abril. Foi a gota d'água no copo transbordante da revolução. Dois dias depois assinava o imperador sua abdicação, sob ameaça do povo e da tropa reunidos no campo de Santana.

A MENORIDADE

Com a abdicação de d. Pedro I chega a revolução da Independência ao termo natural de sua evolução: a consolidação do "Estado nacional". O Primeiro Reinado não passara de um período de transição em que a reação portuguesa, apoiada no absolutismo precário do soberano, se conservara no poder. Situação absolutamente instável que se tinha de resolver ou pela vitória da reação — a recolonização do país, que várias vezes, como vimos, ameaçou o curso natural da revolução — ou pela consolidação definitiva da autonomia brasileira, noutras palavras, do "Estado nacional". É este o resultado a que chegamos com a revolta de Sete de Abril.

É certo que não desaparecem desde logo da cena política do país os absolutistas do Primeiro Reinado, que passam depois do Sete de Abril a restauradores do trono de d. Pedro. Mas eles vão em franco declínio, uma vez que sua finalidade essencial, sua razão de ser, que era justamente a recolonização, aparece então cada vez mais como praticamente irrealizável. A situação agora já é outra. Tinham-se modificado profundamente as condições políticas do país. Haviam decorrido mais de vinte anos desde que d. João, passando-se para o Brasil, dera os primeiros passos no sentido da autonomia nacional. Essa circunstância, aliada ao golpe final da revolução da Independência vibrado em 7 de abril, faz com que as classes, cujos interesses se ligavam ao regime de colônia, se integrem na nova ordem estabelecida, evoluindo para outras formas de atividade política. O programa da restauração não representa senão o último sobressalto de uma aspiração definitivamente relegada para o passado. Assim, o neoabsolutismo dos restauradores, condenado ao desaparecimento, vai aos poucos perdendo terreno, e constitui no agitado período da Menoridade apenas uma força secundária, que aparece nos interstícios da luta entre os grupos em que, depois de 7 de abril, se dividem os nativistas. Torna-se por vezes ameaçadora, mas é esmagada pelas próprias condições objetivas que fazem impossível seu desenvolvimento.

Já analisamos a composição da oposição nacionalista do Primeiro Reinado. Vimos as tendências opostas, que representam interesses divergentes de classes distintas, que a dividiam, e que ficam num segundo plano enquanto pela frente se levanta um adversário comum. De um lado estão as classes abastadas, principalmente os grandes proprietários rurais, que conduzem a oposição a d. Pedro e encaminham a revolta de abril; doutro, as classes populares, de que as primeiras se servem para a realização de seus fins, e que — são elas principalmente que o fazem — saem à rua a 7 de abril para deporem o imperador.

O que se segue é o desdobramento lógico da atitude política destas classes no período anterior. Postas a reboque das camadas superiores, sob cuja hegemonia se processa toda a revolução da Independência, e confiando numa democracia abstrata que estas não se cansavam de pregar, e para a qual, diziam, o único obstáculo fora a atitude intransigente de d. Pedro, vão assistir à formação de um governo e à consolidação de uma situação que para elas pouco ou nada se diferenciava da anterior que tinham combatido. Teve razão Ottoni ao afirmar que o Sete de Abril fora uma *journée des dupes*. Sim, logrado foi o povo, foram as massas, vendo que tinham lutado para os outros; constatando que as reformas por que aspiraram continuavam no mesmo lugar: esquecidas depois da vitória como antes dela. Aliás, neste sentido — e só nele podemos tomar a expressão de Ottoni —, todas as revoluções do passado foram *journées des dupes*.

Assim, encerrada a jornada de 7 de abril, continua a pressão revolucionária, agora naturalmente exacerbada pelas desilusões que trouxera. Ao mesmo tempo, a classe que assume o poder passa, como é natural, a reacionária. A revolta chegara para ela a seu termo natural; era preciso estacar, resistir aos aliados da véspera que pretendiam ir adiante.

A reação começa logo no dia seguinte à revolta. O impulso dado era contudo por demais violento para que se lhe pudesse pôr com muita facilidade um paradeiro. Em todo o período das regências e dilatando-se pela Maioridade, a agitação lavra intensa. Enquanto isso, os grupos no poder se revezam incessantemente, às tontas, incapazes de dominar a onda revolucionária que se desencadeara.

Toda esta agitação, todos estes movimentos, embora desconexos, que ora aqui ora acolá abalam o país, têm contudo entre si um traço comum de evolução. A pressão revolucionária começa nas camadas logo abaixo da classe dominante. Daí se generaliza por toda a massa, descendo sucessivamente de uma para outra camada inferior. Isto provoca uma contramarcha das próprias classes iniciadoras do movimento, e que de revolucionárias, sob a pressão que as arrasta para onde não querem ir, passam a reacionárias, ou pelo menos abandonam o movimento. Deixam assim à sua sorte os últimos a entrarem na luta, que, por esta forma enfraquecidos, são esmagados pela reação do poder central.

É certo que da oposição democrática radical do Primeiro Reinado, da ala esquerda do partido nacional, só participam ativamente as classes médias. Mas quando, depois de 7 de abril, vêm para a arena da luta armada, arrastam, para servir-lhes de apoio, as camadas inferiores da população. É somente quando o extremismo revolucionário destas classes entra em ação que elas se atemorizam e fazem marcha atrás, a caminho da reação ativa ou passiva.

O mesmo processo portanto se repete de cima para baixo. A classe que alcança seus objetivos com a tomada do poder torna-se nele reacionária. Quando a reação é esmagada, seus chefes são trucidados, como na revolta dos cabanos no Pará.

Naturalmente, dada a falta de conexão entre os vários movimentos que surgem separadamente aqui e acolá, nunca se vai além da tomada do poder local. No centro a reação sempre se conserva indene, e daí a possibilidade de, apesar das lutas intestinas que a dividem, ela continuamente se renovar, e ir assim consolidando o seu poder. Para essa vitória completa da reação concorre também e principalmente a atitude revolucionária inconsequente das camadas inferiores. De um lado está a massa escrava que representava então cerca de 50% da população brasileira. Os escravos, além de seu baixo nível intelectual — grande parte vinha diretamente das selvas africanas, e por isso em nada se diferenciava das populações ainda em completo estado de barbaria de que provinha —, eram divididos por profundas rivalidades tribais que traziam do seu habitat de origem; muitas vezes nem ao menos falavam o mesmo idioma. Não formam por isso uma massa coesa, e não raro vemo-los tomarem armas uns contra os outros. Por isso também representam um papel político insignificante. Privados de todos os direitos, isolados nos grandes domínios rurais, onde viviam submetidos a uma disciplina cujo rigor não conhecia limites, e cercados de um meio que lhes era estranho, faltavam aos escravos brasileiros todos os elementos para constituírem, apesar do seu considerável número, fatores de vulto no equilíbrio político nacional. Só com o decorrer do tempo poderia a pressão de idênticas condições de vida transformar esta massa escrava numa classe politicamente ponderável, em outras palavras, transformá-la de uma classe *em si* noutra *para si*.

Quanto à população livre das camadas médias e inferiores, não atuavam sobre ela fatores capazes de lhe dar coesão social e possibilidades de uma eficiente atuação política. Havia nela a maior disparidade de interesses, e mais do que classes nitidamente constituídas, formavam antes simples aglomerados de indivíduos.

Em último lugar, para compreendermos a ineficiência política das camadas inferiores da população brasileira, devemos nos lembrar de que a economia nacional, e com ela a nossa organização social, assente como estava numa larga base escravista, não comportava naturalmente uma estrutura política democrática e popular.

Esses são os fatores que no período da Menoridade contribuem para a atitude revolucionária inconsequente das camadas inferiores. Sem coesão, sem ideologia claramente definida — que, dadas suas condições objetivas, não podiam ter —, mesmo quando alcançam o poder, tornam-se nele completamente estéreis. Em todos os movimentos populares desse período que vamos analisar, o que mais choca é sua completa desagregação logo que passa o primeiro ímpeto da refrega. Congregam-se as massas em torno de individualidades mais ou menos salientes — caráter comum a todas as lutas políticas às quais faltam sólidas bases ideológicas — e a ação revolucionária é dispendiosa em dissensões intestinas e hostilidades entre os chefes, que afinal não sabem ao certo o que fazer.

Ao Sete de Abril seguem-se, tanto na capital como nas províncias, tropelias e desordens. Era a insurreição que estava na rua. Naturalmente, não se contentava o povo com a simples abdicação do imperador e a formação de um governo saído das classes abastadas, e que já procurava ligar-se aos antigos adversários contra os aliados da véspera.

São os portugueses as principais vítimas da plebe amotinada. Suas lojas e casas de comércio são assaltadas e os proprietários espancados e mortos. As deposições de autoridades nas províncias se repetem incessantemente. Exigiam-se reformas radicais "proclamadas pelo povo na praça pública".[14]

Diante dessa onda revolucionária, desenha-se logo a reação. Forma-se no Rio de Janeiro a Sociedade Defensora da Liberdade e da Independência Nacional, que inscreve no seu quadro social as mais prestigiosas figuras das classes conservadoras, inclusive regentes, deputados e senadores. É seu organizador um jornalista, Evaristo da Veiga, que fora no período anterior um dos mais combativos elementos da oposição a d. Pedro. A Sociedade Defensora propu-

---

14. Pereira da Silva, *História do Brasil de 1831 a 1840*, p. 13.

nha-se a garantir a situação política criada pelo golpe de Sete de Abril, tanto contra a reação do partido português, que, apesar de vencido, não desaparecera ainda, como vimos, por completo, como também, e principalmente, contra o extremismo revolucionário que se desenhava. A influência da Sociedade Defensora sobre a orientação dos governos regenciais é notável. Entre suas atividades está a ideia da criação e a organização da Guarda Nacional, recrutada entre cidadãos de importância, e que serviu de contrapeso às tropas regulares, cuja duvidosa fidelidade estava sendo demonstrada pela atitude que não raro assumiam de solidariedade com o povo revoltado. Ao mesmo tempo a Assembleia Geral, reunida em 3 de maio, se apressa em consolidar a situação com a criação da Regência permanente, e armando o governo das medidas necessárias para deter a revolução que se desencadeava de todas as partes. Pela lei de 6 de junho são proibidos os ajuntamentos noturnos na praça pública e declarados inafiançáveis os crimes em que ocorresse prisão em flagrante.

Nesta primeira fase do governo regencial, avulta a figura do ministro da Justiça, o padre Diogo Antônio Feijó, que é, pode-se dizer, a figura central do novo governo. Foi certamente ele a maior alavanca da reação que se desencadeia. Dotado de um espírito autoritário, enérgico ao extremo, soube o padre Feijó enfrentar a agitação que convulsionava o país, impedindo que ela se transformasse num movimento capaz de dar por terra com a situação dominante.

O mês de julho assinala o início da série de golpes que encheriam todo o período da Menoridade. Logo nos primeiros dias deste mês, é a capital do Império teatro de arruaças, a que se juntam os soldados que, desrespeitando os oficiais e abandonando os quartéis, fazem causa comum com o povo amotinado.[15] No dia 14, depois de vários dias de distúrbios, reúnem-se tropa e povo sublevados no campo da Aclamação e enviam ao governo suas condições: reformas democráticas da Constituição, suspensão dos funcionários nascidos em Portugal, deportação de uns cem cidadãos, entre os quais figuravam senadores, militares, magistrados e outras pessoas de destaque; exoneração do ministro da Justiça; proibição da imigração portuguesa por dez anos.

Como era de esperar, a Assembleia nem tomou conhecimento da representação, estranhando mesmo que o ministro lha tivesse apresentado. As pro-

---

15. Idem, ibidem, p. 22.

porções do movimento ainda não a atemorizavam. Com o auxílio principalmente da Guarda Nacional, consegue Feijó sufocar a revolta.

Em 28 de agosto e 6 de novembro novos levantes se desencadeiam no Rio de Janeiro.

Não era melhor a situação nas províncias. No Pará, no Maranhão, na Paraíba e em Pernambuco são depostas as autoridades.

O ministro da Justiça não tem mãos a medir. Apela insistentemente para as câmaras, pedindo novas e novas medidas, cada qual mais rigorosa. Era preciso acabar com esta "anarquia", como a denominava. "Seis mil cidadãos armados", declara em enérgico ofício à Câmara, "6 mil cidadãos, não da qualidade dos que a 16 de julho derramaram a consternação na capital, mas 6 mil proprietários e industriais, que representam cada um família e bens, que constituem a massa da mais rica e populosa cidade do Império, têm declarado não poderem mais sofrer a inquietação e sobressalto, os incômodos e prejuízos que lhes causam os anarquistas." Sem o querer, talvez, caracterizava bem o ministro da Justiça neste documento as classes em luta. De um lado "proprietários e industriais que representam bens". Doutro os "anarquistas", isto é, o povo em luta por suas reivindicações, pela melhoria de suas condições de vida.

Enquanto assim se agitam as massas populares, procuram os "restauradores" aproveitar o ambiente de confusão reinante para desferirem o seu golpe. O momento era propício. A debilidade do governo regencial diante da onda revolucionária que se alastrava e a incapacidade que demonstrava em dominá-la efetivamente criavam um estado de espírito, mesmo entre os adversários, se não favorável ao golpe que planejavam, pelo menos possivelmente neutro.

Em março de 1832 fundam a Sociedade Conservadora, núcleo do partido restaurador, o "caramuru", como foi chamado. Figuravam entre eles os Andradas, inclusive José Bonifácio, então tutor de Pedro II, que completava com essa atitude sua complicada trajetória política. Os Andradas, de "nativistas" vermelhos antes da Independência, passam, com d. Pedro no trono do Império, a palacianos. Evoluem daí, quando enxotados do ministério, a ultrademagogos. Os discursos de Antônio Carlos na Constituinte ficaram como modelos de retórica demagógica. Depois de Sete de Abril, tornam-se "restauradores", ultrarreacionários.

Em abril do mesmo ano tentam os "caramurus" seu primeiro golpe, que fracassou.

Em represália à atitude do tutor imperial, que se utilizava da força e do prestígio do cargo que ocupava para conspirar contra o governo, propõe Feijó sua destituição, no que é seguido pela Câmara. O Senado, contudo, onde o reduto "restaurador" era poderoso, nega-se a dar seu consentimento. O ministro da Justiça, obedecendo a seus impulsos autoritários, planeja então o golpe de Estado de 30 de julho, pedindo à Câmara que se constituísse em Assembleia e, sem o concurso do Senado, votasse as medidas que pleiteava. Dessa vez, o defensor incondicional da legalidade punha-se decididamente abaixo dos fins que almejava — processo aliás que repetiria em maior escala, anos depois, concorrendo como concorreu para a revolução paulista de 1842.

Mas não contou Feijó com a pusilanimidade da Câmara. A sua maioria, apesar de inicialmente de acordo com o plano, aliás assentado em reunião conjunta com o ministro, mas temendo as consequências deste ato que lhe parecia por demais revolucionário, recuou à última hora, deixando o ministro isolado. Diante disso ele se exonera do cargo, e os restauradores, animados com o que lhes parecia uma vitória parcial, redobram de atividade. Em junho de 1833 corre como certo que planejavam outro golpe armado. Antônio Carlos viajara para a Europa, e a imprensa noticiava que viera para combinar com o ex-imperador a restauração do seu trono. Ao mesmo tempo a Sociedade Conservadora, convertida em Sociedade Militar, agia com desassombro, e os jornais "caramurus" pregavam abertamente a restauração. Tudo isso não deu afinal em mais que nos distúrbios que assinalam os festejos com que se comemorava o aniversário de d. Pedro II (2 de dezembro de 1833), em que nativistas e restauradores se chocam nas ruas da capital. Foi o sinal de debandar para estes. A Sociedade Militar é dissolvida, e o tutor imperial, destituído e preso. Daí por diante declinam os pruridos restauradores, que passam aos poucos para o esquecimento.

A REVOLTA DOS CABANOS NO PARÁ E A REGÊNCIA DE FEIJÓ

A Revolta dos Cabanos no Pará,[16] que começa em 1833 para se estender até 1836, quando é debelada, não se distingue por seu conteúdo dos demais

16. Não confundir com as agitações de igual nome no sertão de Pernambuco e Alagoas, e que se estenderam de 1822 a 1835.

movimentos populares que assinalamos; o que a caracteriza é a amplitude que tomou, chegando a dominar o governo da província por largos anos.

Contava o Pará já por esta época um longo passado de agitações. Formando no regime colonial um governo à parte, vivera esta província isolada do resto do país e em muito maior contato que qualquer outra com a metrópole portuguesa. Manteve-se por isso mais ou menos afastada do processo que se desenrolou no centro do país, e de que resultara afinal a proclamação da Independência. Durante este período, esteve o Pará sob a administração de juntas governativas lusófilas, que, não escondendo suas marcadas simpatias pelas cortes de Lisboa, tudo faziam para se isolar do governo do Rio de Janeiro. É nesta situação que a Independência veio encontrar a província. Tiveram por isso os paraenses que sustentar uma árdua luta contra o domínio lusitano, de que só veio livrá-los, em agosto de 1823, a intervenção do governo imperial.

Os oito anos que decorrem da adesão à Independência à revolta de abril são de relativa paz. Mas logo depois começam as agitações. As autoridades da província, ora depostas por sedições populares, ora destituídas pelo governo regencial, que não sabia como resolver a situação, se sucedem ininterruptamente. Destaca-se nestes sucessos um aventureiro audaz, ambicioso ao extremo: o cônego Batista Campos. Gozando de um largo prestígio entre as massas populares, que com uma desenfreada demagogia açulava contra os governos provinciais, consegue ele, em 1832, sublevar a comarca do Rio Negro (depois província do Amazonas), e por esta forma submeter o então presidente da província, Machado de Oliveira. Este, embora mantendo-se no poder, teve de sujeitar-se à orientação política do cônego.

Ainda que contraditório em suas atitudes, pois se de um lado agitava as massas, doutro procurava o apoio das classes abastadas, intrigando com elas o presidente, que acusava de pretender a alforria dos escravos, compreendia Batista Campos perfeitamente a situação, e francamente apoiava as hostilidades populares contra a política reacionária das regências.

Para pôr cobro a tal estado de coisas, nomeia a Regência, em princípios de 1833, novas autoridades: José Mariani, presidente, e o tenente-coronel Inácio Corrêa de Vasconcelos, comandante das armas.[17] Mas ao chegarem a Belém, o

---

17. O comandante das armas era a segunda autoridade da província e cabia-lhe o comando das Forças Armadas.

Conselho da província, inteiramente nas mãos de Batista Campos, recusa dar-lhes posse, e é à viva força repelido seu desembarque.

Em dezembro do mesmo ano aportam novas autoridades: Bernardo Lobo de Sousa e o tenente-coronel José Joaquim da Silva Santiago, respectivamente presidente e comandante das armas. Tiveram estes melhor sorte que seus predecessores, conseguindo assumir o governo da província. Melhor ou pior, porque triste seria o fim.

É neste governo que propriamente se inicia a revolta dos cabanos. Os dois passados anos de agitação tinham fartamente preparado o ambiente para a eclosão do grande movimento de massa que se seguiria, e a atitude violenta e arbitrária do novo presidente veio dar-lhes o remate final.

Apenas empossado, inaugura Lobo de Sousa uma política de enérgica repressão. Indicado a dedo pela Regência para a difícil missão de repor a província revoltada no caminho da reação que se ia implantando no resto do país, não escolheu o presidente meios para atingir os seus fins. Perseguições, prisões arbitrárias, deportações em massa, de tudo se serviu. Mas como arma mais eficaz, lançou mão de um processo especialmente impopular (que aliás já vinha de longe), e que seria sucessivamente adotado com grande sucesso pelas situações dominantes em todo o correr do Império: o recrutamento intensivo para o Exército e a Armada. Era um expediente prático e eficaz, perfeitamente enquadrado nas normas legais, e que permitia o sumário afastamento pela incorporação às Forças Armadas de qualquer elemento incômodo aos governos.

Por esses meios conseguiu Lobo eliminar aqueles que, no dizer de um contemporâneo, "eram conhecidos por suas doutrinas subversivas, que pregavam e inoculavam no seio da população e que ameaçavam a ordem pública pela influência perigosa que exercem entre as massas [...]".[18] Entre suas vítimas figurou um democrata ardente, Eduardo Nogueira Angelim, já notável por feitos anteriores, e que teria em seguida um papel de destaque na revolta que analisamos.

Essas medidas do presidente levantaram logo contra ele a animosidade popular, e começa um trabalho intenso de agitação. Tanto na capital como no interior, entre as populações rurais, preparam-se os elementos para um levante armado. É nessa ocasião que se envolvem no projetado movimento os ir-

18. Domingos Antônio Raiol, *Motins Políticos do Pará*, III, p. 97.

mãos Vinagre, lavradores do rio Itapicuru e que seriam as mais notáveis figuras da revolução. Ao mesmo tempo, um antigo jornalista do Maranhão, Vicente Ferreira Lavor, fazia ouvir em Belém, pelo periódico *A Sentinela*, sua inflamada voz revolucionária.

As primeiras agitações, contudo, e a convocação da assembleia provincial (outubro de 1834) em virtude da promulgação do Ato Adicional (votado pela Assembleia Geral neste mesmo ano e que determinava a convocação de assembleias provinciais) marcaram na história da revolução do Pará o início de um novo período. Alguns de seus elementos, entre eles o cônego Batista Campos, na esperança de obterem a maioria da futura Assembleia e assim dominarem a situação sem o recurso violento das armas, preferem se afastar do movimento.[19] Outros, alarmados pelo rumo que as coisas iam tomando e pela atitude das massas populares, que tinham dado mostras do seu estado de espírito nos primeiros encontros com as armas legais, não se sentem mais com ânimo para continuarem na revolta. Processa-se assim o fenômeno que já assinalamos: um recuo dos elementos mais moderados que sentiam declinar sua influência no movimento que se armara e que, vendo o seu controle passar aos poucos para as camadas inferiores da população, preferem deixá-lo à sua sorte.

Mas isso não era suficiente para deter a onda revolucionária que já tomara um impulso notável. Pelo contrário, a insurreição parece ganhar maior eficiência, organizando-se, depois do seu fracasso parcial no interior, na própria capital da província. Era ferir a legalidade no seu centro.

Na noite de 6 para 7 de janeiro, depois de concentrados nos arredores da cidade, levantam-se os revoltosos em Belém. A situação é dominada com facilidade, sendo executados o presidente, o comandante das armas e outras autoridades.

Cometem então os cabanos o grande erro de chamarem para o governo um elemento que já participara da revolução, tendo mesmo sido preso (é na prisão que vão buscá-lo), mas que dera em seguida sobejas provas da dubiedade de suas atitudes. Chamava-se ele Félix Antônio Clemente Malcher. Ao ser preso, já estava Malcher decidido a abandonar o movimento, e deveu tão somente à sua detenção o não ter podido levar a cabo este projeto. Assumindo o governo, protestou Malcher fidelidade ao imperador, mas declarou conservar-se no poder até a Maioridade.

---

19. Batista Campos faleceu pouco depois destes sucessos.

A política de Malcher logo desgostou os revoltosos. Não queria ele pactuar com seus companheiros de revolução, cujo extremismo lhe repugnava. Posto na alternativa de se deixar levar pela marcha natural dos acontecimentos, que exigiam dele uma atitude desassombradamente revolucionária, ou resistir, o que significava sua perda irremediável, julgou-se mais forte do que realmente era, e preferiu esse segundo caminho. Já então completamente deslocado no movimento que passara muito além do que imaginava, não podia Malcher compreender a atitude e as aspirações das massas que conduzia. E tal incompreensão ia naturalmente cavando-lhe a impopularidade. À agitação que em consequência então se esboça, responde o presidente com medidas de violenta repressão que cada vez mais o incompatibilizavam com a opinião pública. Entre outros atos, faz prender e deportar os elementos mais populares da revolução, como Angelim e o jornalista Ferreira Lavor.

Enquanto isso, crescia o prestígio dos irmãos Vinagre, principalmente de Francisco Pedro, que ocupava então o cargo de comandante das armas. Querendo se desfazer deste perigoso rival, tramou Malcher a sua prisão. Mas não encontrando o necessário apoio, é deposto e executado, substituindo-o o próprio Francisco Vinagre.

Parece todavia que os cabanos estavam fadados às traições de seus chefes. Vinagre no poder não se conduziu melhor que seu antecessor. Logo de início protestou fidelidade ao governo imperial, prometendo entregar a presidência a quem fosse por ele regularmente indicado. Assim, quando diante de Belém se apresentou uma esquadra legal pretendendo dar posse ao vice-presidente Ângelo Custódio Corrêa, quis Francisco Pedro negociar um acordo. Impediu-o seu irmão Antônio, que, pondo-se à frente dos revoltosos, conseguiu, depois de renhida luta, impedir o desembarque das tropas legais. Apesar da traição, continuou o presidente no poder. Caro iria este erro custar aos cabanos.

Enquanto isso, o governo da Regência, cada vez mais alarmado com o rumo que as coisas iam tomando e com os sucessivos reveses que suas armas sofriam no Pará, resolve intervir com redobrada energia. Seguem então forças consideráveis sob o comando do novo presidente que nomeia: Manuel Jorge Rodrigues. Protegido por Francisco Pedro, consegue Rodrigues, apesar da hostilidade dos cabanos, assumir sem grande esforço o governo da província.

Mas, vencidos na capital, não se resignam os cabanos, e ainda em armas e sob o comando de Antônio Vinagre, retiram-se para o interior da província.

Conseguem ali, mais uma vez, levantar as populações rurais, e depois de ocupada a cidade de Vigia, atacam e tomam em agosto a capital. Enquanto isso, refugia-se o presidente na ilha de Tatuoca, e lá estabelece a sede do seu governo. Pela segunda vez, estavam os cabanos senhores do Pará. Proclamam a república e declaram a província desligada do Império.

Mas, dessa vez ainda, não tardam as desinteligências entre os revoltosos. Ao lado disso, a prolongada luta que vinha havia tanto tempo durando, e as sucessivas traições de que tinham sido vítimas, abalará neles profundamente a confiança na vitória final. Assim mesmo, conseguem manter-se no poder por quase um ano. Infelizmente, não souberam nesse longo período organizar-se com eficiência. É verdade que os embaraços eram grandes, vindo a eles juntar-se uma epidemia de bexigas, que grassou por largo tempo na capital da província.

Em abril de 1836 chega ao Pará uma poderosa esquadra trazendo o novo presidente legal, o brigadeiro Francisco José de Sousa Soares de Andreia. Depois de alguma luta, consegue o brigadeiro efetuar um desembarque, e ocupa a capital a 13 de maio. Os cabanos, refugiados no interior, já não podiam oferecer grande resistência. Atacados por forças consideravelmente superiores, vão cedendo terreno, e, perseguidos sem quartel pelas armas legais, são afinal completamente esmagados.

Estava assim terminada a sublevação dos cabanos. É ela um dos mais, se não o mais notável movimento popular do Brasil. É o único em que as camadas mais inferiores da população conseguem ocupar o poder de toda uma província com certa estabilidade. Apesar de sua desorientação, apesar da falta de continuidade que o caracteriza, fica-lhe contudo a glória de ter sido a primeira insurreição popular que passou da simples agitação para uma tomada efetiva do poder.

Vejamos o que ao mesmo tempo se passava no governo central do Império. Fora em 1835 eleito regente do Império, tomando posse no dia 12 de outubro, o antigo ministro da Justiça da Primeira Regência, o padre Diogo Antônio Feijó. As condições do país eram agora muito mais difíceis que da primeira vez que tivera de enfrentar a situação. Assinalara-se o ano de sua posse por um recrudescimento assustador da agitação. No Pará, como vimos, lavrava intensa a Revolta dos Cabanos; no Rio Grande do Sul, iniciava-se a interminável Guerra dos Farrapos. A Bahia, por seu turno, fora teatro de um levante de escravos, que, se não teve grande repercussão, sendo logo debelado, ficou contudo bem vivo como exemplo de um perigo que por vezes era esquecido: o latente espírito de revolta da grande massa escrava. Também em Pernambuco se tinham registrado graves acontecimentos. A situação geral do Império era portanto ainda, e mais que nunca, de grande intranquilidade. Na Fala do Trono de 1836 dizia o regente: "Nossas instituições vacilam, o cidadão vive receoso, assustado; o governo consome o tempo em vãs recomendações. Seja ele responsabilizado por abusos e omissões; dai-lhe porém leis adaptadas às necessidades públicas; dai-lhe forças, com que possa fazer efetiva a vontade nacional. O vulcão da anarquia ameaça devorar o Império: aplicai a tempo o remédio".

Tal era a situação quando, a 3 de maio, abre-se a Assembleia Geral. Estavam então as antigas facções completamente desagregadas. Os restauradores tinham desaparecido da cena. A luta parlamentar dos anos anteriores tornara completamente estéril a repressão à agitação que lavrara no país desde a abdicação de d. Pedro I. Algumas reformas, entre outras o Ato Adicional — pequenas concessões feitas à democracia —, eram consideradas como responsáveis em parte pelo enfraquecimento do governo central. É neste ambiente que se esboça um núcleo reacionário, que aos poucos engloba a maioria da Câmara. Logo na discussão da resposta à Fala do Trono, alude o deputado Rodrigues Torres à necessidade da interpretação do Ato Adicional, no sentido de se lhe apararem as arestas demasiado democráticas. Outro deputado, Honório Hermeto Carneiro Leão, o futuro marquês do Paraná, se insurge contra novas medidas democráticas, aconselhando o regresso.

Feijó não compreendeu a significação do partido que assim se formava. Não viu que representava o espírito das classes dominantes, e que sem o seu apoio não lhe seria possível governar. Conservador e reacionário, ele também quis contudo fazer política pessoal, e levantou com isso a animosidade geral que logo repercutiu no Parlamento com a oposição desabrida da maioria.

A situação do país cada vez mais agravava as relações do regente com o partido de que ele devia afinal ser, dentro da lógica dos fatos políticos, um dócil instrumento. As notícias do Rio Grande tornavam-se dia a dia menos favoráveis. Em fins de 1836 tinham-se registrado novos levantes populares em Laranjeiras, no Sergipe, e nas povoações de Caitité, Nazaré e Santo Amaro, na Bahia.

Na sessão legislativa do ano seguinte chega a crise a seu auge. A maioria do Parlamento se mostrava decidida a dar por terra com um governo que perdera por completo sua confiança. Explorava seus menores e mais insignificantes atos e quaisquer circunstâncias que lhe fossem desfavoráveis como crimes de "traição à pátria", na demagógica expressão então tanto em voga. A resistência de Feijó começa então a ceder. Mas preferindo renunciar a chamar para o governo o partido que o hostilizava, passa a Regência, a 19 de setembro, a seu substituto legal, o ministro do Império Pedro de Araújo Lima.

A REVOLTA DOS BALAIOS E A AGITAÇÃO PRAIEIRA

Apesar do acentuado declínio em que, depois de 1837, entram as agitações populares da Menoridade, assistimos ainda, no ano seguinte, à irrupção de um dos mais notáveis movimentos do período que analisamos. É a chamada Balaiada do Maranhão, do nome de um de seus chefes, Manuel Francisco dos Anjos (de alcunha "Balaio"), por ser seu ofício a fabricação de balaios.

De 1833 a 1841 foi o Maranhão teatro deste levante, que se estendeu por toda a zona mais habitada e próspera da província, margens do Itapicuru e Parnaíba, e também pela vizinha província do Piauí. Contava o Maranhão por esta época uma população total de pouco mais de 200 mil habitantes, com cerca de 90 mil escravos e uma enorme massa — como aliás todo o sertão nordestino — de trabalhadores rurais empregados na pecuária, uma das principais indústrias da região. É essa enorme massa sertaneja que representa o mais saliente papel na Revolta dos Balaios.

Não se apresenta a Balaiada como um único movimento, mas, pelo contrário, caracteriza-se por sucessivos e ininterruptos levantes. Deu-se o primeiro na vila da Manga, pequena povoação da margem do rio Iguará, repercutindo logo em outros pontos, e rapidamente se estendendo desde o litoral, defronte à ilha em que se ergue a capital de São Luís, até Pastos Bons, na margem do Parnaíba, e pelo sertão do Piauí adentro.

Na origem deste levante, vamos encontrar as mesmas causas que indicamos para as demais insurreições da época: a luta das classes médias, especialmente urbana, contra a política aristocrática e oligárquica das classes abastadas, grandes proprietários rurais, senhores de engenho e fazendeiros, que se implantara no país. Esse elemento democrático radical era no Maranhão conhecido pelo nome de Bem-te-vi, do jornal — *O Bem-Te-Vi* — que sustentava suas ideias na capital da província. Mas dada a palavra de ordem da insurreição por este partido, a revolta toma uma feição própria, independentemente do partido que a provocara, e degenerando num levante de massas sertanejas, por cerca de três anos domina todo o interior da província. Os mesmos bem-te-vis, procurando embora tirar do movimento vantagens políticas em proveito próprio, dele se afastam logo que toma vulto, passando-se para a reação.

No feitio geral da Balaiada domina a caudilhagem, o que a impediu de se transformar num movimento de resultados mais sérios. Em vez de um levante em massa, logo aproveitado para a realização de uma política consequente, o que vemos é a cristalização de grupos sertanejos em torno de chefes, formando assim apenas bandos armados que percorrem o sertão em saques e depredações. O resultado foi não somente a dissolução gradual desses bandos até sua redução a pequenas colunas que apenas se aproveitam da enormidade do sertão para fugirem às armas legais, como ainda amortece do ímpeto revolucionário inicial das massas, a que não interessava esse "bandoleirismo" de uns poucos de seus elementos.

Por outro lado, não souberam os balaios ligar seu movimento ao dos escravos, que, aproveitando a agitação reinante, tinham-se levantado em vários pontos da província. E assim esses levantes, desconexos e mal orientados, em nada contribuíram para fortalecer a insurreição. Chegaram os escravos revoltados a formar um quilombo nas proximidades do litoral, entre os rios Tutoia e Priá, na fazenda Tocanguira, de um tal Ricardo Naiva. Não ultrapassaram contudo nunca o número de 3 mil, e lá se mantiveram inativos, sob a direção grosseira de um antigo escravo de nome Cosme, que, se arvorando em "imperador, tutor e defensor de todo o Brasil", vendia a seus companheiros títulos e honrarias. E assim se conservaram até que as forças legais se apoderassem deste reduto indefensável. A isto se limitou a participação dos escravos na revolta dos balaios. Comparem-se estes resultados, se de resultados merecem o nome, com a massa formidável que contava a província de quase 100 mil escravos, e que em número superior a 20 mil se concentrava só nos arredores de Caxias, que por duas vezes, e por lapso de tempo relativamente longo, esteve nas mãos de rebeldes. Foi aliás o cuidado constante dos chefes legais impedir a união de sertanejos e escravos, lançando para isto mão de todos os recursos. Vemos mesmo os escravos de Tocanguira, depois de debandados pelas forças legais, serem esmagados por um chefe balaio que se passara aos adversários.

Em matéria de organização, limitaram-se os balaios a constituir, uma só vez, por ocasião da tomada de Caxias, um conselho militar, que se formou da assembleia dos seus chefes, e no qual foram admitidos os elementos bem-te-vis da cidade. Este conselho, durante o tempo relativamente curto em que esteve em funções, não tomou nenhuma medida de maior alcance. Limitou-se tão somente a providências de caráter militar e de emergência, e a mandar a São Luís uma delegação a fim de se entender com o presidente da província sobre a entrega sem resistência da capital. Mesmo esta última medida, que parecia indicar nos balaios o ânimo de ocupar o poder da província, reduziu-se afinal, por influência visível dos bem-te-vis, seus aliados, a umas tantas instruções à delegação, em que reconhecem a soberania do Império, e a par da anistia, do pagamento da tropa e outras pequenas condições para a deposição das armas, exigiam unicamente a expulsão dos portugueses e restrições aos direitos dos adotivos. Quem afinal acabaria com todas as vantagens da vitória seriam apenas os bem-te-vis, únicos interessados nestas medidas contra os residentes portugueses. Aí está no que se resume a atividade política dos balaios. No entanto a ocasião era única. Não fossem as dissensões intestinas dos rebeldes, e principalmente, não tivessem eles repetidamente procurado a aliança dos bem-te-vis e elementos moderados que tudo faziam para deter a revolução; e dessem ao movimento um caráter de unidade que sempre lhe faltou — cada chefe, cada grupo agia por conta própria, sem se preocupar com os demais —, e a Balaiada teria outra significação política que não teve, e não seria desbaratada com a relativa facilidade com que o foi.

Nos seus primeiros tempos teve a revolução bastante sucesso. Como referimos, ocuparam logo os balaios toda a zona mais importante da província. Mas passada esta primeira fase de vitórias, o movimento entra em rápido declínio. Em princípios de 1840 assume a presidência da província e o comando das armas legais o coronel Luís Alves de Lima e Silva, o futuro duque de Caxias. Entrando na luta com forças consideráveis e habilmente se aproveitando da desunião que reinava entre os rebeldes, consegue Caxias, em pouco tempo, a completa derrota deles.

Na época de que nos ocupamos apresentava a província de Pernambuco sob seu mais característico aspecto as condições sociais anteriormente descritas. Toda a agricultura da província se achava concentrada nas mãos de um grupo insignificante de abastados proprietários rurais. Em nenhum outro ponto do país a grande exploração agrícola monopolizadora da riqueza é tão pronunciada. Cerca de um terço dos engenhos de açúcar da província achava-se nas mãos de uma só família, os Cavalcanti. Os outros dois terços, dividia-os mais um punhado de ricos proprietários; e para cada um deles contavam-se legiões de escravos e agregados que viviam nas suas terras em troca da mais absoluta submissão.

Ao lado destes proprietários, formara-se nas cidades, principalmente na capital, uma burguesia comercial rica e poderosa. Pernambuco era, além de uma das mais importantes províncias do Império, ainda o empório comercial de todo o Nordeste. Era natural portanto que a imigração (e de imigrantes só recebíamos os portugueses) afluísse para ali em grandes proporções. Por isso, mais que em qualquer outro lugar do país — e já vimos os motivos disto —, achava-se o comércio de Pernambuco monopolizado pelos naturais do Reino. Não é de admirar portanto a intensidade da agitação antilusitana, que primou nesta província sobre o resto do Brasil. Compreende-se assim também porque é de representantes pernambucanos na Assembleia que partem em geral as iniciativas em favor da nacionalização do comércio, que era então, como já tivemos por várias vezes ocasião de notar, uma das maiores aspirações do povo brasileiro.

Tal situação da província, insustentável para as classes populares, toma uma feição francamente revolucionária depois de 1842. Surge nesse ano o núcleo do partido que nela havia de dominar por longo tempo, e que tomou seu nome à rua da Praia em que se localizava a tipografia do *Diário Novo*, seu órgão de imprensa. Combatia este partido sem tréguas, e usando de processos violentos, os grandes proprietários da província, especialmente os Cavalcanti, e o comércio português.[20] Exigia medidas extremas que dessem por terra com o domínio desses Cavalcanti e arrancassem dos negociantes portugueses o mo-

---

20. As suas proclamações por ocasião da revolta de 1848 dão bem a medida desta oposição. Lemos numa delas: "Pernambucanos! O partido absoluto miguelista, que se acha no poder unido aos portugueses do Rio de Janeiro e daqui, acaba de dar princípio à obra de nossa escravidão, entregando nossas vidas e propriedades aos nossos mais encarniçados inimigos — os portugueses e os intitulados fidalgos Cavalcantis [...]". Referia-se à ascensão ao poder do gabinete de 29 de setembro de 1848, de que falaremos mais adiante.

nopólio comercial de fato que exerciam. Emprestamos a um escritor contemporâneo, panegirista da reação, o seguinte quadro da Agitação Praieira:

> Guerreavam os cidadãos mais respeitáveis pelas suas relações, riquezas, cargos, saber e propriedade; açulavam o ódio dos nacionais contra os estrangeiros, principalmente portugueses; faziam-lhes conceber esperanças de que um dia seriam expelidos do comércio e das profissões mecânicas, e de que, destruída a concorrência dos mesmos estrangeiros, daí lhes resultariam todas quantas venturas eles pudessem imaginar para si ou para a província [...].[21]

O mesmo escritor descreve assim o partido da Praia: "Composto das classes inferiores e ignorantes da população, que, julgando-se deserdados dos bens sociais e oprimidos por leis tirânicas e ofensoras de seu direito, nutriam sentimentos de ódio, inveja e vingança contra as classes superiores no mais alto ponto de exaltação". Desconte-se nestas palavras o que não poderia faltar na boca de um reacionário consumado — Figueira de Melo foi chefe de polícia em Pernambuco por ocasião da revolta de 1848 — e ter-se-á um quadro perfeito da Praia. Doutro lado, arregimentaram-se na Ordem, como ficou chamado o outro partido, os proprietários, capitalistas, todas as classes abastadas da província. É a luta destes partidos, a luta destas classes que constitui a Agitação Praieira, e enche a história pernambucana de 1842 a 1849.

A indicação de Chichorro da Gama em 1845 para presidente da província inaugura o domínio da Praia. Naturalmente a limitação legal das atribuições de um simples presidente de província não permitia a Chichorro realizar reformas de vulto. Nem por isso, contudo, foi muito melhor a situação da Ordem. As autoridades, especialmente a polícia, a serviço do partido dominante, invadiam sob qualquer pretexto os engenhos do interior, prendendo e espancando os proprietários. Na capital não era mais segura a situação dos ricos negociantes e capitalistas. Essas represálias chegam a um extremo em 1847. Em dezembro desse ano, foi Recife teatro das atitudes as mais violentas contra negociantes portugueses. Ao grito de *mata marinheiro!*, como eram chamados, são os portugueses mortos nas ruas da capital, e suas casas invadidas e saqueadas. Em junho do ano seguinte repetem-se estas violências, e no

---

21. Figueira de Melo, *Crônica da Rebelião Praieira*, p. 3.

mesmo mês, em enérgica representação à Assembleia Provincial, exigiam os praieiros a expulsão, no prazo de quinze dias, de todos os portugueses solteiros e a convocação imediata de uma Assembleia Constituinte que procedesse a reformas sociais.

Os presidentes que se seguiram a Chichorro, Vicente Pires da Mota e Antônio da Costa Pinto, apesar das suas "boas" intenções, não foram capazes de sofrear estas agitações. Os praieiros, que se tinham fartamente preparado no governo de Chichorro, opunham-se pela força das armas às ordens das novas autoridades. Os funcionários demitidos por simpatias pelos praieiros recusavam abandonar os cargos e não obedeciam ao governo da província.

Enquanto isso, os representantes da Praia na Assembleia Geral se esforçavam por reformas sociais, a começar pela nacionalização do comércio. As tentativas neste terreno vinham de longe. Já em 1838 fora introduzido no orçamento da receita para o exercício financeiro de 1839-40 (Lei nº 60, de 20 de outubro de 1838) uma imposição especial para as casas de comércio com mais de um caixeiro estrangeiro. Mas a cobrança deste imposto tinha sido posteriormente suspensa em virtude de intervenções diplomáticas. Renovam-se agora estas tentativas. Na sessão de 10 de junho de 1848 é pelos deputados praieiros apresentado um projeto de lei que exigia pelo menos um caixeiro nacional nas casas de negócio de qualquer gênero. Outro projeto, mais radical, é apresentado logo em seguida. Estabelecia a nacionalização integral do comércio a retalho, que passava a ser privativo dos cidadãos brasileiros. Como era de esperar, essas tentativas levantam tempestades no país, e contra elas logo se manifestam Câmara e governo. Entre seus opositores, destacou-se o então ministro dos Estrangeiros, Sousa Franco, que teve de jogar o difícil jogo de conduzir a oposição parlamentar aos projetos praieiros, e conservar ao mesmo tempo o apoio dos seus autores, com que contava para se manter no poder. Um trôpego substituto da comissão de comércio da Câmara, provavelmente inspirado pelo governo, limitou a pretendida nacionalização à simples exigência de um caixeiro nacional nas casas com dois ou mais; e isso mesmo, só nas capitais e cidades do litoral. Esse projeto, embora aprovado, não se chegou a converter em lei, morrendo nos arquivos da Câmara.

A queda da situação liberal neste mesmo ano (1848) foi principalmente devida à situação em Pernambuco. O gabinete que caía não estava em condições de reprimir devidamente a agitação daquela província porque, embora

A REVOLUÇÃO

desaprovasse a política da Praia, contava com ela para se manter no poder. Esses compromissos com a oposição democrática radical, que continuamente ameaçavam a estabilidade da política dominante, deram causa em 1848 à dissolução da Câmara e à formação de um governo fortemente reacionário.[22] E assim se constituiu o gabinete de 29 de setembro de 1848.

Não faltou o novo gabinete às esperanças nele depositadas. O presidente escolhido para Pernambuco, Herculano Ferreira Pena, logo depois da sua posse (19 de outubro), deu começo à mais enérgica das reações. Mas encontrou pela frente os praieiros, fortemente consolidados nas suas posições pelo longo domínio anterior e que todavia não se resignariam a ceder sem defesa. A luta armada estava portanto iminente. E assim foi. A 7 de novembro levantam-se os praieiros em Olinda, Igaraçu e outros pontos da província, e marcham sobre a capital.

Como programa apresentou a Praia os seguintes pontos: 1º — Voto livre e universal do povo brasileiro; 2º — Plena liberdade de comunicar os pensamentos pela imprensa; 3º — Trabalho como garantia de vida para o cidadão brasileiro; 4º — Comércio a retalho para os cidadãos brasileiros; 5º — Inteira e efetiva independência dos poderes constituídos; 6º — Extinção do Poder Moderador e do direito de agraciar; 7º — Elemento federal na nova organização; 8º — Completa reforma do Poder Judicial em ordem a assegurar as garantias individuais dos cidadãos; 9º — Extinção do juro convencional; 10º — Extinção do atual sistema de recrutamento.[23]

Era, em suma, um programa democrático avançado para a época. Mas se não faltou à Praia uma ideologia concreta, o que a singulariza entre os movimentos populares da época, por outro lado fracassou completamente no conteúdo material da insurreição. Mostrou-se incapaz de promover um levante de

---

22. O presidente do novo gabinete, Araújo Lima, futuro marquês de Olinda, o mesmo que em 1838 substituíra Feijó na regência do Império, estava especialmente indicado para o cargo, porque, além de politicamente ligado aos Cavalcantis, era seu parente.

23. Este programa, lançado quando se proclamou a revolta, vinha assinado por seus chefes. Foi, contudo, declarado apócrifo pelo órgão da Praia, o *Diário Novo*. O fato é que representa mais ou menos as aspirações populares de então, e também da Praia, como o demonstram suas campanhas anteriores pela imprensa e no Parlamento. Por isso, é pouco provável que seja verdadeira a afirmação do *Diário*. Aliás, a atitude deste jornal e de vários chefes da Praia foi por ocasião da revolta a mais dúbia possível. Traindo miseravelmente a classe que pretendiam defender, passam a girar na órbita reacionária dos governos seguintes. Desprezam completamente o partido que os elevara e que depois de 1848 desaparece, esmagado pela reação por eles próprios auxiliada.

massas, e sua atividade se reduziu à ação militar de uma coluna que nunca ultrapassou o reduzido número de 2 mil homens. Não lhe era assim possível grande resistência: menos de dois meses depois de iniciada, estava praticamente sufocada. Depois do combate de 2 de fevereiro de 1849, sucumbe, e pode-se dizer que desaparece. Percebe-se por aí como, à medida que avançamos na evolução do Império, vai a agitação democrática e popular perdendo em intensidade. Como as demais revoltas que se seguem à abdicação de d. Pedro I, não passou a Revolta da Praia de um impulso dado pela revolução da Independência. Mas então já era vigorosa a contramarcha. Tinha cessado aquele impulso, e era agora a reação que dominava. Contra ela vinham quebrar-se os ímpetos revolucionários das massas, incapazes de vencer a resistência que solidamente se implantara no país. A Agitação Praieira, incapaz de realizar seu ciclo completo, incapaz de propagar a centelha revolucionária através de todas as camadas rebeldes da sociedade, ficando apenas na superfície, é bem o estertor de agonia do intenso movimento popular que acompanha a Independência.

A TRAJETÓRIA REACIONÁRIA DE 1837 A 1849

De 1837 a 1849 percorre a política brasileira a mais caracterizada trajetória reacionária de sua história. O período anterior fora de hesitações, de reagrupamento de forças, dispersas pela abertura do novo ciclo histórico que assinala a abdicação do primeiro imperador: a consolidação definitiva da independência nacional. Depois disso, parece que a reação toma consciência de seu papel e, abandonando as hesitações do passado, entra definitivamente no rumo natural de sua evolução.

Apesar da concentração reacionária de 1836, e sua vitória com a renúncia de Feijó no ano seguinte, a intranquilidade do Império, como vimos, não terminara. É verdade que ia em franco declínio. Já não se nota esta agitação persistente em todo o país, esta repetição contínua, por toda parte, de movimentos revolucionários que amainavam aqui apenas para recrudescer acolá, e mantinham o Império num estado de perene intranquilidade. Mas os balaios no Maranhão e a continuação dos farrapos no Rio Grande indicavam que a reação não podia ainda se considerar completamente vitoriosa. Com essa constatação, vai desaparecendo a confiança nas regências, embora fossem confiadas, como era então o caso, aos mais reacionários grupos políticos. É esse um caráter comum a todas as reações. Enquanto não se estabilizam, enquanto persiste o espírito revolucionário que combatem mesmo quando em franco declínio, elas procuram cada vez mais se fortalecer. É uma força que vai em contínua ascendência, que se revigora de momento a momento, num recrudescimento incessante de energia contrarrevolucionária; energia esta que procura haurir onde quer que espere descobrir novas forças.

É nesse ambiente que nasce a ideia da Maioridade. A redução do prazo legal em que ela se tinha de naturalmente operar impõe-se pela ânsia de sair desse período de transição, de consolidar as instituições com o desaparecimento dessa forma, passageira por natureza, qual a Regência; pela esperança, enfim, de encontrar na ascensão do menino imperador ao trono a tranquilidade do país.

Os governos que se seguem à Maioridade têm todos o mesmo caráter. Se bem que diferenciados no rótulo com as designações de "liberal" e "conservador", todos evoluíram em igual sentido, sem que esta variedade de nomenclatura tivesse maior significação. Por isso mesmo é comum, e mal se estranha, a passagem de um político de um para outro grupo. O liberalismo — e liberalismo era então sinônimo de democracia — entra por esta época, nas rodas oficiais, em franco declínio. Os poucos políticos que por suas tendências se aproximavam das aspirações populares ou são segregados para o ostracismo ou se englobam na reação dominante.

No período que se segue, até 1849, amaina-se finalmente a agitação dos anos anteriores. Os farrapos depõem as armas em 1845, e em 1849, o último reduto da revolução, Pernambuco, entra numa fase de tranquilidade. O Império afinal se estabiliza no seu natural equilíbrio: a monarquia burguesa. Esmagada a revolução, subjugada a onda democrática, a grande burguesia nacional entra no gozo indisputado do país.

Enquanto isso, dão-se os últimos retoques nas instituições do Império; retoques estes que constituem justamente o reflexo jurídico desse equilíbrio. No terreno judiciário, temos a lei de 3 de dezembro de 1841 e seu regulamento de 31 de janeiro do ano seguinte, que encerram o país num estreito círculo de dependência do poder central.[24] Cria-se também, pela lei de 23 de novembro

---

24. Entre outras medidas, a lei de 3 de dezembro entregou à polícia — que, pela forma com que se organizou, era estreitamente subordinada ao governo — amplas atribuições judiciárias.

de 1841, o Conselho de Estado (a "arca da tradição", como disse Nabuco; melhor diria, o "baú da escravidão"), que foi o coroamento da obra reacionária que analisamos. Esse órgão, pela sua composição e pelo espírito que o animava, havia de ser no Segundo Império o "crisol" — não de estadistas, como afirmou o mesmo Nabuco, mas do reacionarismo imperial.[25] Enquanto isso, o que não fora da democracia esmagado pelas armas, sufoca-o a reforma eleitoral de 1846. Essa lei, sob pretexto da desvalorização da moeda desde a época em que se promulgara a Constituição do Império, passou a calcular o censo eleitoral na base metálica, elevando, por este artifício ao dobro do antigamente exigido, o mínimo de renda para o exercício dos direitos políticos.

E assim entramos na segunda metade do século XIX. As massas populares, mantidas numa sujeição completa por leis e instituições opressivas, passam para um segundo plano, substituindo pela passividade sua intensa vida política dos anos anteriores. Pôde assim a grande burguesia indígena entregar-se ao plácido usufruto de toda a nação. Daí por diante as lutas são no seu seio. É dentro dela que vamos encontrar os germes da discórdia, e será a luta dessas tendências opostas de grupos burgueses que constituirá a história política da segunda metade do século XIX.

---

25. Falando da lei de 3 de dezembro e do Conselho de Estado, disse Nabuco: "Durante quarenta anos, a lei de 3 de dezembro manterá a solidez do Império que acabou, pode-se dizer, com ela, ao passo que o Conselho de Estado, em todo este período, foi o *crisol* dos nossos estadistas, e a *arca da tradição* do governo".

O Império

O SEGUNDO REINADO

Abre-se a segunda metade do século XIX com um fato que se pode considerar o ponto de partida de toda nossa evolução posterior: é a abolição do tráfico de escravos em 1850. Nenhum outro acontecimento da nossa história teve talvez repercussão tão profunda. Por suas consequências, mediatas ou imediatas, ele se faz sentir até os últimos anos do Império.

A questão da abolição do tráfico, que até fins do século XVIII fora universalmente admitido, figurava agora na ordem do dia de todos os países ocidentais. Propusera-a o liberalismo burguês, vitorioso no continente europeu com a Revolução Francesa de 1789 e que trouxera à tona o problema da substituição do braço servil pelo deste novo escravo que é o assalariado. Também no Brasil encontrou a abolição partidários sinceros, se bem que em reduzido número — a maioria ficava tão somente nas declarações e protestos platônicos. Mas, muito mais que nós, interessou-se pela supressão do tráfico *brasileiro* a Inglaterra, então praticamente soberana na América do Sul. O Brasil, que com a abertura dos portos em 1808 e o desaparecimento dos entraves que ao seu desenvolvimento opunha o regime de colônia, entrava num período de notável surto econômico, não podia dispensar o tráfico de escravos, que era ainda a principal fonte de abastecimento de mão de obra nacional. Daí o reconhecimento da sua absoluta necessidade: o tráfico ainda correspondia ao estado das nossas forças produtivas; em outras palavras, integrava-se perfeitamente na economia brasileira de então. Mas, para a Inglaterra, com sua já antiga e efetiva pretensão a um direito iminente sobre Portugal e suas colônias ou ex-colônias, e que não podia permitir que elas contrariassem seus pontos de vista — o caso era outro. Todos os interesses britânicos aconselhavam a "humanitária" política de combater o comércio de africanos. De um lado, sua preeminência comercial nas costas da África, ofuscada pelo prestígio dos traficantes negreiros, em geral portugueses.[1] Doutro, seus interesses nas colônias das Índias Ocidentais, que produziam, como nós, o açúcar, e sofriam por isso a concorrência do Brasil, avantajado pelo emprego do braço escravo. Por isso, desde cedo se esforçou a Inglaterra em obter dos governos brasileiros a proibição do tráfico. As conquistas da diplomacia britânica neste terreno vêm de longe. Pelo tratado de 1815 (assinado em Viena a 23 de janeiro) estipulou-se a abolição do tráfico na zona norte do equador. Dois anos depois (pelo tratado de 18 de julho de 1817) são assentadas medidas conjuntas das autoridades luso-brasileiras e inglesas para a repressão do tráfico ilícito. Finalmente, o tratado de 3 de novembro de 1826 marcou o prazo de três anos depois da troca de ratificações oficiais para a extinção completa do tráfico, que seria a partir da data fixada considerado pirataria, e punido em consequência como tal.[2] Em cumprimento do tratado promulgou-se a lei de 7 de novembro de 1831 — com atraso aliás de quase dois anos sobre o prazo nele estipulado.

Apesar disso, continuou o tráfico normalmente,[3] sendo considerável seu incremento depois de 1845. Neste ano, o governo inglês, farto de esperar pacificamente pelo cumprimento dos seus tratados, fez promulgar o Bill Aberdeen, que sujeitava os navios brasileiros, traficantes de escravos, ao alto tribunal do Almirantado e a qualquer tribunal do Vice-Almirantado dentro dos domínios britânicos. Como essas medidas não fossem suficientes para debelar o tráfico,

---

1. A Inglaterra abolira o tráfico de escravos em 1807.
2. A troca de ratificações teve lugar em 23 de março de 1827.
3. Não possuímos os dados completos para o período que vai até 1842. Para os anos seguintes temos os fornecidos por Pereira Pinto (*Tratados celebrados pelo Brasil*, Rio, 1864, i, p. 369): 1842, 17435; 1843, 19095; 1844, 22849; 1845, 19453; 1846, 50324; 1847, 56172; 1848, 60 mil; 1849, 54 mil; 1850, 23 mil; 1851, 3287; 1852, setecentos.

que, pelo contrário, aumentava, tiveram ordem os cruzeiros ingleses, em abril de 1850, de perseguir os navios contrabandistas até dentro das águas e portos brasileiros, e sujeitá-los ao processo e penas do Bill de 1845. O que se passou então é edificante para o estudioso das relações de amizade anglo-brasileira:

> Cometeram os cruzeiros ingleses as maiores tropelias contra os navios brasileiros; eram estes capturados à vista do alcance das fortalezas e até dentro dos próprios portos, e atenta a dificuldade de os conduzir à Serra Leoa, ou outra paragem do domínio britânico, os incendiavam em frente das costas do Brasil, como imprestáveis, servindo uma tábua arrancada a esses navios para o corpo de delito no processo de sua inavegabilidade! Apresavam-se embarcações empregadas no comércio de porto a porto do Império, porque conduziam escravos ladinos[4] para serem vendidos em diversas províncias. As povoações de nosso litoral, pequenas e indefesas, eram assaltadas pelos escaleres ingleses, tripulados por homens armados, e as casas de seus pacíficos habitantes, visitadas e varejadas; e se algumas vezes os comandantes das fortalezas brasileiras atiravam contra o cruzeiro inglês que entrava no porto, e dele arrancava navios nacionais, estrondosa celeuma levantava-se contra a autoridade militar que não pudera sofrer impassível o insulto irrogado à soberania do país.[5]

Em março de 1850, o todo-poderoso Gladstone ameaçava obrigar o Brasil ao cumprimento dos tratados "a ponta de espada e pela guerra até o extermínio"; e pode-se acreditar que isso significava alguma coisa mais que simples figura de retórica...

O governo brasileiro, vendo a ineficácia dos seus platônicos protestos, apoiados embora nos mais "sólidos princípios do direito das gentes", como eruditamente proclamava nas suas notas a chancelaria do Império, mas que não traziam a sanção dos canhões e das baionetas, teve afinal que ceder. A lei promulgada em 4 de setembro de 1850, seguida de outras providências e de enérgica atitude do ministro Eusébio de Queirós, estancou por completo, em menos de dois anos, o tráfico africano. Efetuaram-se depois de 1852 apenas dois desembarques, sendo contudo apreendidos os negros contrabandeados. Estavam plenamente satisfeitas as exigências da Inglaterra...

---

4. Chamavam-se ladinos aos escravos nascidos na África.
5. Pereira Pinto, *Tratados celebrados pelo Brasil*, I, p. 363.

O efeito imediato desta supressão do tráfico foi liberar subitamente capitais consideráveis nele invertidos. Seria difícil calcular, mesmo aproximadamente, sua importância; mas é incontestável que se fizeram sentir com intensidade no mercado brasileiro. Assinala-o ainda em 1860 o relatório deste ano da comissão de inquérito da Câmara sobre o meio circulante:

> Este fato [a supressão do tráfico], como é sabido, teve um imenso alcance, mudando completamente a face das coisas na agricultura, no comércio, na indústria. Os capitais que eram empregados nestas ilícitas transações afluíram à praça, do que resultou uma baixa considerável nos descontos; o dinheiro abundava e uma subida extraordinária teve lugar nos preços das ações de quase todas as companhias.[6]

A vida comercial se intensifica. As emissões bancárias, de pouco mais de mil contos em 1850, crescem para quase 20 mil em 1854. Três anos depois, o Banco do Brasil — em que se tinham fundido os antigos bancos emissores[7] — tinha elevado esta emissão a mais do dobro.

Esta intensa atividade se manifesta nos primeiros grandes empreendimentos materiais do país, todos posteriores a 1850. Em 1854 começa a trafegar a primeira estrada de ferro brasileira, do porto de Mauá a Fragoso (trecho inicial da atual Leopoldina Railway). No ano seguinte, inicia-se a construção da Estrada de Ferro Pedro II (Central do Brasil). O telégrafo é inaugurado em 1852, e fazem-se na mesma época as primeiras concessões para linhas de navegação.

Assinala-se portanto este período que se inaugura com a segunda metade do século XIX pelos primeiros passos no sentido da "modernização" do país. A velha estrutura colonial, varridos os obstáculos que se antepunham ao seu progresso, entra numa fase de completa remodelação. Seria na verdade um critério estreito atribuir esta transformação unicamente à abolição do tráfico de escravos. Ela estava naturalmente indicada pelas condições objetivas da economia universal, de que o Brasil entrava, com a Independência, a participar. Enraiado o isolamento colonial, era inevitável, mais dia menos dia, que o

---

6. Citado por Joaquim Nabuco, *Um estadista do Império*, II, p. 255.
7. O Banco do Brasil, terceiro deste nome, foi fundado em 1853, incorporando-se a ele os seis bancos emissores então em funcionamento.

país se pusesse de acordo com estas condições. Mas é incontestável que este fato — a abolição do tráfico — constitui a "vassourada" preliminar e indispensável de tal surto de progresso. Ele abriu o nosso primeiro período de franca prosperidade comercial, alargando-se com ele os acanhados horizontes do medievalismo brasileiro de então.

Toda essa renovação havia de forçosamente encontrar no país acolhida distinta. Para uns, para seus promotores diretos, foi a oportunidade de uma rápida ascensão. É o período consecutivo a 1850 um destes em que as fortunas se fazem num abrir e fechar de olhos. Divisam-se possibilidades antes insuspeitas, e os elementos que se vão aproveitar destas possibilidades passam a constituir uma nova classe endinheirada que surge deste torvelinho de atividade econômica. Desenvolve-se uma parte "progressista" da burguesia nacional, ávida de reformas, e cujos interesses estreitamente se vinculavam à transformação econômica do país.

Mas isso não se fazia sem o sacrifício de outros interesses, consolidados no passado, e que nessa atividade febril, nessa ânsia de progresso, dele não participando, viam apenas aquilo que lhes era desfavorável. Encontramos no relatório da comissão de inquérito sobre a situação financeira do país, nomeada pelo ministro Ângelo Ferraz em 1859, um depoimento que pinta bem tal estado de espírito. Apesar de longo, transcrevemo-lo, porque nada ilustra melhor a história política desses anos:

> Quando finalmente acabou de todo a introdução dos africanos neste país, o país achou-se senhor dos recursos que até então tinham sido aplicados ao pagamento dos negros importados. Os costumes dos brasileiros, pela maior parte, eram simples no extremo, de uma frugalidade exemplar. Não era possível que a cobiça comercial, esse monstro corruptor, corrompesse por um *coup de main* os bem fundados hábitos de séculos. Seguiu-se por consequência que não havendo necessidades verdadeiras ou artificiais em que empregar o produto do excesso de nossa exportação, veio-nos de retorno metal. Mal-avisados financeiros que não aprofundavam abaixo da superfície logo julgaram que, se o país achava-se senhor deste metal, era porque precisava dele para servir de meio circulante. Nunca houve engano mais fatal. Tinha vindo como mercadoria em retorno do excesso de nossa exportação e males indizíveis tinha poupado ao nosso país, se se tivesse conservado como mercadoria e se tivesse exportado na mesma forma.

Mas não. Prevaleceram outras ideias. Fora induzido o governo, guiado por maus conselhos, a cunhar esse metal e desta maneira a facilitar a sua introdução como um veneno ativo nas veias da circulação. Não contentes com esse grande mal que faziam ao país, suscitou-se malfadada lembrança de bancos de emissão. Não era suficiente para satisfazer o maldito apetite do monstro, cobiça comercial, o cunhar o metal, que aliás se deveria ter conservado relativamente inócuo no seu caráter de mercadoria. Não; o veneno não era assaz ativo, a corrupção moral e social marchava lentamente, era preciso outro estimulante a orientar o Banco do Brasil. E podemos afirmar que a história do mundo, a não ser o episódio na história da Espanha na época em que se fizeram as famosas descobertas de ouro e prata nas suas colônias deste continente, não apresenta outro exemplo de uma desmoralização social tão repentina, de uma corrupção de hábitos, santificados por séculos de duração, tão assustadora como temos presenciado no Brasil de 1854 para cá: um mal que reclama o mais assíduo cuidado de todo patriota, para se opor de alguma maneira uma barreira a esta torrente devastadora, que aliás ameaça no seu curso a ruína de todas as fortunas. Antes bons negros da costa da África para felicidade sua e nossa, a despeito de toda a mórbida filantropia britânica, que esquecida da sua própria casa deixa morrer de fome o pobre irmão branco, escravo sem senhor que dele se compadeça, e hipócrita ou estólida, chora, exposta ao ridículo da verdadeira filantropia, o fado do nosso escravo feliz. Antes bons negros da costa da África para cultivar os nossos campos férteis do que todas as teteias da rua do Ouvidor, do que vestidos de um conto e quinhentos mil réis para as nossas mulheres; do que laranjas a quatro vinténs cada uma em um país que as produz quase espontaneamente, do que milho e arroz, e quase tudo que se necessita para o sustento da vida humana, do estrangeiro; *do que finalmente empresas mal-avisadas, muito além das legítimas forças do país, as quais perturbando as relações da sociedade, produzindo uma deslocação de trabalho, têm promovido mais que tudo a escassez e alto preço de todos os víveres.* Não referimos essas empresas como causa primária. Elas são, em primeiro lugar, efeitos da violação dos princípios mais simples e salientes da verdadeira economia, porém, a seu turno, fazem-se coisas bem ativas e maléficas. *Suficiente* teria sido a ação, de que era impossível que o Brasil se esquivasse, da descoberta de ouro na Califórnia e na Austrália para perturbar de uma maneira a dar cuidado as ideias de frugalidade, que lhes faziam honra, dos brasileiros. *Demasiada* a ação da grande importação de metal que se seguiu à suspensão do tráfico de negros;

quanto mais não é de lastimar que o nosso povo fosse ainda envenenado moralmente pela introdução do detestável sistema de bancos de emissão, criaturas do monstro — cobiça comercial! Não vimos sem grande receio a facilidade com que os governos, imperial e provincial, prestaram nestes últimos anos a sua garantia a várias empresas. No ano de 1832 e alguns anos depois os governos da União dos Estados [Estados Unidos] prestavam, não garantias de dividendos, porém o seu crédito na forma de apólices, a várias empresas e essa legislação foi festejada por toda parte com fogueiras e grande regozijo: todavia não decorreram mais que cinco anos que vários Estados se viram na humilhante posição de fazer bancarrota. Queira Deus que não nos aconteça o mesmo no Brasil.[8]

É "um desafogo do espírito conservador", como observou Nabuco. É a grita de interesses postergados em benefício de outros que lhes vêm fazer sombra...

A luta desses grupos burgueses, "progressistas" e "conservadores-retrógrados", enche o cenário político da segunda metade do século XIX. Alista-se no primeiro principalmente o comércio, a "finança", em uma palavra os detentores do capital móvel. No segundo, a maior parte da riqueza territorial, os proprietários rurais, cuja economia assentava no trabalho servil, naturalmente abalado pela supressão do tráfico. A esta distribuição inicial de forças, que naturalmente avantajava os "conservadores",[9] vão-se substituindo novas formas, que se reduzem a uma sucessiva desagregação deste grupo em benefício do primeiro. A linha política do Império na fase que estudamos é no sentido do desenvolvimento contínuo do elemento progressista.

O eixo principal em torno de que gira esta luta é naturalmente a questão do elemento servil. Depois de 1865 ela quase monopoliza a atenção política do

---

8. Citado por Joaquim Nabuco, *Um estadista do Império*.
9. Não confundir esta designação com o partido deste nome. Os nossos partidos do regime passado têm uma significação ideológica muito restrita. Se é fato que, em geral, são os conservadores que encarnam o espírito retrógrado do Império, também é certo que, a par de outros exemplos, encontramos entre os liberais figuras como esta ultrarreacionária do escravocrata vermelho Martinho de Campos. Não se pode por isso dizer que as duas tendências políticas que assinalamos coincidam perfeitamente com os partidos do Império, que eram, muito mais que outra coisa qualquer, simples "agregados de clãs organizados para a exploração em comum das vantagens do poder" — como os chamou Oliveira Vianna —, à feição dos dois partidos que hoje observamos nos Estados Unidos, Republicano e Democrata.

Império. Constituía já então o braço escravo o maior obstáculo ao desenvolvimento do país. Não somente sua reconhecida improdutividade impedia o progresso da nossa economia além da grosseira exploração agrícola que então possuíamos, como também, e principalmente, degradando o trabalho em geral, afugentava o braço livre de que carecíamos. É esta a principal causa da reduzida imigração estrangeira que tivemos até a Abolição. Assim, a favor da escravidão estavam tão somente os proprietários de escravos, e contra, todas as demais forças políticas e sociais do país.

Com o correr dos anos o número desses proprietários decresce continuamente. A supressão do tráfico teve por efeito encarecer de forma considerável a mão de obra servil, estancando como estancou sua principal fonte de abastecimento.[10] Nessas condições, apenas podiam suportar o elevado custo dos escravos determinadas culturas altamente lucrativas, como o café, que, localizado nas províncias do Sul (Rio e São Paulo), atravessava uma fase de considerável expansão. Daí um deslocamento de escravos para essas regiões, em prejuízo das demais zonas do país. Este fenômeno, já em 1861, era observado por Tavares Bastos.[11]

Não é pois de admirar a primazia que teve o Norte na Abolição, quer alforriando seus escravos em massa, quer decretando-a como o Ceará e o Amazonas em 1884 — em antecipação à lei de 13 de maio.

Depois da Guerra do Paraguai, observa um escritor, a Abolição se tornara de interesse nacional, que não podia mais ser sacrificado ao interesse de uma só cultura, o café.[12] Foi assim o Sul o último esteio da instituição servil. Só quando a avalancha abolicionista, arrastando consigo o resto do país, determinou uma tal instabilidade e insegurança do trabalho servil, que os escravos abandonavam as fazendas em massa, não havendo quem os retivesse, só então renderam-se estes últimos escravocratas, e a lei de 13 de maio, como já se notou, não veio mais que reconhecer uma situação de fato.

Para se avaliar o que foi esse formidável deslocamento de interesses favoráveis à escravidão, que no correr do Império passam a formar em campo oposto, basta analisar a estatística da nossa população:

10. É de notar que o crescimento vegetativo da população escrava era negativo.
11. *Cartas do solitário*, Carta xi.
12. Eduardo Prado, artigo "Immigration", em Santana Néri, *Le Brésil en 1889*, p. 494.

ANOS	POPULAÇÃO LIVRE	POPULAÇÃO ESCRAVA	TOTAL	% DA POPULAÇÃO ESCRAVA SOBRE O TOTAL
1850	5 520 000	2 500 000	8 020 000	31%
1872	8 429 672	1 510 806	9 930 478	15%
1887*	13 278 816	723 419	14 002 235	5%

* Damos aqui o número de escravos recenseados em março desse ano. Não havendo cálculo para o total da população na mesma ocasião, tomamos os dados do ano seguinte; o erro não poderá ser apreciável.

Iam assim rareando as fileiras escravistas. Essa fração, cada vez menor, de interesses ligados ao trabalho servil, peando o desenvolvimento do país, contrariava os interesses que continuamente engrossavam, contrários a tal regime de trabalho. Estes acabariam forçosamente por vencer. O abolicionismo não evolveu, como disse Rui Barbosa, e muita gente acredita, não evolveu "com exuberância irresistível do seio do povo, do âmago da sociedade brasileira, do entusiasmo nacional em conflito com as únicas três forças organizadas do país: a riqueza territorial, a política conservadora e a Coroa".[13] Nasce das condições objetivas do país, da insuficiência qualitativa e quantitativa do trabalho escravo, e, por efeito disso, do acúmulo de interesses opostos à escravidão.

A evolução política progressista do Império corresponde assim, no terreno econômico, à integração sucessiva do país numa forma produtiva superior: a forma capitalista. As instituições primitivas como a escravidão, herdadas da antiga colônia, são varridas pelas novas forças produtivas que se vão formando e desenvolvendo no correr do século XIX. Não é somente com o trabalho servil que isto se dá. O espírito conservador-retrógrado, que representava os interesses ligados à reação antiprogressista, tinha-se encastelado numa série de instituições políticas, como o Senado vitalício e o Conselho de Estado, onde, pela natural imobilidade delas, freava a cada passo a marcha do país. A luta contra estas instituições constitui a evolução democrático-liberal do Império que tão intensa se torna depois de 1868. A reação que se esboça nesse ano com a formação do gabinete de 16 de julho encontra pela frente o partido liberal-radical, formado logo em seguida, e que faz no seu programa *tábula rasa* de todas

13. Prefácio ao livro de Osório Duque-Estrada, *A Abolição*.

essas instituições.[14] Na ala esquerda desta burguesia democrático-liberal vamos encontrar os republicanos que em 1870 se agrupam em partido político. A monarquia, entrevada pelos escombros do passado, agonizava...

O FIM DO IMPÉRIO

A história do Segundo Reinado nos fornece em toda a sua evolução as mais evidentes provas de que as instituições imperiais representavam um passado incompatível com o progresso do país, e que, por isso, tinham de ser, mais dia, menos dia, por ele varridas. A questão servil é disso o mais frisante exemplo. Na sua solução não fez o Império outra coisa que protelar, limitando-se a pequenas concessões (mas não foi a liberdade dos nascituros), numa palavra, marcar passo, enquanto a nação avançava vertiginosamente. Só resolveu o governo imperial alistar-se na corrente quando o problema já estava à sua revelia praticamente solucionado pela alforria particular e pela impossibilidade de reter os escravos que abandonavam em massa as fazendas, o que não só desorganizava por completo a vida econômica do país, como ainda tornava de todo precária a ordem pública que lhe cabia manter.

Não queremos discutir a pessoa do imperador e sua atitude individual nesta e noutras oportunidades porque, apesar de todo seu tão decantado *poder pessoal*, seria naturalmente pueril pretender explicar a evolução política de um povo pelo caráter, pelas tendências ou predileções de uma só pessoa, fosse ela embora o supremo dirigente do país. A política de d. Pedro não foi, e não poderia ter sido outra coisa, que o reflexo de forças que atuavam no seio da sociedade; e podemos até dizer, se tivéssemos de determinar o grau de contribuição individual do imperador para a evolução do país, ela interveio em proporções insignificantes, praticamente nulas. D. Pedro foi sempre, e, na sua preocupação constante de consultar o que julgava a opinião dominante no país — e que não passava da dos rançosos conselheiros que mais de perto o cercavam —, parece que até fazia questão de ser um simples instrumento passivo da política que sempre dominou em todo seu longo reinado: política conservadora; mais

---

14. Os liberais-radicais, desde 1866, vinham se destacando dos progressistas. Só em 1868, contudo, sistematizaram suas ideias e organizaram seu programa (Américo Brasiliense, *Os programas dos partidos*, p. 24).

que isto, retrógrada e rotineira. O imperador é por isso mesmo uma figura de segundo plano, que aliás sempre se mostrou incapaz de compreender o processo social que se desenrolava sob suas vistas. Se d. Pedro não desconhecia os menores detalhes da administração pública, a ponto de estar a par, como alegam seus panegiristas, mesmo da vida privada de qualquer contínuo de secretaria, nunca foi no entanto capaz de uma visão de conjunto, e para ele política e administração se confundiam com o corriqueiro expediente diário de despachar papéis ou fiscalizar a conduta de subordinados. Numa palavra, nunca passou de um bom, e mesmo se quiserem, de um ótimo burocrata.

É no sexto decênio do século XIX que se situa o ponto crítico da história imperial. Nele começa a se desenhar com nitidez o entrechoque das forças que assinalamos no capítulo anterior. A Liga Progressista, que é a primeira formação política que surge por efeito desta luta, constitui-se neste período. Mas a Liga, híbrida composição de forças adversas, não é ainda senão um compromisso com o espírito conservador, que nela domina. Por isso entra logo em crise. Suas figuras verdadeiramente "progressistas", como os José Bonifácio e Ottoni, dela se apartam. Nos últimos anos do decênio, o compromisso retrógrado-progressista, representado pela Liga, já não se pode mais manter. A política dominante tinha de se inclinar ou para a bandeira desfraldada desde 1866 pela *Opinião Liberal*,[15] em que se inscreviam medidas radicais, como o Senado temporário e eletivo, o sufrágio direto e generalizado, a extinção do Poder Moderador, a substituição do trabalho servil pelo trabalho livre;[16] ou então voltar ao ponto de partida — o *statu quo*. É esta a alternativa adotada

---

15. Jornal liberal, fundado em 1866 por F. Rangel Pestana, José Monteiro de Sousa e Henrique Limpo de Abreu.
16. O programa completo da *Opinião Liberal*, sistematizado em 1868, incluía os seguintes pontos: descentralização; ensino livre; polícia eletiva; abolição da Guarda Nacional; Senado temporário e eletivo; extinção do Poder Moderador; substituição do trabalho escravo pelo trabalho livre; separação da judicatura da polícia; sufrágio direto e generalizado; presidentes de província eleitos pela mesma; suspensão e responsabilidade dos magistrados pelos tribunais superiores e Poder Legislativo; magistratura independente, incompatível e escolha de seus membros fora da ação do governo; proibição dos representantes da nação de aceitarem nomeação para empregos públicos e igualmente títulos e condecorações; opção pelos funcionários públicos, uma vez eleitos, pelo emprego ou cargo de representação nacional (Américo Brasiliense, *Os programas dos partidos*). A *Opinião Liberal* foi o núcleo do chamado partido liberal radical, que em 1870 se bandeou em grande parte para o partido republicano.

com a formação do gabinete de 16 de julho de 1868. O Império se definia francamente pelo passado...

Daí por diante é a degringolada. Forças surdas começam a minar as bases do trono, e, embora a opinião republicana se alastrasse lentamente, é sensível o desprestígio em que vão caindo as instituições monárquicas. O Império se mostrava incapaz de resolver os problemas nacionais, a começar pela emancipação dos escravos, de cuja solução dependia o progresso do país. E por isso sua estabilidade estava definitivamente comprometida.

Por que essa imobilidade do Império? Por que essa incapacidade de se adaptar ao processo evolutivo do país? Já falamos nas instituições em que se fundava, e que lhe emperravam a marcha. Mas ao lado delas estava o próprio imperador, escorando-as e escorando também todo o vetusto arcabouço da política retrógrada dos Cotegipe e Itaboraí. Absorvido por minúcias administrativas e manias literárias que em seu medíocre espírito degeneraram num diletantismo vazio, era d. Pedro o instrumento talhado para realizar esta política: apavorava-o tudo quanto fosse mudança, temia tudo quanto significasse marcha para a frente.

O último decênio do Império é de completa decomposição. Arrastado *malgré soi*, ia cedendo em doses homeopáticas; mas com isso desgostava gregos e troianos: uns, porque fazia de menos; outros, porque fazia demais. A Abolição, afinal decretada em 1888, em nada contribuiu para reforçar as instituições vacilantes: confiança perdida dificilmente se recupera, e por isso serviu a Abolição apenas para alienar do trono as últimas simpatias com que ainda contava. Quando Ouro Preto pensou galvanizar o Império moribundo com seu imenso programa de reformas, era tarde: ele já agonizava. Uma simples passeata militar foi suficiente para lhe arrancar o último suspiro...

OUTROS ESTUDOS
[INCLUÍDOS NA EDIÇÃO DE 1953]

A cidade de São Paulo:
geografia e história

O fator geográfico na formação e no desenvolvimento da cidade de São Paulo*

A região de São Paulo não oferece à primeira vista atrativos capazes de explicar a localização aí de um grande centro de mais de 2 milhões de habitantes, que representa a segunda cidade do Brasil e a terceira da América do Sul. Parece que os fatores físicos e naturais não tiveram aqui influência alguma. Na qualidade das terras, é esta uma das regiões mais pobres do Estado. Os centros agrícolas de importância não se localizam nas suas proximidades, e quem percorre os arredores da cidade impressiona-se com a vida primitiva que aí domina. Todas as pequenas cidades ou vilas que a rodeiam não passam de povoados miseráveis e decadentes: São Miguel, Guarulhos, Barueri, Cotia, M'Boi, Itapecerica etc. É esse um fenômeno curioso e quiçá único no mundo. Num raio de muitas dezenas de quilômetros, a região de São Paulo é uma das mais primitivas e miseráveis do Estado.

Contudo, apesar disso, o local de São Paulo é, sob vários aspectos, privilegiado. E é a isso que o maior centro do Estado deve sua situação e desenvolvimento.

I

As causas que determinaram a grandeza de São Paulo vêm atuando desde o início da colonização; e numa persistência digna de nota, se mantiveram até

---

* Publicado em *Geografia* (órgão da Associação dos Geógrafos Brasileiros), nº 3, set. 1935.

hoje apesar de todas as transformações econômicas, sociais e políticas por que atravessou nosso país nesses quatrocentos anos de sua existência.

Comecemos pela análise do sítio escolhido. Da Bahia para o sul, cosido ao litoral, ergue-se a Serra do Mar que divide o território meridional do Brasil em duas seções distintas e bem caracterizadas: uma faixa costeira, mais ou menos estreita, constituída de terrenos baixos, pouco acima do nível do mar; e, separado dela pelo abrupto da serra, que cai quase a pique, o planalto interior. É na primeira dessas seções que a colonização primeiro se estabelece, em núcleos esparsos que se sucedem de norte a sul.

Na altura de São Paulo, isto é, na latitude de 24°, e partindo de São Vicente, é que a colonização litorânea primeiro ascende o planalto e penetra o interior. É a isso que São Paulo deve sua qualidade de primeiro centro do planalto, e foi esta a primeira causa de sua preeminência.

Vários fatores geográficos concorrem para essa precedência. Em primeiro lugar o estreitamento aí da faixa costeira. Enquanto ao norte, da Bahia até o Rio de Janeiro, o litoral forma uma larga planície, pelo contrário, a partir da extremidade oeste do Rio, e seguindo-se São Paulo, pode-se dizer que desaparece, de tão esguia que se torna. Na altura de São Vicente e Santos, o mar não dista da base da serra senão quinze quilômetros. E mesmo este acanhado espaço é em grande parte inaproveitável para o homem sem trabalhos preliminares vultosos. É que se constitui principalmente de terrenos baixos, mangues e pântanos imprestáveis para a agricultura, e além disto insalubres. Só modernamente, e à custa de grandes obras de drenagem, conseguiu-se livrar uma parte mínima do litoral das endemias aí reinantes. Trata-se portanto de uma zona hostil ao homem e que por isso tinha poucas probabilidades de assistir a um desenvolvimento considerável da colonização europeia.

O planalto, pelo contrário, apresenta ao povoamento condições naturais muito mais favoráveis. Constituído de terras altas e saudáveis, de um clima temperado e por isso muito mais ao gosto de colonos europeus, oferecia atrativos consideráveis. Enquanto no litoral (Santos) reina um clima tropical que se exprime pelas médias do mês mais quente (janeiro) e mais frio (julho) respectivamente pelas temperaturas 24,7°C e 18,6°C, no planalto (São Paulo) encontramos para as mesmas médias: 18,6°C e 13,8°C. Concorre outra circunstância, esta de natureza econômica, que impulsiona o povoamento do planalto.

São as numerosas tribos indígenas aí estabelecidas e que apresentavam aos colonos um farto abastecedouro de mão de obra. Como se sabe, é em larga escala ao braço do índio, antes da introdução do negro africano — e em São Vicente por muito tempo ainda —, que recorre inicialmente a colonização.

Tudo isto se combina para que a pressão colonizadora, em direção ao interior, se exerça com mais intensidade nesta parte do litoral brasileiro. A ocupação do planalto paulista se inicia e desenvolve muito cedo, ao contrário de outras regiões do país. O litoral é quase desprezado, e a não ser em São Vicente e raros outros pontos, ele é deixado ao abandono. Pelo contrário, o planalto prospera. Proibido inicialmente seu acesso pelo primeiro donatário Martim Afonso, a pressão é tão grande que ele é legalmente franqueado pouco depois, em 1544, por ordem de d. Ana Pimentel, mulher de Martim Afonso e sua procuradora para os negócios da capitania. Desde então o afluxo dos colonos se torna intenso, e um momento houve em que se temeu mesmo o despovoamento completo do litoral. Fato este de que encontramos provas nas queixas das câmaras de São Vicente e Santos, que repetidamente pedem ao governador-geral providências contra este abandono que deixava suas vilas expostas aos ataques de índios e corsários.

Existe portanto, desde o início da colonização paulista, um nítido deslocamento de seu centro, do litoral, onde teve começo, para o planalto. Isto constitui o primeiro fator que vai influir na constituição e desenvolvimento, no planalto, do maior núcleo da capitania e de todo sul da colônia. E este seria São Paulo.

Por que São Paulo? De todos os pontos dessa barreira que é a Serra do Mar e que separa o litoral do planalto, é justamente este central, a meio caminho do percurso da serra em território paulista, que oferece maior facilidade de acesso. Para leste, apresenta-se a serra não só como um abrupto, formando uma muralha contínua de altitude mínima de novecentos metros, mas ainda como uma larga zona acidentada, de cumes que atingem 1500 e 2 mil metros, e que se estende até o Vale do Paraíba. As passagens são aí difíceis, e até hoje ainda apresentam embaraços consideráveis. Ninguém ignora o que são estes caminhos de Parati a Cunha, de Ubatuba a São Luiz do Paraitinga, de São Sebastião a Paraibuna: verdadeiros atalhos de alpinistas.[1] Para oeste, as condições não

---

1. Isto foi escrito antes da construção das rodovias que unem hoje Paraibuna a Caraguatatuba e São Luiz do Paraitinga a Ubatuba.

são melhores. Desaparece, é verdade, o abrupto da serra, que se escalona aí em degraus sucessivos. Alguns rios importantes conseguem mesmo penetrar o interior, rompendo a barreira de montanhas: o Ribeira de Iguape e seus afluentes. Mas em compensação, a zona de serras se alarga consideravelmente, até cem quilômetros e mais, apresentando uma topografia particularmente acidentada e revestida de uma densa cobertura florestal. Quanto aos rios, eles não facilitam a passagem: é que não correm perpendiculares à costa, mas paralelos, seguindo uma direção estrutural orientada no sentido das dobras do terreno: nordeste e sudoeste. Não oferecem por isso passagens para o interior: seus vales formam seções paralelas ao litoral.

Entre essas partes leste e oeste da Serra do Mar, interpõe-se a região central, na altura de Santos e São Paulo. Aí a barreira montanhosa desce para oitocentos metros, formando uma seladura entre os cumes de ambos os lados. Além disso, segue-se, ao abrupto para o interior, não uma topografia acidentada, mas um peneplano de relevo senil onde se situam as nascentes do Tietê. O terreno acha-se aí entulhado pelo material de decomposição intensa das rochas cristalinas locais — efeito da temperatura e pluviosidade excessiva do lugar, superior a quatro metros — e que o mau escoamento não consegue drenar. Esse produto das rochas decompostas permanece assim *in loco*, formando planuras aluviais que se sucedem do alto da serra até as cercanias de São Paulo, interrompidas apenas por cumes cristalinos semi-imersos.

Comparado às demais passagens da serra, é este ponto ideal. Só um abrupto para vencer — e este mesmo inferior ao da serra de leste. Depois disso, um terreno plano de percurso fácil. Pode observá-lo sem dificuldade quem percorre a linha da Santos-Jundiaí, da estação do Alto da Serra a Santo André. Nenhuma obra de arte de vulto, nenhum túnel, nenhum corte notável foi necessário. Tais são os motivos que fazem desta passagem, já muito antes da vinda dos portugueses, um caminho predileto dos índios. A colonização europeia não fez mais que aproveitá-lo. E a sua preferência se justifica.

Escolhido o caminho de penetração do planalto, a colonização se detém na altura de São Paulo, e aí se estabelece dando lugar ao centro colonial que culminaria na formação e desenvolvimento da atual cidade. Explica-se a escolha pela existência aí de uma imensa clareira natural na floresta que revestia o território paulista: são os Campos de Piratininga. A falta de arborização neste sítio explica-se pela formação do terreno, constituído de depósitos flúviolacustres terciários argilosos que dão um solo pobre. Não se desenvolveu nele por isso nenhum tipo vegetativo de porte e denso, e a floresta natural que cobria os terrenos graníticos e cristalinos que se sucedem desde a Serra do Mar interrompe-se aí para dar lugar a um vasto descampado.

Este fato já há muito exerce considerável influência sobre a repartição do povoamento indígena. Os Campos de Piratininga eram muito conhecidos pelos índios antes da chegada dos portugueses, e abrigava numerosas tribos suas. Constituía assim, por uma verdadeira destinação física, o papel de condensador demográfico.

Explica-se. A floresta sempre foi, nas primeiras fases do povoamento de um território, inimiga do homem. Particularmente a floresta tropical, que é a nossa, exuberante e impenetrável. O aproveitamento da terra depende aí de grandes e difíceis trabalhos preliminares de desbravamento e um combate sem tréguas contra o avanço da vegetação florestal. Os descampados oferecem, pelo contrário, a vantagem de um terreno limpo e já preparado para a instalação humana. O meio biológico da floresta tropical não é favorável ao homem, que por isso a evita. Não é sem razão que nas zonas tropicais a floresta aparece não raro como refúgio de populações inferiores, expulsas por outras mais fortes e superiores das regiões menos desfavorecidas. É o caso, entre outros, dos semangs, refugiados nas matas tropicais da Malásia, dos vedás, no Ceilão, dos puãs, em Bornéu, dos bambutis, no Congo. A não ser no caso particular em que é justamente o solo florestal que se procura, pelas suas condições naturais de fertilidade, os estabelecimentos humanos se dirigem de preferência para as regiões sem mata.[2]

Não só a clareira de Piratininga é a primeira zona de campo primitivo e original com que se depara ao penetrar o planalto pelo caminho do mar, acima referido, mas ainda é em todo o planalto meridional brasileiro uma dessas

---

2. Esta regra não tem um caráter geral. Há mesmo casos em que se verifica exatamente o oposto. Na colonização do chamado Middle West americano, a floresta é desbravada e ocupada em primeiro lugar, enquanto as regiões das Great Prairies, ao lado, seguem-se depois, embora o solo apresente aí uma fertilidade quase única no mundo. Este fato se explica por duas causas: em primeiro lugar porque os colonos, habituados a julgar a fertilidade do solo pelo revestimento florestal, relação esta exata nas regiões donde provinham, Nova Inglaterra e Pensilvânia, evitaram os campos que supunham pouco aproveitáveis para a agricultura; em segundo lugar, a preferência pela mata foi devida à necessidade de materiais de construção, inexistentes nas Great Prairies.

zonas mais próximas do litoral.³ Ele dista do alto da serra, seguindo-se o caminho, apenas trinta quilômetros. Os colonos vicentinos tiveram assim a sorte de encontrar bem perto deles uma zona descampada do planalto, adrede preparada para nela se estabelecerem. Sorte igual não tiveram os colonos de outros pontos do litoral brasileiro. Esta talvez uma das causas, a par das outras assinaladas, que fizeram o povoamento do Brasil estacar alhures, por muito tempo, na faixa costeira. Minas é povoada por paulistas, chegados pelo interior, e não por colonos estabelecidos no litoral do Rio de Janeiro e do Espírito Santo. Aí o povoamento se deteve na fralda da serra.

Todas essas circunstâncias se combinam para favorecer os Campos de Piratininga, e fazem convergir para eles a colonização do planalto. São eles, de fato, o primeiro ponto ocupado pelos portugueses. Já antes da expedição de Martim Afonso e portanto do início da colonização oficial do território paulista, tinham-se nele fixado vários europeus, dos quais o mais conhecido é o famoso João Ramalho. O lugar escolhido por estes primeiros colonos fora o ponto em que o Caminho do Mar desemboca no campo, isto é, na altura da atual vila de Santo André. Daí o nome de Borda do Campo dado à povoação, nome que conservou quando mais tarde, em 1553, foi por Tomé de Sousa, primeiro governador-geral do Brasil, erigido em vila. Santo André da Borda do Campo é a designação que teve. E todo povoamento ulterior do planalto teve sua origem, e a princípio se concentrou unicamente nesta planície despida de árvores.

Quanto ao fato de ter cabido ao sítio de São Paulo a primazia sobre todos os demais do Campo, ele também se deve, em grande parte, a fatores de ordem física. É certo que historicamente, por antiguidade, esse privilégio deveria caber a Santo André. Como vimos, é aí que se estabelecem os primeiros colonos europeus; e quando os jesuítas fundam seu colégio, núcleo primitivo de São Paulo, Santo André já gozava das prerrogativas de vila.

Não vamos aqui entrar nos pormenores da rivalidade entre os jesuítas de São Paulo e os mamelucos de Santo André em torno de qual dos dois núcleos haveria de prevalecer. Como se sabe, os jesuítas tiveram ganho de causa

---

3. A outra é no Paraná. Aí também, transposta a serra, deparam-se logo com os Campos de Curitiba; e por isso também, muito cedo, já em fins do século XVI, a colonização partida do litoral — Paranaguá — sobe a serra e ocupa o planalto.

nas suas pretensões, e em 1560, Mem de Sá, terceiro governador-geral, quando da sua visita a Piratininga, se decide por São Paulo, transferindo para aí a qualidade de vila e mandando evacuar Santo André, que desaparece sem deixar vestígios.

Este deslocamento, que deu ao núcleo jesuítico a hegemonia do planalto paulista, pode ser atribuído a fatores geográficos? Os historiadores pouco se têm ocupado com a questão, e o ato do governador é em geral atribuído à ascendência jesuítica na administração e na política da colônia. O fato contudo é que, seja por influência exclusiva, seja combinada com outras causas, intervieram também, e poderosamente, fatores de ordem física. A superioridade do sítio de São Paulo é incontestável, e é provável mesmo que os jesuítas o tivessem escolhido exatamente por isso. Em primeiro lugar com relação à defesa contra as ameaças e ataques do gentio; circunstância importantíssima, primordial, nas condições da época e que não passaria por certo despercebida ao observador de então. A aldeia jesuítica possuía a este respeito uma posição estratégica esplêndida. Ocupava no alto de uma colina — onde hoje está o centro da cidade, precisamente o Largo do Palácio ou Pátio do Colégio — um sítio naturalmente defendido por escarpas abruptas e acessível por um lado apenas. Esta colina, alta de 25 a trinta metros acima da planície inferior, forma o espigão divisor das águas do Anhangabaú e do Tamanduateí, hoje canalizados;[4] e dela se divisa um horizonte vastíssimo: a seu pé desdobra-se a planície unida e sem obstáculo algum de vulto que pudesse furtar à vista do observador a aproximação ou os movimentos do inimigo. Aliás a posição vantajosa de São Paulo havia de se confirmar repetidamente em todo o correr do agitado período das primeiras décadas de sua história.

Santo André, pelo contrário, erguia-se na orla da mata, sem defesa natural alguma e exposta por isso a ataques súbitos e imprevistos. E não foram poucos os contratempos que isso lhe valeu. Não fora o ato oficial de Mem de Sá, fazen-

---

4. Apesar de já muito transformado o local por obras posteriores, esta topografia ainda se revela de forma bem nítida. Salvo nos pontos onde se fizeram aterros vultosos — como na Ladeira do Carmo e outros —, as escarpas ainda lá estão, dando uma ideia bem nítida do que seria a colina, berço de São Paulo, nos primeiros anos de sua existência. Observe-se, entre outras, a rampa que fica por detrás do antigo Palácio do Governo, hoje Secretaria da Educação, e da Secretaria da Justiça, antiga Polícia Central.

do-a desaparecer do número de vilas do planalto, e certamente a hostilidade do gentio, mais cedo ou mais tarde, se incumbiria disto.

Ainda há outras circunstâncias naturais que desavantajavam a vila de João Ramalho. Fazia-se sentir nela a falta da proximidade de um rio. Esta falta impedia que os moradores se socorressem do peixe para sua alimentação e dificultava a criação de gado. Tal circunstância pesou consideravelmente nos destinos de Santo André. Os moradores se queixam, o problema é de difícil solução e nunca foi resolvido satisfatoriamente. As atas da Câmara no-lo revelam. Assim na vereação de 20 de setembro de 1557 encontramos a seguinte passagem:

> Requereu o procurador do cõselho aos ofysyaes em nome do povo como estavão em esta dyta vylla e moryão de fome e paçavão muyto mall e moryão ho guado e que se fossem dētro do termo della de llõgo dallgũ ryo [...] e llogo na dyta camara requereo e dyse que não cosemtya em tall mas amtes se nyso se recresesem alguas mortes hou perdas de fazẽda de aver o dyto povo dar cõta a quẽ de dyreito fose.

O texto é confuso, faltando um trecho importante, suprimido pela destruição parcial do documento. A alegação de dificuldades consideráveis é contudo positiva, e o sentido geral da passagem, embora difícil de precisar, parece conter uma sugestão de se deslocar o sítio da vila em direção de algum rio. Sugestão esta aliás repelida pela Câmara, que preferiu responsabilizar o povo, isto é, a comunidade, pelos prejuízos futuros dos moradores em vidas ou bens patrimoniais. Solução esta, como se vê, que nada resolvia e apenas indicava a dificuldade do problema. Tudo isto aliás é confirmado claramente por uma carta do jesuíta Nóbrega, datada da Bahia e dirigida ao provincial da Ordem em Portugal:

> Também me parece que se devia dizer a Martim Afonso e à Sua Alteza que se quer que aquela Capitania se não despovoe de todo, que deem liberdade aos homens para que os do Campo se juntem todos juntos do Rio de Piratininga, onde eles escolherem. E os do mar se ajuntem também todos juntos onde melhor for por estarem mais fortes, porque a causa de despovoarem é fazerem-nos viver

na vila de Santo André a Borda do Campo, onde não tem mais que farinha e não se podem ajudar do peixe do rio, porque está três léguas daí, nem vivem em parte conveniente para suas criações e se os deixassem chegar ao rio tinham tudo e sossegariam.[5]

Este rio a que se refere o jesuíta só pode ser o Tietê, que corria nas proximidades do núcleo dos padres. E tudo leva a crer que Nóbrega interpretava o sentir geral dos moradores de Santo André. Tanto assim que a transferência ordenada por Mem de Sá não suscitou por parte deles oposição alguma de vulto, e tudo se passou na maior harmonia possível. O próprio João Ramalho, grande adversário dos jesuítas e da sua aldeia, parece que se conformou sem grande protesto com a decisão do governador-geral. Pouco depois destes sucessos, vemo-lo aceitar cargos na administração paulistana.

Deixando de lado portanto as circunstâncias históricas imediatas e particulares que determinaram a preferência por São Paulo, permanece o fato geral da superioridade física de sua localização como causa determinante principal da fixação nele do primeiro centro colonial do planalto paulista.

II

Uma vez fixado em São Paulo o ponto inicial de partida do povoamento e colonização do planalto, procuremos as causas que determinaram o desenvolvimento da vila e a preeminência que sempre manteve sobre as demais da capitania.

Relativamente à colonização do planalto, São Paulo ocupava nele uma situação geográfica privilegiada. Em primeiro lugar por ser o centro natural do sistema hidrográfico da região. Sem o saberem, seus fundadores tinham-no estabelecido num ponto donde irradiam em quase todas as direções, ou pelo menos as principais, estas vias naturais de comunicação que são os cursos d'água.

---

5. Arquivo S. I. Roman., Bras. 15, ff. 43 v. — publicado na *Revista do Arquivo Municipal de São Paulo*, ano I, v. II.

O Tietê que o banha ou que pelo menos, no São Paulo primitivo, corria nas suas proximidades, e além disto, era ainda acessível pelo Tamanduateí, cujas águas, antes de modernamente canalizadas, banhavam o sopé do outeiro onde se erguia a vila, e eram perfeitamente navegáveis por pequenas embarcações,[6] o Tietê forma como que o tronco daquele sistema. No seu curso superior, por um curioso acidente geográfico, quase se confunde com o alto Paraíba, que, correndo em direção oposta, constitui um verdadeiro prolongamento, para nordeste, do seu curso. Rio abaixo, depois de percorrer todo o território do Estado, cortando-o em direção noroeste, lança-se no Paraná, que pelos seus afluentes da margem direita abre as comunicações de Mato Grosso. E nesse extenso tronco articulam-se, formando como que os ramais do sistema, seus vários afluentes: na margem esquerda, pouco abaixo de São Paulo, o Pinheiros, o Cotia e seus tributários, que haviam de representar notável papel na primeira fase do povoamento; na margem direita, o Piracicaba, francamente navegável, sem obstáculo algum, até o salto do mesmo nome.

Essa situação de São Paulo relativamente ao sistema hidrográfico do planalto tem nos primeiros tempos da colonização uma importância considerável. Embora não se trate de rios muito favoráveis à navegação, ainda assim eles representam a melhor e mais utilizada via de comunicação. Não só para as grandes expedições de reconhecimento e exploração do interior, as entradas e bandeiras, mas também, e é isto o principal, para o intercâmbio das populações que se estabelecem no planalto. E é para gozar das vantagens destes caminhos naturais e de fácil acesso que o povoamento procura no início, de preferência e quase exclusivamente, a margem dos rios. Partindo de São Paulo, o povoamento do planalto começa por seguir duas direções, ambas pelo Tietê: uma rio acima, outra rio abaixo. É seguindo estas linhas que os colonos se vão estabelecendo e formando as primeiras povoações e vilas. Rio abaixo encontramos já muito cedo: Nossa Senhora da Expectação do Ó (hoje Freguesia do Ó) e Parnaíba, que em 1625 é constituída em vila. E pelas variantes do Pinheiros, seu afluente Jeribatiba (Rio Grande), do Cotia e afluente M'Boi Mirim, inúme-

---

6. Esta via pelo Tamanduateí sempre foi muito utilizada, e a atual ladeira Porto Geral lembra o tempo em que existia aí o porto onde se embarcava em São Paulo, via Tietê e as localidades de suas margens.

ras povoações e aldeias de índios fundadas ou dirigidas pelos jesuítas: Pinheiros, M'Boi, Itapecerica, Ibirapuera (hoje Santo Amaro).

Tietê acima, a marcha é mais rápida. Antes do fim do século XVI encontramos no seu curso vários aldeamentos: Guarulhos, Itaquaquecetuba, São Miguel; a povoação, logo vila, de Mogi das Cruzes: e passando para o Vale do Paraíba, São José dos Campos. Este setor da capitania torna-se logo a sua região mais povoada. No século XVII ele se povoa densamente, concentrando-se no vale do rio a grande maioria das povoações e vilas da capitania: além da citada São José, e para não lembrar senão as vilas, mais Jacareí, Taubaté, Pindamonhangaba, Guaratinguetá, Lorena. Deve-se isto principalmente ao fato de ser o Vale do Paraíba não só a parte mais fértil do território então conhecido da capitania, como ainda o mais importante roteiro das bandeiras que por aí passavam em demanda de Minas Gerais, sertão de São Francisco, Norte e Nordeste do país.

Em suma, são as margens dos rios as zonas inicialmente procuradas pelo povoamento do planalto paulista. E não só pelas vantagens assinaladas, como também por outras: maior fertilidade das terras, abundância de água e facilidade para a obtenção do peixe, gênero de grande importância na alimentação da época. Já tivemos ocasião de ver como estes dois últimos fatores influíram no abandono de Santo André da Borda do Campo, situado longe de qualquer rio importante. Até fins do século XVI não encontramos em todo o planalto paulista aglomerado algum afastado das margens dos citados rios. E mesmo um século depois, o número de vilas ou povoações nestas condições é diminuto. São Paulo portanto, como centro deste sistema hidrográfico ao longo do qual se desenvolve a colonização, vai forjando sua supremacia.

Há outra circunstância física que impele a colonização do planalto paulista por estas linhas de que São Paulo ocupa o centro natural. E essa circunstância havia de se manter e continuar sua ação em benefício da capital mesmo quando o povoamento se afasta afinal dos cursos d'água. Refiro-me ao relevo do território.

Quem observa o mapa de São Paulo nota que a Mantiqueira penetra na região de São Paulo, pelo norte, como uma cunha que termina, à vista da cidade, no morro do Jaraguá. De um e doutro lado dessa cunha abrem-se duas passagens fáceis, formadas por terrenos mais ou menos planos que contrastam

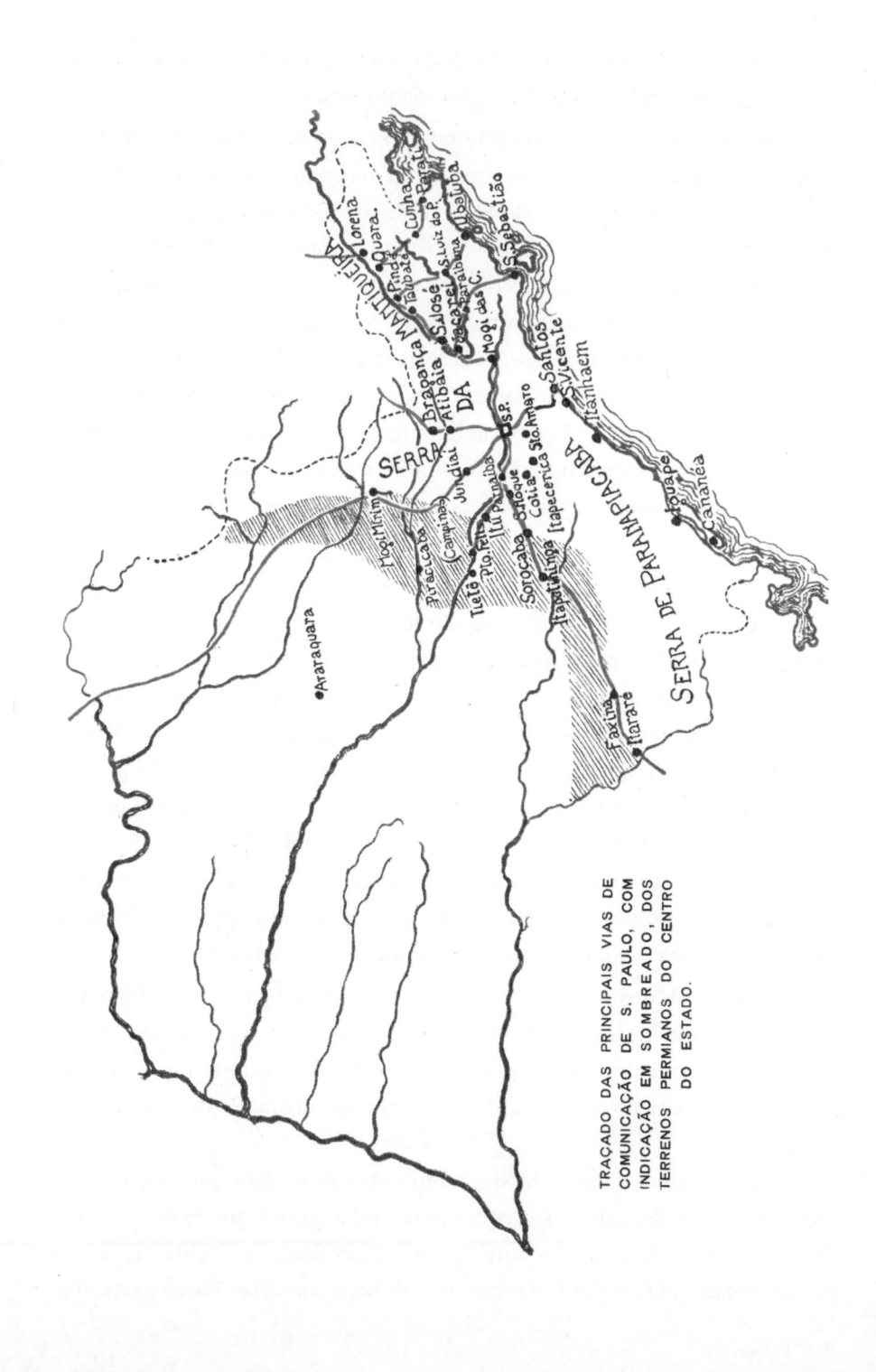

TRAÇADO DAS PRINCIPAIS VIAS DE COMUNICAÇÃO DE S. PAULO, COM INDICAÇÃO EM SOMBREADO, DOS TERRENOS PERMIANOS DO CENTRO DO ESTADO.

nitidamente com a topografia acidentada e inacessível da serra; e, o que é mais, constituindo principalmente campos descobertos, não apresentam os obstáculos de florestas difíceis de penetrar. São estas passagens, para nordeste, o Vale do Paraíba, que às vantagens já assinaladas acrescenta mais esta. A partir de Jacareí ele se apresenta como uma planície quase unida e perfeita. Deve-se esta topografia à qualidade do terreno, formado de depósitos flúviolacustres argilosos, análogos aos da capital. Para o norte, a passagem é constituída pelos afloramentos de arenitos e xistos argilosos e cálcicos permianos, que se estendem do nordeste do Estado — Mococa e Casa Branca — até o sul — Itararé e Faxina —, descrevendo um vasto arco de círculo cuja face convexa passa nas proximidades de São Paulo, por Campinas e Itu. Estas rochas permianas dão um terreno mais ou menos plano e unido, que para oeste se sucede imediatamente ao abrupto da Mantiqueira (ao norte de São Paulo) e à topografia acidentada da serra de Paranapiacaba (ao sul). Tal passagem para o norte é alcançada, para quem parte de São Paulo, na altura de Campinas (vide mapa).

Os mesmos terrenos permianos oferecem outra passagem. Como vimos, eles se estendem em continuação para o sul, tomando na altura de Sarapuí e Itapetininga a direção oeste. É nessa parte meridional dos terrenos permianos que estão os campos de Sorocaba e Itapetininga, aproveitados para as comunicações com o Sul: Paraná e Rio Grande.

Essas três grandes passagens — para nordeste, pelo Vale do Paraíba; para o norte, por Campinas e Mogi Mirim, em direção a Minas e Goiás; para oeste e sul, por Sorocaba e Itapetininga, em direção às capitanias meridionais da colônia — essas três grandes passagens determinadas pelo relevo do solo seriam os principais fatores que condicionariam a expansão colonizadora do planalto paulista. É que elas representam as únicas possíveis, tanto para o norte como para oeste e sul. Ladeando-as, na região norte, levanta-se a Mantiqueira, barreira contínua de cumes que ultrapassam 2 mil metros. Ao sul, é a serra de Paranapiacaba, que com sua topografia acidentada e difícil impede as passagens e o estabelecimento do homem. Este é assim impelido para as depressões que acompanham aqueles terrenos acidentados. É nelas por isso que se estabelece o povoamento, é nelas que se desenvolve a colonização. E todas as três convergem para São Paulo, que se constitui assim como nó deste sistema topográfico.

Há uma quarta zona do planalto que, embora pequena e de progresso mais lento, já começa a ser povoada na segunda metade do século XVII. É a região que hoje compreende Atibaia, Bragança e outras cidades vizinhas. Esta parte da capitania, metida em cheio na Mantiqueira, oferece contudo condições topográficas favoráveis. Os vales do alto Atibaia e Jaguari rasgam aí clareiras de terrenos menos acidentados em que foi possível desenvolver cedo a colonização. E esta região também, exatamente como as demais, converge para São Paulo.

Combinam-se de tal forma rede hidrográfica e relevo, ambos determinantes da expansão demográfica paulista, para darem a São Paulo a primazia de centro do povoamento do planalto.

Esta evolução da colonização do planalto paulista se reflete nitidamente na disposição das estradas. O mapa junto[7] indica o traçado das principais em fins do século XVIII. Para nordeste, pelo Vale do Paraíba, é a estrada que serve às já citadas vilas e povoações da faixa marginal daquele rio. Para sudoeste, é a estrada que leva aos campos de Sorocaba, Itapetininga e Guarapuava (no atual Estado do Paraná), e daí para as capitanias meridionais, destacadas de São Paulo no século XVIII. É por este caminho que São Paulo se abastecia de gado para o seu consumo e para reexportação; é por aí também que nos chegavam, e assim será até a introdução das ferrovias — e até hoje mesmo, embora em muito reduzida escala —, as tropas de burros, principal meio de transporte da província até época muito recente. Mesmo o Norte do país se supria, através de São Paulo, dos muares que vinham dos campos do Sul.

Para o norte, por Mogi, é o famoso caminho dos Guaiases, aberto já em fins do século XVIII, e que levava às minas de Goiás através do Triângulo Mineiro. O outro caminho para o norte é a estrada de Atibaia e Bragança, de importância mais local, mas que assim mesmo servia de comunicação subsidiária com o sul de Minas.

Para oeste finalmente abre-se o caminho de Mato Grosso, de tão grande importância depois que naquela região se começa a lavrar o ouro. Estas comunicações com o Mato Grosso se fazem, como vimos, pelo Tietê. É da frequência destas viagens rio abaixo que surge o porto de Araritaguaba, mais tarde Porto

---

7. O traçado das estradas neste mapa foi organizado tendo por base o *Mapa corográfico da capitania de São Paulo*, de Antônio Roiz Montezinho (1791-92), que figura na *Coletânea de mapas da cartografia paulista antiga* (São Paulo, 1922), reunida por A. E. Taunay.

Feliz, ponto de embarque dos viajantes que de São Paulo até aí, evitando as grandes cachoeiras, faziam o caminho por terra. É ainda pelo Tietê e seu afluente, o Piracicaba, que se fazem as primeiras comunicações com os campos de Araraquara, cujo povoamento se inicia em fins do século XVIII.

Como se vê, através de toda a história colonial da capitania, São Paulo ocupa o centro do sistema de comunicações do planalto. Todos os caminhos, fluviais ou terrestres, que cortam o território paulista vão dar nele e nele se articulam. O contato entre as diferentes regiões povoadas e colonizadas se faz necessariamente pela capital. O intercâmbio direto é impossível. "Entre essas artérias históricas", escreve Teodoro Sampaio referindo-se às estradas acima citadas, "irradiantes, como os dedos de uma gigantesca mão espalmada sobre o território paulista, mediava o deserto, o verdadeiro sertão, ampliando-se sempre, e cada vez mais ignorado à proporção que as estradas se afastam, e todavia não mais conhecido nas próprias vizinhanças da capital, que era o centro verdadeiro deste sistema da viação interior."[8]

Mas não é só esta posição central na grande encruzilhada do planalto que dá a São Paulo na era colonial a preeminência que sempre desfrutou. É ele, além disto, o ponto intermediário, a escala necessária das comunicações entre o planalto e o litoral. É pelo Caminho do Mar, a antiga trilha dos índios transformada em principal artéria da capitania, que se realiza quase todo o contato entre aquelas duas seções do território paulista.

A barreira imensa que a Serra do Mar ergue entre o planalto e o litoral torna singularmente difíceis, já o vimos, as comunicações entre estas regiões. É por isso que em todo correr da história paulista não encontramos serra acima senão muito poucos caminhos mais ou menos frequentados e que por isso ganham em importância na proporção em que rareiam. Eles aparecem apenas num ou noutro ponto mais acessível da serra. Até fins do século XVIII, além do de Santos, não podemos citar mais de três: de São Sebastião a Jacareí, de Ubatuba a Taubaté, de Parati (Estado do Rio) a Cunha — este último chegou a ser bastante frequentado pelos viajantes que, vindos por via marítima, demanda-

---

8. *Revista do Instituto Histórico e Geográfico de São Paulo*, VI, p. 163. Hoje ainda é curioso notar como o povoamento de São Paulo se concentra em torno destes caminhos primitivos de penetração, deixando subsistir largos espaços intermediários quase desertos. Isto é particularmente sensível nos arredores da capital.

vam o sertão mineiro. É possível que além destes tivessem existido outros, embora não figurem nas cartas da época. E isto é suficiente para mostrar que mereciam pouca atenção.

De todas estas estradas, a de Santos foi sempre, de longe, a mais importante. Não só por ser a mais acessível, como também porque liga os dois pontos, respectivamente do litoral e do planalto, mais povoados e importantes: a ilha de São Vicente e a região circunvizinha de São Paulo. Como já referimos, a colonização teve no litoral seu progresso entravado pelas dificuldades naturais da região. Concentrou-se principalmente na ilha de São Vicente — onde se fundam sucessivamente São Vicente (1532) e Santos (1543) —, com uma tênue irradiação ao longo da costa, em direção de Cananeia e São Sebastião. É Santos, além disto, o principal porto, pode-se dizer o único ponderável da capitania, e isto em grande parte devido às suas excepcionais qualidades, seu estuário profundo, abrigado e de fácil acesso. Por isso ele é o verdadeiro ponto de articulação da capitania com o mundo exterior.

A importância do Caminho do Mar é portanto considerável desde o início da colonização. Por ele transitam não só a exportação e importação do planalto, mas ainda os gêneros alimentares consumidos no litoral, todos eles produzidos no interior. O litoral fornecia o açúcar, gênero de exportação; mas é do planalto que lhe provinham os mantimentos: a carne, a farinha de mandioca, os cereais. Até o trigo era então produzido no planalto; exportava-se mesmo daí para outros pontos do país, e o que é mais interessante e verdadeiramente paradoxal, até para o rio da Prata. Não se prestava o litoral para tais culturas, e sua dependência do planalto neste terreno foi sempre completa. Numa vereação de 1564 da Câmara de São Paulo lê-se que no litoral "*se não podião dar hos mãotimētos p^a sostentamēto das ditas villas (São Vicente e Santos) e ēgenhos e nē haverem pastos ē q̃ podese paser ho muito gadū vacū [...]*".

Entre o planalto e o litoral, pelo Caminho do Mar, há portanto um intercâmbio intenso. São Paulo, como ponto intermediário, como escala necessária deste intercâmbio, aufere dele grandes proventos. Desde logo, há entre estes dois núcleos, São Paulo e Santos, uma ação recíproca permanente, e a importância de um se projeta fatalmente sobre o outro. Ambos se completam, e no sistema econômico da capitania satisfazem cada qual uma destas funções conexas e irreparavelmente ligadas: centro natural do planalto e porto marítimo. Não fosse a fatalidade da Serra do Mar, e estas duas funções caberiam a um só centro, que englobaria o que hoje constitui as duas cidades. A configuração geográfica do território apartou estas funções. O Caminho do Mar que as articula, restabelecendo a unidade que necessariamente as deve englobar, tira daí toda sua considerável importância. E o sistema São Paulo-Caminho do Mar-Santos torna-se o eixo, a base do organismo econômico da capitania.

Para terminar este capítulo, apresentamos o esquema abaixo que representa em seus contornos gerais os resultados atingidos pela colonização paulista em fins do século XVIII. As linhas que irradiam de São Paulo indicam não só as artérias principais do sistema de viação da capitania, mas ainda os eixos em torno dos quais se condensa a população do planalto. Tal esquema explica suficientemente a importância relativa atingida por São Paulo na época de que tratamos, isto é, até as vésperas da emancipação política do país.

III

Em princípios do século XIX inicia-se uma nova fase da história paulista e da colonização do planalto. O povoamento do atual território do Estado se limitara até então às regiões que passamos em revista: além do litoral, a zona da capital, e dispondo-se à sua volta, em estrela, algumas linhas de povoamento que penetram o interior. Em suma, a colonização progredira muito pouco nestes primeiros três séculos. É que já em fins dos Seiscentos a capitania atingira seu apogeu, para daí em diante decair rapidamente. A descoberta do ouro em Minas Gerais, pouco depois seguida pela de Goiás e Mato Grosso, representa a meta final do esforço tenaz dos paulistas durante quase dois séculos, votado ao reconhecimento de todo o território que havia de constituir o Brasil de hoje e à procura de metais preciosos. Realizado este fim, São Paulo encerra sua obra e entra numa fase de prolongada estagnação. Não só interrompe sua expansão colonizadora, mas se despovoa. Seus habitantes, atraídos pelas minas cujo território, antes abrangido pela capitania, vai sendo dela destacado sucessivamente, aos pedaços, no correr do século XVIII, vão-se estabelecer nas novas capitanias criadas à sua custa.

Este fenômeno, aliás, embora mais pronunciado em São Paulo, e de efeitos mais profundos, é comum a todo o país. O século XVIII é um período em que toda a atividade da colônia está canalizada para as minas; a agricultura decai enormemente, mesmo no Norte, onde florescera com tanta pujança no século anterior.

Esta fase de atividade extrativa que não dava margem para outras ocupações, ou dava-a em proporções muito pequenas, só se interrompe com o esgotamento, aliás prematuro, das minas. Isto mais ou menos pelos fins do século XVIII. O Brasil então retoma a sua feição essencialmente agrícola. E assim, enquanto por seu turno as regiões mineradoras perdem seu esplendor do século XVIII, as demais, São Paulo inclusive, entram num período de surto econômico, favorecido aliás pelas novas condições políticas do país depois da sua emancipação da metrópole portuguesa.

O início do século XIX marca por conseguinte o abrir de um período de reorganização econômica. A colonização do território paulista, sua ocupação e exploração, estacionária e mesmo em regresso durante o período precedente, se intensifica não só nas zonas já penetradas, mas nas demais que restavam por desbravar. Este processo se perpetuou, manifestando-se até nossos dias nesta ininterrupta expansão para oeste que caracteriza a história contemporânea de São Paulo.

Em todo este movimento de expansão, a capital conserva sua posição central e portanto sua preeminência. A colonização se desenvolve principalmente para norte e oeste, tomando como ponto de partida os extremos já alcançados e que tinham São Paulo por centro. A base econômica desta expansão cabe inicialmente a dois produtos, o açúcar e o café, que no segundo quartel do século XIX representam juntos, e em partes mais ou menos iguais, mais de 50% da produção total da província e a quase totalidade de sua exportação. Vejamos como se localizam estas lavouras e a posição que ocupam com relação a São Paulo.

A cultura da cana se concentra na região a noroeste da capital, região que lhe é naturalmente tributária. Os grandes municípios produtores são: Campinas, Piracicaba, Capivari, Porto Feliz, Itu e Mogi Mirim. É assim por São Paulo, em demanda de Santos, que se faz o escoamento da produção. A zona do açúcar é dominada por São Paulo.

Quanto ao café, ele escapou, a princípio, desta hegemonia paulistana. Seus grandes centros se localizam inicialmente no litoral: São Sebastião, Vila Bela e Ubatuba; e daí, galgando a Serra do Mar, ocupam o Vale do Paraíba. São Paulo conserva-se por isso à margem desta atividade, sendo o comércio do café feito diretamente pelos portos citados, ou pelo Rio de Janeiro. Toda esta zona da província, que impropriamente se chamou Norte, tornou-se durante o Império — até hoje ainda há vestígios disto — tributária do Rio muito mais que de São Paulo. Economicamente faz parte do Rio; a ponto de se ter cogitado um momento em destacá-la de São Paulo para constituir com um trecho do território fluminense (Resende, Valença, Parati, São João do Príncipe e Ilha Grande) e de Minas Gerais (Campanha e Baependi) uma nova província.[9]

Mesmo assim contudo, a capital conserva sua primazia. No total do comércio exterior da província (Rs. 5604:277$289 em 1835), o porto de Santos contribui com cerca de 71% (Rs. 3971:326$254).[10] São Paulo portanto se mantém, apesar de tudo, o centro principal da economia paulista. E essa situação cada vez mais se afirma. O desenvolvimento da cultura cafeeira, que logo havia de monopolizar a economia da província, não se processa nas zonas em que primeiro se localizou. O litoral é logo abandonado, e o Vale do Paraíba perde, em fins do Império, toda sua passada importância. São as férteis terras, primei-

---

9. Melo Nogueira, *Revista do Arquivo Municipal de São Paulo*, ano I, v. III.
10. Marechal Daniel Pedro Müller, *Ensaio dum quadro estatístico da província de São Paulo*, 1836.

ro do norte, depois do oeste, muito mais próprias ao seu cultivo, que vão constituir a zona de eleição do cafeeiro. E toda essa região, que é por sua situação tributária de São Paulo, tem nesta cidade seu centro natural. Assim a capital da província, ameaçada momentaneamente na sua hegemonia pela fixação primitiva da sua principal riqueza em zonas excêntricas a ela, recupera integralmente sua posição de centro econômico da província. O sistema ferroviário que então se constitui amolda-se, como é natural, a tal estrutura, e é de São Paulo que vão irradiar as novas vias de comunicação. Basta observar o mapa atual de São Paulo para se verificar que as estradas de ferro repetem, com pequenas variantes, os antigos caminhos de penetração, fluviais e terrestres, da capitania. Mesmo o Vale do Paraíba, momentaneamente orientado para o Rio de Janeiro e os portos do litoral leste (Ubatuba e São Sebastião), é novamente articulado à capital pela Central do Brasil. E aos poucos as estradas de ferro vão abrindo novas zonas, estendendo seus tentáculos para longe a fim de englobar no sistema econômico paulista um território cada vez maior. Desprezam limites políticos e vão invadir outros Estados, articulando assim no organismo de São Paulo zonas exteriores consideráveis, como o Triângulo Mineiro e o norte do Paraná. E tudo isto, desenvolvendo regiões que por suas ligações naturais se tornam economicamente tributárias da capital, vai naturalmente se refletir no progresso e desenvolvimento desta.

As estradas de ferro ainda tiveram outro efeito considerável sobre São Paulo. Facilitando as comunicações, tornando-as mais rápidas, elas atraíram para a capital as camadas abastadas da população paulista, os fazendeiros, grandes proprietários, que antes habitavam ou as suas próprias fazendas, ou as cidades mais próximas a elas. Com as estradas de ferro puderam estes fazendeiros, ao mesmo tempo que se mantinham em contato estreito com suas propriedades, aproveitar a vida mais confortável de um grande centro. Inúmeras cidades do interior, hoje insignificantes vilas provincianas, já foram teatro em tempos idos de uma vida econômica e social mais intensa. A capital, favorecida pelo novo sistema de comunicações, absorveu esta vida.

Um último fator, e este consequência dos já citados, veio completar esta obra de consolidação da hegemonia paulistana: é a localização das indústrias. Com o progresso do Estado, surgem as grandes indústrias, e é na capital que de preferência elas se localizam. Em 1933, a indústria da capital possuía 61% do capital total investido na indústria do Estado, e a mesma proporção do número de operários. É de fato em São Paulo que encontra maiores vantagens. Situa-se aí no centro do sistema econômico do Estado, numa posição que comanda simultaneamente todas as suas zonas; e ao mesmo tempo tem nas suas proximidades o porto de Santos. Tratando-se de uma indústria que consome, em grande parte, matéria-prima importada, a sua localização é determinada principalmente por estes dois fatores: comunicações fáceis com os mercados consumidores e proximidade do centro importador da matéria-prima e do aparelhamento industrial. Ambas estas condições se realizam na capital melhor que em outro ponto qualquer do Estado.

Nem lhe falta a energia necessária para propulsionar a indústria; o curso encachoeirado do Tietê, pouco abaixo dele, lhe fornece força hidráulica em abundância. E o formidável desnivelamento da Serra do Mar, também nas suas proximidades e que começa a ser aproveitado, garante para o futuro reservas quase ilimitadas.

O desenvolvimento atual de São Paulo é portanto facilmente explicável. Ele é função do progresso de toda esta parte, a mais rica do Brasil, de que a cidade é o centro econômico natural e necessário.

Contribuição para a geografia urbana da cidade de São Paulo

LOCALIZAÇÃO DE SÃO PAULO

Não há quem não tenha observado o paradoxo de São Paulo: uma grande cidade moderna, considerável centro urbano cuja população ultrapassa hoje 2 milhões de habitantes, e situada numa região desfavorecida pela natureza e, do ponto de vista humano, das mais primitivas. Num raio de muitas dezenas de quilômetros, é um quase deserto que se estende em volta da cidade; deserto pontilhado apenas por estas pequenas vilas e miseráveis povoados que são Guarulhos, São Miguel, Barueri, Cotia, M'Boi, Itapecerica etc.; ou onde apenas se esboça uma vida que o poderoso influxo da própria aglomeração paulistana não podia deixar de provocar. A influência não vai aí de fora para dentro, mas em sentido contrário, da cidade para a região que a circunda; não pode portanto ser computado como fator do desenvolvimento de São Paulo.

As zonas florescentes do Estado, onde a ocupação humana se desenvolveu e prosperou, situam-se longe da capital. Em qualquer direção que parta o viajante, caminhará muito antes de atingir cidades ou núcleos importantes, regiões de um elevado nível humano. E antes de chegar aí, não verá outra coisa que uma paisagem agreste e despida de qualquer atrativo, onde o homem está ausente e a natureza é pobre e hostil. Para leste, viajará até Mogi das Cruzes, cinquenta quilômetros de estrada; para norte, até Atibaia, numa distância de quase setenta quilômetros; para noroeste, em demanda da região economicamente mais desenvolvida do Estado, nada encontrará antes de Jundiaí, para lá de um raio de cinquenta quilômetros. Se for para oeste, terá que esperar Sorocaba (cem quilômetros); e para o sul, até atingir o litoral e o porto paulista, que é Santos, são extensões quase desertas e miseráveis que atravessará numa distância além de setenta quilômetros.

Natureza agreste, pobreza das terras e relevo acidentado, estão aí os fatores que isolaram São Paulo neste largo círculo de desertos. A agricultura, única possibilidade econômica do Estado até meio século atrás, não se pôde fixar aí; passou rapidamente, e só nos primeiros tempos da colonização, indo depois localizar-se muito além, nas terras mais férteis do Vale do Paraíba, primeiro; do norte e oeste da província mais tarde; e aquela rápida passagem contribuiu apenas, com seus efeitos devastadores, para o empobrecimento maior ainda da região paulistana. Quanto a outras formas de atividade que poderiam dar vida a esta região, como a indústria manufatureira, elas ainda são muito recentes e não se desenvolveram suficientemente para fazer as vezes da agricultura e preencher o vácuo em torno da capital.

Não são portanto as riquezas da região onde se situa São Paulo, riquezas naturais inexistentes, que estão na base do desenvolvimento da cidade. É a outros fatores que São Paulo deve o seu progresso. Um sobretudo, que em última análise explica e condiciona os demais, e que é a posição relativa que a cidade ocupa no conjunto do sistema econômico, político e social de que é o centro geográfico natural e necessário. Sistema que abrange uma grande região e engloba não apenas o Estado de São Paulo, com os seus 9 milhões de habitantes e seu considerável desenvolvimento, mas ainda zonas importantes de Estados vizinhos que giram hoje na órbita paulista: o Triângulo Mineiro, o norte do Paraná, o sul de Mato Grosso; e mesmo, até certo ponto, o longínquo sul de Goiás.

Um tal fator vem de longe, pode-se dizer que do início da colonização paulista; não é fruto de uma política, de uma ação consciente e deliberada do homem. Surge natural e espontaneamente do concurso de certas circunstâncias físicas que predestinam a cidade de São Paulo àquele papel de centro deste setor do país. Já abordei em outro lugar o assunto sob um tal aspecto histórico.[1] Deixando aqui este lado da questão, destacarei apenas o papel de São Paulo nos dias que correm, e que não só faz dele o grande centro urbano que é, mas lhe garante para o futuro uma progressão que será sempre paralela à da zona e do sistema geográfico a que pertence. São Paulo não perderá nunca sua qualidade de grande centro deste planalto de que ocupa o bordo oriental e marítimo.

Quem observa a carta paulista, verificará desde logo que o povoamento, e com ele todos os fatos que acompanham o estabelecimento humano (aparelhamento econômico e urbano, vias de comunicação etc.), aparece nela nitidamente compartimentado. O território de São Paulo se povoou, e a sua estrutura geo-humana ainda reflete muito bem um tal fato, em faixas radiantes. Não se difundiu por contiguidade e por anéis concêntricos; nem as populações que o ocupam enxamearam por ele ao acaso de circunstâncias locais favoráveis. A distribuição do povoamento paulista se fez de acordo com uma regra geral que tem sido até hoje invariável, e que consiste numa progressão, a partir de um centro, que é justamente a região ocupada pela capital, por linhas que penetram o interior em várias direções. Tais linhas representaram o papel de eixos em torno dos quais se agrupou a população; esta ficou assim distribuída em faixas mais ou menos largas que irradiam de um centro comum: precisamente a capital. Faixas tão nitidamente diferenciadas que se conservaram até hoje, apesar de todo progresso das comunicações, quase independentes entre si; entre elas medeiam ainda espaços vazios, às vezes perfeitos desertos humanos. São a configuração do território paulista e a ação de outros fatores naturais os grandes responsáveis por tão curiosa estrutura demográfica. E ela tem tamanha importância para a capital (a qual deriva daí a maior parte de sua importância e significação) que o assunto merece aqui uma análise mais atenta. Passemos pois em revista, embora sumariamente, aquelas faixas em que se distribui a população paulista.

A primeira, a mais antiga, tem o rumo nordeste e acompanha o Vale do Paraíba depois que deixa as margens do Tietê. Não insisto sobre as causas que determinaram a ocupação precoce daquele vale, porque seria invadir um do-

---

1. *Geografia* (órgão da Associação dos Geógrafos Brasileiros), nº 3, set. 1935. Este trabalho é o que figura no presente livro sob o título: "O fator geográfico na formação e no desenvolvimento da cidade de São Paulo".

mínio que pertence mais à história e que já desenvolvi em outra parte (artigo anterior). Interessa-nos aqui apenas observar que esta zona, alongando-se por mais de trezentos quilômetros, concentrando uma população relativamente densa e representando uma passagem importante, pois que por aí transitam as vias de comunicação terrestre que articulam o planalto paulista com a capital do país, esta zona forma rigorosamente um estreito corredor, trancado lateralmente, e cuja única saída natural é para a região onde está situada a capital de São Paulo. De um lado, ao sul, onde se estende o litoral, ergue-se a Serra do Mar, que lhe barra a passagem por elevações de grande altitude e um abrupto que, de mais de mil metros, cai a pique sobre o mar. Alguns caminhos, em demanda dos portos de Ubatuba, São Sebastião, Caraguatatuba e Parati (no Estado do Rio), conseguem romper esta barreira e comunicam o Vale do Paraíba diretamente com o mar. Mas são caminhos difíceis, e, embora antigos, só tiveram certa importância no tempo em que o Vale do Paraíba constituiu um centro de cultura cafeeira de grande vulto econômico, e que o transporte em cargueiros não encontrava nestes atalhos de montanha um obstáculo invencível. A locomoção mecânica de nossos dias, seja por estrada de ferro ou de rodagem, tornou estas vias inutilizáveis, a não ser a custo de obras vultosas que nem o litoral, nem as necessidades do Vale do Paraíba comportam ou exigiram até hoje. Existe, é verdade, um projeto de estrada de ferro que ligará diretamente estas zonas, entroncando-se na Central do Brasil e terminando em São Sebastião; e uma estrada de rodagem moderna, de data relativamente recente, comunica Paraibuna com Caraguatatuba e São Sebastião. Mas tudo isto são por enquanto ensaios apenas. A Serra do Mar foi e continua sendo uma barreira que fecha, do lado do litoral, o Vale do Paraíba.

Do outro lado, as dificuldades não são menores. Está aí a Mantiqueira elevando-se a quase 2 mil metros e fechando, ainda mais que a Serra do Mar, as passagens; e apesar do fato de terem estas passagens uma grande significação histórica, pois por aí se fizeram as primeiras penetrações de Minas Gerais e do interior do Brasil, o que sobra delas é quase nada. A estrada de ferro Sul-Mineira atravessa a Mantiqueira por um túnel na altura de Cruzeiro, no Estado de São Paulo; é uma via difícil, e de pequena significação econômica. Quanto a estradas de rodagem dignas desse nome, a única que existe, ligando Caxambu (sul de Minas) com Queluz no Vale do Paraíba, e aproveitando a famosa e histórica garganta do Embaú, conta apenas com pouco mais de um decênio, e não é ainda, por enquanto, senão pouco mais que o caminho de turistas que do Rio e de São Paulo vão em demanda das estações de águas do sul de Minas.

Ao norte e ao sul, o Vale do Paraíba está portanto fechado; e mesmo do lado do Rio de Janeiro, onde se repete o abrupto da Serra do Mar, o corredor assim formado encontra tais obstáculos que, não fosse a circunstância de ser o Rio a capital do país e um grande porto (sem contar a necessidade de ligar São Paulo com ele por via terrestre), correria o risco de se transformar num simples beco, com sua única saída voltada para São Paulo. Aí sim, a passagem é aberta e franca. O vale do alto Paraíba, no cotovelo que forma o rio, quase toca o Tietê, que leva as comunicações até São Paulo pela ampla e fácil via que acompanha suas margens planas e unidas. São Paulo não podia pois deixar de ser, como é, chave desta primeira faixa do povoamento paulista.

A segunda, sempre partindo da capital, segue em direção norte. Aí o povoamento penetra em cheio na Mantiqueira, aproveitando a clareira de terrenos menos acidentados, acessíveis ao estabelecimento do homem, que nele rasgam os vales do alto Atibaia e Jaguari. Nestes vales concentrou-se o povoamento, dando origem a estas cidades que são Bragança, Atibaia, Piracaia e outras. Aí também o povoamento se dispôs numa faixa que, tanto para leste como para oeste (sobretudo na primeira destas direções), se interrompe para dar lugar a um vazio; e é para São Paulo, e não para os lados, dificilmente acessíveis, que converge a vida desta zona.

Finalmente no oeste do Estado, o povoamento se estabelece e hoje se distribui em várias faixas que irradiam em leque desta mesma região central onde está a cidade de São Paulo. Estas faixas acompanham os divisores das águas dos grandes rios afluentes do Paraná: Grande, Tietê, Aguapeí, Peixe, Paranapanema. O leito destes rios forma uma divisa natural destas zonas de povoamento. Rios imprestáveis para a navegação, sujeitos a enchentes volumosas e focos permanentes de anófeles que tornam a maleita aí endêmica, suas margens são evitadas pelo homem que se localiza de preferência nos terrenos altos que formam os espigões divisores. Há ainda um fator que determina tal preferência: é a qualidade do solo. A expansão paulista se fez para oeste, como é sabido, à custa da cultura do café; e são por isso os solos favoráveis a esta cultura que, em última análise, condicionaram o povoamento e sua distribuição. Foi, a princípio, a partir de meados do século XIX, quando começa a arremetida para oeste, a famosa terra roxa que atraiu as fazendas de café. A terra roxa, como se sabe, é produto da decomposição de rochas basálticas resultantes de derramamentos vulcânicos (*traps*) posteriores ao Triássico e que afloram nos terrenos que constituem a chamada série de Botucatu. Ela se espalha, em manchas, de Campinas até o extremo norte do Estado, acompanhando essa formação triássica dos arenitos de Botucatu que constituem uma faixa dirigida de sul a norte.

Ocupadas as terras roxas, outras favoráveis à cultura cafeeira foram encontradas nos solos constituídos sobre a base dos arenitos da série de Bauru. A disposição destes arenitos, como se pode ver na carta geológica do Estado, acompanha os divisores dos grandes rios citados; são faixas grosseiramente paralelas e sucessivas, dirigidas de leste para oeste, e que se interpõem, de norte a sul, entre aqueles rios; mediando entre tais faixas, isto é, ocupando o vale de tais rios, uma formação mais antiga, triássica, os arenitos da série de Caiuá, que dão em regra solos pobres e pouco favoráveis à cultura do café. A natureza do solo, fator primordial numa expansão e fixação demográfica que se fez na base única de uma produção agrícola, combina-se assim com a disposição dos rios para compartimentar o oeste, reproduzindo o mesmo fato que, sobretudo o relevo, determinara no leste do Estado.

As vias de comunicação, como é natural, refletem tal circunstância no seu traçado. A rede de estradas de ferro paulistas, bem como a de rodagem, desenha-se na carta de São Paulo "como uma vasta mão espalmada", para repetir a expressão feliz que Teodoro Sampaio empregou quando se referiu aos predecessores destas vias modernas na antiga capitania. Para nordeste, servindo o Vale do Paraíba, é a Central do Brasil; para a zona de Atibaia e Bragança, a Bragantina; para norte-noroeste, percorrendo a faixa que fica ao norte do Tietê, e onde se concentra a maior população e riqueza do Estado, as companhias Paulista e Mogiana; entre o Tietê e o Aguapeí, a noroeste do Brasil (designação esdrúxula e sem sentido real); entre este último rio e o do Peixe, a chamada Alta Paulista (que sendo um simples ramal sem nome próprio, recebeu esta denominação convencional para se diferenciar da estrada a que pertence, a Paulista); e finalmente, entre o Peixe e o Paranapanema, a Sorocabana. Estas estradas são quase independentes entre si, e não se articulam efetivamente senão na região central do Estado, onde está a capital. Além elas se separam cada vez mais, a ponto de nenhum ramal, a não ser excepcionalmente, permitir a passagem de uma para outra; fato este que reflete muito bem o caráter de faixas bem diferenciadas em que se distribui o povoamento que margeia as suas linhas respectivas.

O centro de irradiação desse leque de faixas, servidas cada qual por sua linha de estrada de ferro, bem como de rodagem, é a região da capital, que se torna assim o nó onde se articulam todas as vias de comunicação, e para onde se volta, portanto, toda a vida do Estado. Aliás a distribuição do povoamento e ocupação do solo paulista estão de fato tão subordinadas a uma tal disposição em faixas que acompanham as linhas ferroviárias radiantes de um centro comum que a nomenclatura das regiões em que se divide o Estado, caso talvez único, não encontrou nada melhor que empregar as denominações com que são conhecidas aquelas estradas; e temos assim as zonas da Central, da Bragantina, da Mogiana, da Paulista, da Noroeste, da Alta Paulista e da Sorocabana.

Esta situação privilegiada de São Paulo com relação ao povoamento do planalto paulista é completada pela sua proximidade do litoral, e sobretudo do porto principal, pode-se dizer mesmo único do Estado, que é Santos. Podemos aqui observar um contraste curioso entre o que se deu, neste terreno, em São Paulo e em outros setores do país. No Norte, como é por exemplo o caso de Recife e da Bahia, o porto é ao mesmo tempo o centro geográfico da região que lhe é tributária; aquelas cidades exercem simultaneamente uma dupla função, porto e centro distribuidor. Em São Paulo, uma tal dupla função foi cindida em suas partes componentes, cabendo a primeira a Santos e a segunda a São Paulo. E não podia ser de outra forma. A colonização paulista se expandiu no planalto, e não se concentrou no litoral, como se deu nos exemplos citados. Nem o litoral paulista se prestava para isto: o planalto, limitado pela Serra do Mar, aproxima-se aqui da costa até uma distância mínima, deixando apenas uma estreita língua de terras litorâneas, cuja pouca extensão ainda é agravada pela natureza ingrata do terreno, quase todo ocupado por mangues. Não havia lugar aí para um desenvolvimento apreciável da ocupação humana; circunstância aliás que se fez sentir desde o início da colonização. O litoral paulista foi sempre desprezado. A não ser num breve período, meados do século xix, em que a cultura do café, e com ele a atividade humana decorrente de uma riqueza apreciável, animou alguns pontos dele, como São Sebastião e Ubatuba, o litoral vegetou sempre num quase abandono; e isto, no dia de hoje, é um fato notório e tão sentido que representa um problema que chega a ser alarmante, tal o estado de decadência física e moral a que chegou a escassa população que o ocupa.

Fixando-se de preferência no planalto, o povoamento tinha de procurar nele o seu centro, porque o separava do mar uma barreira imensa e transponível apenas em uns raros pontos mais acessíveis, mas nem por isso mais fáceis. O relevo do solo paulista estava portanto a impor este sistema de duas cidades conjugadas, dividindo entre si as funções de porto, ponto de articulação das comunicações com o exterior; e centro do povoamento, ponto fácil de convergência da vida deste planalto densamente habitado, em oposição a um litoral despovoado. O sistema São Paulo-Santos, entre muitos outros, foi o que predominou. Estava longe de ser o único: ao longo de toda a Serra do Mar repete-se este mesmo fenômeno de cidades conjugadas, uma no litoral, servindo de porto; outra próxima a ela, mas no alto, porta para o interior do planalto. Além de São Paulo e Santos, temos os exemplos de Parati e Cunha (aquela no Estado do Rio, esta última cidade em São Paulo); Ubatuba e São Luiz do Paraitinga; São Sebastião e Paraibuna ou Salesópolis; também no Paraná temos um caso paralelo em Paranaguá e Curitiba; e em Santa Catarina, São Francisco e São Bento. Muitos destes sistemas (a designação é merecida, porque tais cidades formam em conjunto um verdadeiro sistema geográfico) têm hoje uma significação apenas histórica ou se reduzem a importância mínima. O de São Paulo-Santos, pelo contrário, valoriza-se continuamente. Concorrem para isto vários fatores, de que os geográficos são certamente os de maior relevo. De um lado São Paulo, pela posição privilegiada que ocupa no planalto, posição esta que analisei mais acima, concorre grandemente. Doutro Santos, que, com a sua barra profunda, larga e bem abrigada pela ilha fronteira de Santo Amaro, é não só o melhor senão o único porto natural deste setor da costa brasileira, como um dos melhores de todo o país. E a isto vem juntar-se a maior facilidade de comunicações através da montanha nesta altura da Serra do Mar. É de fato este ponto, a meio caminho do litoral em território paulista, o que mais se presta à passagem do homem. Para leste, apresenta-se a serra não só como um abrupto, formando uma muralha contínua de altitude mínima de novecentos metros, mas ainda como uma larga zona acidentada, de cumes que atingem 1500 a 2 mil metros, e que se estende até o Vale do Paraíba. Já me referi acima às dificuldades, aí, do acesso pelo mar. Para oeste as condições não são melhores. Desaparece, é verdade, o abrupto da serra que se escalona aí em degraus sucessivos. Alguns rios importantes conseguem mesmo penetrar o interior rompendo a barreira de montanhas: o Ribeira de Iguape e seus afluentes. Mas em compensação, a zona de serra se alarga consideravelmente, até cem quilômetros e mais, apresentando uma topografia particularmente acidentada com suas quebradas e asperezas de terreno sucedendo-se ininterruptamente até o limite ocidental do cristalino que atinge aí a sua largura máxima contínua em todo o território paulista. A Serra do Mar recebeu mesmo neste setor um nome local particular: serra de Paranapiacaba. Quanto aos rios, eles não facilitam a passagem porque, não correndo perpendicularmente à costa, mas paralelos a ela, com uma direção estrutural orientada no sentido das dobras do terreno, nordeste-sudoeste, cortam o interior com seus vales em seções paralelas ao litoral e que não servem por isso de passagem cômoda. E tal é a razão principal por que esta grande zona do Estado permaneceu até hoje num quase abandono, com sua escassa população de caboclos que se mantêm na base exclusiva de uma agricultura rudimentar e primitiva.

Entre estas partes leste e oeste da Serra do Mar, interpõe-se a região central, na altura de Santos e São Paulo. Aí a barreira montanhosa desce para oitocentos metros, e ao abrupto da serra segue-se para o interior uma topografia original. Os acidentes do terreno, ao contrário do que se dá para oeste e leste, foram aí em grande parte entulhados pelo material de decomposição intensa das rochas cristalinas locais — efeito da temperatura elevada e alta pluviosidade do lugar, superior a quatro metros — e que o mau escoamento não consegue drenar. Para leste, existe a drenagem ativa da bacia do alto Paraíba; para oeste, a do Ribeira de Iguape: daí o acidentado do terreno descoberto. No ponto que nos ocupa, é o Alto Tietê, correndo quase na mesma altitude que o Alto da Serra, que fixa o nível de base local e serve de escoadouro. Assim o produto das rochas decompostas permanece *in loco*, formando planuras aluviais que se sucedem desde o Alto da Serra até as cercanias de São Paulo, interrompidas apenas, mas esparsamente, por cumes cristalinos semi-imersos.

Comparada às demais passagens da serra, é este portanto um ponto ideal. Só um abrupto a vencer — e este mesmo sensivelmente inferior ao da serra de leste. Depois disto, um terreno plano de percurso fácil. Pode observá-lo sem dificuldade quem percorre a linha da Santos-Jundiaí, da estação do Alto da Serra até São Paulo. Nenhuma obra de arte de vulto, nenhum túnel, nenhum corte notável foi necessário. Os trilhos se insinuam entre os cumes cristalinos que emergem, achando sempre, mesmo sem se alongarem excessivamente, os terrenos unidos e planos que encerram aqueles cumes esparsos. Tais são os motivos que sempre fizeram desta passagem da serra, já desde muito antes da vinda dos europeus, um caminho predileto dos índios. A colonização portuguesa não fez mais que aproveitá-lo. E a sua preferência se justifica.

Nestas condições, para aquelas funções conjugadas a que me referi, de centro de comunicações e convergência da vida do planalto, de um lado; e doutro, porto marítimo, isto é, ponto de articulação das comunicações do planalto com o exterior, São Paulo e Santos apresentam incontestavelmente vantagens naturais consideráveis: todos os fatores geográficos se unem aí para fazer do sistema, que, em conjunto, ambas as cidades formam a base fundamental da vida humana de toda esta imensa região que ocupa o planalto centro-sul do país.

Como se vê, a localização de São Paulo é, sob o ponto de vista geográfico, e com relação a toda esta região que abrange o Estado atual e setores importantes de Estados vizinhos, separados dele política e administrativamente, mas pertencentes ao mesmo sistema geográfico e econômico, admirável. Verdadeira chave e centro dela, São Paulo tinha de necessariamente gozar da preeminência marcada, que sempre a caracterizou, sobre as demais cidades da região; e assim foi no passado como ainda o é hoje. É certo que houve fases em que outras lhe disputaram tal primazia. Circunstâncias de momento, que pertencem hoje inteiramente à história, fizeram com que tais cidades rivais de São Paulo passassem momentaneamente para um primeiro plano. Taubaté, Itu, mais recentemente Campinas, tiveram fulgores passageiros que ofuscaram quase a supremacia paulistana; sob certos aspectos pelo menos. Num balanço geral da história, contudo, encontraremos São Paulo sempre em primeiro lugar, e acompanhando *pari passu*, se não com avanço, o desenvolvimento da capitania, da província, do Estado. Chamou para si o comando e a direção de todos os setores da vida paulista, e já hoje ninguém poderá mais duvidar da sua liderança efetiva e total. Em consequência da sua posição de centro geográfico e econômico, foram-se concentrando nela aos poucos, com exclusão completa, pode-se dizer, das demais cidades paulistas, todas as funções de uma capital, no sentido integral da palavra: centro político e administrativo, social e cultural. São Paulo tornou-se incontestavelmente o centro único de toda a vida humana deste setor do território brasileiro, que se tornou hoje a parte mais importante do país. Não podia deixar de ser, portanto, a grande cidade que é. E a tudo aquilo veio juntar-se afinal um novo fator, de certo modo consequência já dos anteriores, e que foi a mola mestra deste considerável impulso da cidade nos últimos cinquenta anos; impulso que faria dela, já não com relação à região que ocupa, ou mesmo do país em conjunto, mas em termos absolutos, a grande metrópole de hoje. Isto foi obra da indústria, que nesta região, a mais desenvolvida e próspera do país, escolhe justamente a cidade de São Paulo por centro principal.

Nem podia ser de outra forma: a localização da indústria, ou pelo menos da sua parte mais importante, não podia fugir da capital. Aí ela se encontra não somente no centro das comunicações do seu mercado principal, que é justamente o Estado e regiões circunvizinhas, como ainda na proximidade de Santos, que para a indústria tem uma dupla função: é por mar que se escoa uma boa parte da sua produção em demanda de outros mercados nacionais; e é por via marítima que chega a maior parte da matéria-prima e dos produtos semiacabados que utiliza, bem como todo seu aparelhamento mecânico.

Nestas condições, só uma circunstância teria sido capaz de desavantajar São Paulo neste terreno da atividade industrial, e esta seria a deficiência da energia, problema sério num país que é pobre em combustíveis. A única fonte de energia aproveitável em larga escala no Brasil é a hidráulica, e o desenvolvimento industrial do país está, por enquanto pelo menos, na dependência quase exclusiva dela. O nosso carvão é pouco e de má qualidade; o petróleo ainda é um projeto. O combustível utilizado até hoje em escala apreciável entre nós foi a lenha das nossas matas, ou então, mais recentemente, o carvão importado. Fontes precárias, se não imprestáveis para uma indústria de vulto. Recorreu-se por isso à energia hidráulica; e aí, o país estava admiravelmente aparelhado. O seu solo acidentado, que tantos ônus apresentara e ainda apresenta ao desenvolvimento da penetração e da ocupação humana, conceder-lhe-ia ao menos esta vantagem que a era da eletricidade tornou aproveitável: energia hidráulica em abundância.

São Paulo não foi excluído deste favor da natureza. Se, na proximidade imediata da capital, os rios (em particular o Tietê, único de águas volumosas) têm um curso pouco acidentado, correndo em terreno plano e formando as várzeas imensas que representaram um papel tão grande, como veremos, na estrutura e configuração da cidade, o seu perfil muda radicalmente pouco adiante. Quando o Tietê sai destes terrenos argilosos onde se situa a capital (e que analisarei com mais vagar em outra parte deste trabalho) e rompe a barreira montanhosa um pouco para oeste, onde começa a ocorrência do cristalino, se interpõe à sua passagem; depois desta soleira de rochas resistentes que fixa o nível de base do seu curso superior e é o responsável pela senilidade daquele curso, o vale do Tietê se estreita, o rio torna-se um canal represado entre rochas duras e resistentes à erosão onde as águas se precipitam num curso quase torrencial por sobre corredeiras e cachoeiras ininterruptas. É este o aspecto do Tietê depois que se afasta de São Paulo; e aproveitando tal acidente geográfico, construíram-se as primeiras grandes usinas hidrelétricas do Estado: Parnaíba e Rasgão (Pirapora). O potencial aí obtido foi suficiente, durante muitos decênios, para satisfazer às necessidades da grande cidade industrial em que se tornava São Paulo.

Mas o futuro só se tornou garantido quando os olhos se voltaram para outro lado, para esta barreira imensa que se levanta tão próxima da capital, e que até então servira apenas para embaraçar as comunicações do planalto com o litoral; refiro-me à Serra do Mar. O desnivelamento aí, a prumo, e que se cifra em mais de oitocentos metros, resolveu cabalmente, e pode-se dizer que para sempre, o problema da energia de São Paulo. Porque ele se alia, para o efeito em questão, à abundância da água que fornece uma pluviosidade considerável, mais de quatro metros anuais no Alto da Serra. Encontrava-se assim, na vizinhança próxima de São Paulo — algumas dezenas de quilômetros apenas —, em condições de potencialidade e facilidade de aproveitamento excepcionais, uma fonte praticamente inesgotável de energia hidráulica. Captados os abundantes cursos d'água que regam aí o Alto da Serra, e formadas estas imensas represas que se estendem hoje daquele alto até Santo Amaro (sessenta quilômetros em sua maior extensão), conseguiu-se desviar as águas assim retidas da bacia do Tietê, a que pertenciam, para o mar, jogando-as serra abaixo de uma altura de mais de oitocentos metros.

Não houve, portanto, como certamente não haverá, obstáculo algum de vulto que se opusesse ao desenvolvimento da indústria paulistana. E o impulso que vai dar à cidade, que passa rapidamente a ser um grande centro manufatureiro, é considerável. Basta observar a curva do crescimento demográfico de São Paulo a partir de 1890, quando se inaugura justamente esta fase industrial: ela inflete então fortemente para cima, indicando com nitidez o efeito que sobre ela teve a industrialização.

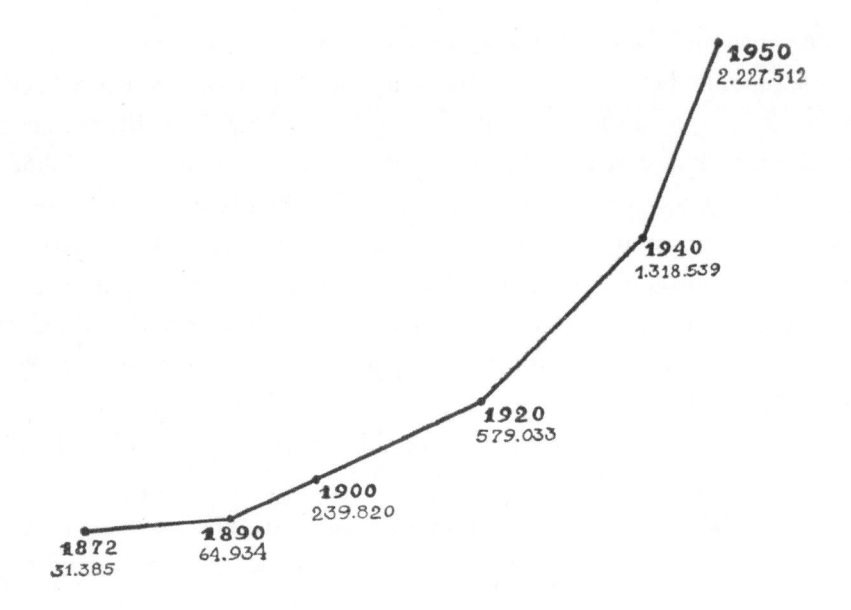

```
          1950
          2.227.512

       1940
       1.318.539

     1920
     579.033

   1900
   239.820
  1890
1872  64.934
31.385
```

O papel da indústria paulistana na importância da cidade se exprime hoje pelo número dos trabalhadores nela empregados, e que sobe a quase 300 mil,[2] o que representa cerca de um quarto do total dos trabalhadores industriais do Brasil. Computando-se as famílias daqueles trabalhadores, verifica-se que pelo menos metade da população total paulistana é composta de pessoas que tiram diretamente da indústria seus meios de subsistência. É o suficiente, creio, para mostrar o que significa a indústria para a importância da cidade.

Se a indústria foi a mola mestra do desenvolvimento urbano de São Paulo na primeira metade do século xx em que a cidade passou para o rol dos grandes centros urbanos contemporâneos, é a imigração estrangeira que, fornecendo-lhe a maior parte do elemento humano, contribuiu sobretudo para aquele seu notável crescimento demográfico. Não existem dados que exprimam o número de estrangeiros fixados em São Paulo no correr deste meio século de industrialização e imigração — que são os dois fatos máximos da vida da cidade naquele período. Mas podemos avaliar qual foi aquela contribuição pela nacionalidade dos seus habitantes. O recenseamento de 1940 apresenta os seguintes resultados:

---

2. 291 690, segundo os últimos dados publicados. *Boletim Estatístico* do Conselho Nacional de Estatística, nº 34, abr.-jun. 1951, p. 58.

Brasileiros	955 173	72%
Estrangeiros	371 088	28%
	1 326 261	

Se computamos os filhos de estrangeiros, chega-se à conclusão que a maioria da população paulistana é hoje estrangeira ou de recente origem estrangeira. São Paulo forma assim um destes típicos centros cosmopolitas que resultaram do fato mais saliente do século xix até princípios do xx, e que é o enorme deslocamento humano que então se verificou da Europa para a América. Encarado por este prisma, São Paulo é um fato análogo ao das grandes cidades norte-americanas; e, na América do Sul, das capitais argentina, Buenos Aires, e uruguaia, Montevidéu (embora esta última em muito menores proporções). Quem procura compreender São Paulo não pode esquecer este aspecto da questão; tanto mais importante que, sem aquelas fortes correntes imigratórias, a cidade não seria certamente o que é, e o [Estado de] São Paulo que aqui procuro descrever não existiria. A explicação do desenvolvimento paulistano e do caráter da cidade tem portanto duas faces; duas causas igualmente poderosas concorrem para fazer de São Paulo a grande cidade que é. De um lado os fatores que chamarei internos, e que são a localização da cidade no centro natural e ponto de convergência de uma grande região altamente favorável ao desenvolvimento e progresso do homem; é o que procurei mostrar nas páginas acima. A outra causa seriam os fatores gerais que, na distribuição da imigração europeia na América, escolheram para pontos de concentração certos setores privilegiados entre os quais figura esta parte meridional do Brasil, e São Paulo em particular. Seria este, sem dúvida, um capítulo indispensável para um estudo de conjunto da cidade e da sua vida. Mas ele excede um pouco o assunto restrito de que aqui me ocupo; e contento-me por isso em deixá-lo apenas assinalado.

ESTRUTURA INTERNA DA CIDADE

Sobre esta larga faixa de terrenos cristalinos de formação arqueana e relevo extremamente acidentado que beira o litoral paulista, constituindo os seus dois grandes sistemas orográficos, a Serra do Mar e a Mantiqueira — faixa esta que não é senão o bordo oriental do embasamento cristalino do Brasil que aflora aí descoberto, como se dá aliás ao longo de quase toda nossa costa e em grande parte do território interior do país —, depositaram-se no Terciário sedimentos argilosos de origem fluviolacustre que desenham na carta geológica do Estado duas pequenas manchas. Uma, de forma alongada, constitui hoje o fundo do Vale do Paraíba; a outra, mais compacta, situa-se a meio caminho do litoral paulista, afastada uns cinquenta quilômetros para o interior. Estes terrenos argilosos, em contraste com as rochas cristalinas que os cercam, dão um relevo menos acidentado: em vez de serras, uma sucessão contínua de colinas com desnivelamentos que não ultrapassam algumas dezenas de metros. E os grandes cursos d'água que os regam abriram neles várzeas extensas que formam, com suas largas planícies, os únicos terrenos lisos de toda esta parte leste do Estado. É o que se dá com o Paraíba; e na outra mancha citada, que aqui nos interessa particularmente, com o Tietê e seus dois afluentes da margem esquerda, o Tamanduateí e o Pinheiros (que no seu curso superior é o Guarapiranga). Estes três rios, em particular o primeiro, de longe o mais caudaloso, correm em largas várzeas de chão plano que, unindo-se na confluência deles, isolam um pequeno maciço de forma alongada na direção leste-oeste, e com altitudes várias que atingem em alguns pontos 820 metros, isto é, pouco mais de cem metros acima do nível das baixadas que o limitam.

Este maciço, embora da mesma constituição geológica que as planícies circunjacentes, escapou da ação erosiva e aplanadora sofrida por estas; e ficou aí, nitidamente destacado, a dominar uma larga área de terrenos planos. É numa das extremidades dele que nasceu a cidade de São Paulo; hoje ela o ocupa inteiramente, transbordando mesmo largamente para fora em todas as direções; mas o núcleo principal da cidade ainda é este que cobre o maciço.

Cercado por aquelas várzeas citadas, que o isolam, o maciço paulistano liga-se por sua extremidade leste com as demais elevações deste relevo de colinas sucessivas a que me referi e que constitui o aspecto fisiográfico particular da bacia fluviolacustre em que se situa, por uma linha de altitudes que oscilam em torno dos oitocentos metros e que formam um espigão que se prolonga, sempre com a mesma altitude, pelo maciço a dentro, constituindo como que sua espinha dorsal. É dele que se desprendem as rampas que em declive mais ou menos acentuado, sobretudo a segunda referida abaixo, descem, para norte e leste, em demanda das várzeas do Tietê e do Tamanduateí; e para sul e sudoeste, do Pinheiros. No esquema junto [p. 137] pode-se observar

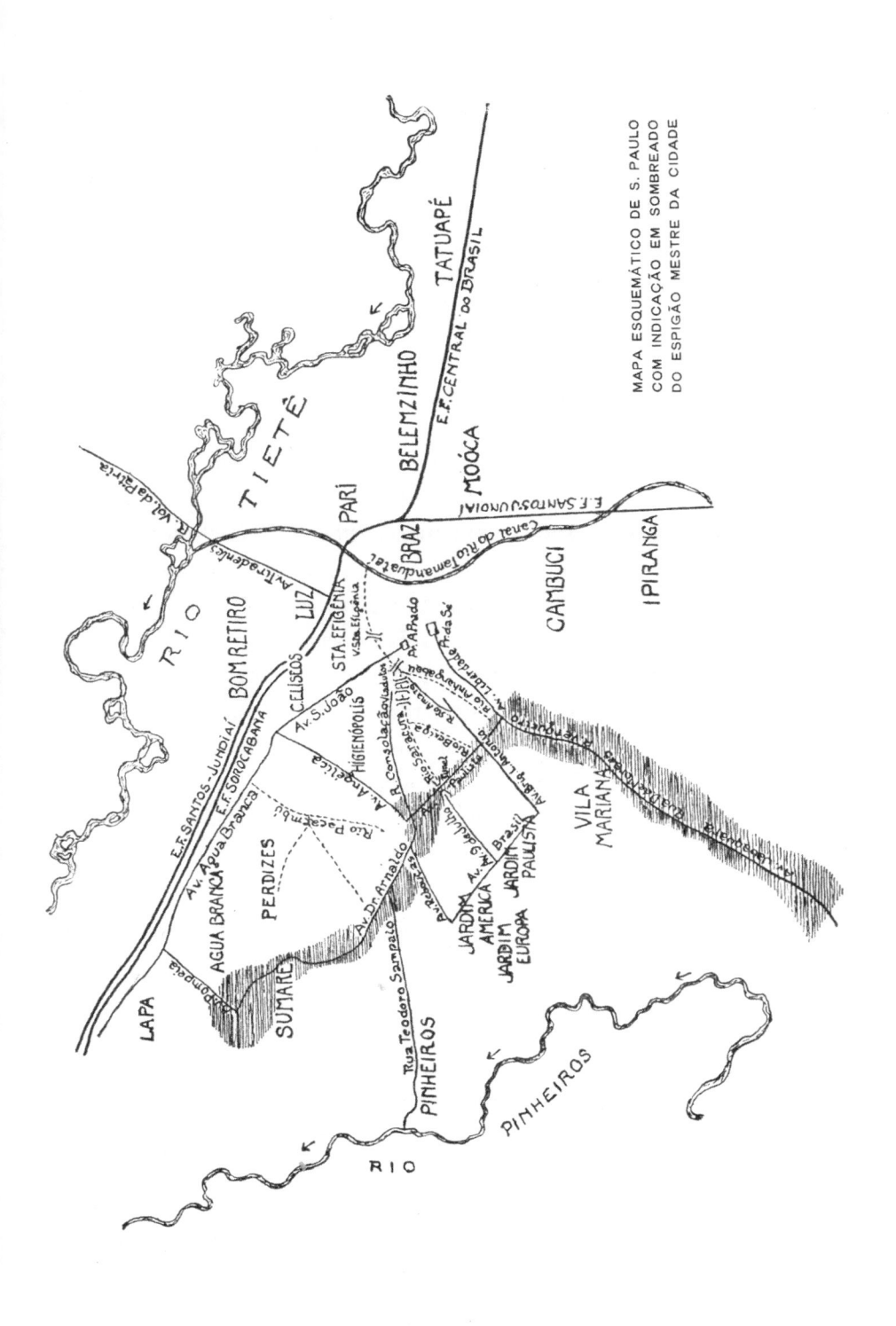

MAPA ESQUEMÁTICO DE S. PAULO COM INDICAÇÃO EM SOMBREADO DO ESPIGÃO MESTRE DA CIDADE

este espigão mestre do maciço paulistano, que nele figura em sombreado e que é hoje acompanhado pelas seguintes vias públicas: rua Domingos de Morais, avenida Paulista, avenida Dr. Arnaldo, Alto do Sumaré, prolongando-se até o alto da Vila Pompeia, onde o terreno descamba à procura da confluência do Pinheiros e do Tietê.

A sua vertente mais importante — importante com relação à cidade — é a que olha o norte, descendo para o Tietê. É nela que se acha o setor mais antigo, e até hoje, núcleo central da cidade. Observemo-lo mais de perto. Dois riachos, um, afluente do Tamanduateí, o outro, do Tietê, cavaram nesta vertente, e perpendicularmente a ela, sulcos profundos que, em particular o primeiro, tiveram e têm ainda um papel de relevo na configuração geral e na estrutura da cidade. São eles: o Anhangabaú (com seus dois afluentes: o Saracura e o Bexiga) e o Pacaembu. O eixo destes riachos que hoje desapareceram tragados pela canalização subterrânea que [o Estado de] São Paulo moderno exigia, deixando apenas o testemunho dos vales profundos que cavaram, está assinalado no esquema junto por linhas pontilhadas [p. 137]. Correndo em declive acentuado, sobre um terreno formado pela mesma argila friável de todo maciço, e portanto pouco resistente; alimentados pela pluviosidade elevada e de chuvas torrenciais que caracterizam o clima paulistano, estes riachos formavam antes, sobretudo na estação das chuvas, fortes correntes que recolhiam as águas abundantes que se despejavam sobre esta vertente do espigão. Cavaram por isso leitos profundos que cortam a cidade, dividindo-a em compartimentos até hoje ainda de comunicação difícil entre si por sobre os vales de vertentes quase a prumo que os separam, e que obrigaram, nos pontos mais importantes da cidade, à construção de viadutos, que dão a São Paulo um dos seus aspectos mais característicos: viadutos de Santa Ifigênia, do Chá, Major Quedinho, Martinho Prado, Maria Paula.

Deriva desta topografia irregular o sentido geral do desenvolvimento da cidade e a estrutura do seu plano fundamental. A cidade nasceu justamente no promontório que forma a várzea do Tamanduateí de um lado e o Vale do Anhangabaú do outro, dominando aí a planície extensa formada por aquela várzea e a do Tietê, no ponto em que confluem. Esse foi o local escolhido pelos primeiros povoadores brancos da cidade em virtude das vantagens estratégicas que oferecia para um núcleo que contava pela frente com a hostilidade do gentio, e é naquele promontório, que na terminologia corrente passou a chamar-se a "colina central", que se fixou o centro da cidade, reproduzindo o atual Triângulo, como são conhecidas as três ruas principais — Quinze de Novembro, São Bento e Direita, que nem por isso deixa de ser torta —, o traçado dos primeiros caminhos que palmilhavam aquele promontório quando São Paulo cabia inteiramente nele e era apenas o pequeno arraial de jesuítas, índios, mamelucos e uns poucos brancos.

Daí irradiou a cidade; e as linhas pelas quais se fez esta irradiação que acompanhou, como era natural, as antigas estradas, fixaram o traçado das grandes artérias de hoje. Desceu para o Tietê seguindo as elevações que ficam no ângulo formado pelas várzeas deste rio e do Tamanduateí, e riscando o traçado atual das ruas Brigadeiro Tobias e Florêncio de Abreu. Para o Tamanduateí, atravessando-o e seguindo além, sempre para leste, foi margeando a estrada que levava às cidades e povoações do Vale do Paraíba. Em sentido oposto, a expansão da cidade encontra os obstáculos da topografia acidentada do maciço. Envereda pelos espigões, acompanhando as estradas que procuram os altos porque aí encontram um terreno melhor e porque, para irem além, têm de galgar o espigão mestre do maciço que fecha a cidade para o sul. Três são estas estradas principais: a primeira toma o divisor entre o Tamanduateí e o Anhangabaú — e é hoje representada pela rua da Liberdade, que continua pela rua Vergueiro até a estrada do mesmo nome. A outra, começando no fundo do Vale do Anhangabaú, no ponto em que este recebe o seu afluente Saracura (hoje este ponto é o largo da Memória), procura o divisor destes riachos, e é a atual rua Santo Amaro, prolongada pela avenida Brigadeiro Luís Antonio (cujo setor mais próximo do centro é de origem muito mais recente). Finalmente, a última destas estradas que seguem para o sul é a que demanda as aldeias e povoações que se formaram nas margens do rio Pinheiros e seus afluentes (Pinheiros — hoje bairro deste mesmo nome —, M'Boi, Itapecerica, Ibirapuera, o nosso Santo Amaro), bem como o oeste da capitania: Parnaíba, Porto Feliz, Sorocaba. Esta estrada, principiando no mesmo ponto que a anterior, alcança por uma ladeira íngreme (ladeira do Piques, hoje rua Quirino de Andrade) o alto do espigão que separa o Anhangabaú do Pacaembu, seguindo por ele; e é hoje reproduzido pela rua da Consolação.

Ficou assim delineada a cidade e balizado o seu crescimento. Este se fez inicialmente, de preferência e quase exclusivamente, no interior do maciço principal da cidade. As planícies que o cercam, salvo ao longo das estradas que as atravessam para leste e para norte, ficaram desertas: terreno ingrato, varzeoso, pouco saudável, ninguém o queria. É um fator recente que lhes deu vida e impulsionou para elas o crescimento da cidade. São as estradas de ferro. Estas não acompanham as antigas vias de comunicação, situadas em regra nos altos; instalam-se naquelas baixadas, onde encontram um terreno mais igual e fácil, cosendo-se embora, para ficarem próximas do núcleo povoado, às rampas que limitam o maciço onde estava concentrada a cidade. A São Paulo Railway (hoje Santos-Jundiaí), primeira linha ferroviária que cortou o território paulista, comunicando, através da capital, o porto (Santos) com o setor mais importante do interior, cuja porta está em Jundiaí, atravessa São Paulo beirando o maciço da cidade sem o penetrar; descreve assim um arco de círculo que, tomando pela baixada do Tamanduateí, segue depois da confluência deste com o Tietê, pela deste último rio até fora da cidade. Nesta linha inicial entroncam-se as que vieram depois: a Central do Brasil que acompanha as margens do Tietê, rio acima; a Sorocabana, rio abaixo.

As ferrovias atraíram o povoamento, que toma assim uma nova direção. Ao longo delas fixam-se as indústrias que procuram, como é natural, suas proximidades. E com a indústria vem o seu acompanhamento necessário que são os bairros operários. Assim se formam estes setores recentes, hoje densamente povoados, que envolvem as estradas de ferro e bordam, como uma auréola, as faces sul e leste do maciço paulistano: Ipiranga, Cambuci, Mooca, Brás, Pari, Luz, Bom Retiro, Barra Funda, Água Branca, Lapa.

O centro comercial ficou na colina (mais propriamente, como vimos, um promontório) onde nasceu a cidade. Mas espremido no espaço acanhado que lhe reservaram os barrancos que o cercam de três lados, vai-se alargando pelas elevações fronteiras, do outro lado daqueles barrancos, graças à facilidade de acesso que lhe proporcionaram os viadutos já referidos — cujo primeiro, o do Chá, foi inaugurado em 1892.

As residências burguesas ou médias, que até fins do século XIX, nesta insignificante cidade que mais não era então São Paulo, se confundiam com o centro comercial, destacam-se quando o crescimento da atividade urbana já não comportava mais residências em pleno centro. É lá por 1880 que se formam os primeiros bairros propriamente residenciais; e vamos notar que, ao contrário dos bairros operários, que se estabelecem nos terrenos mais ingratos das baixadas do Tietê e do Tamanduateí, as residências burguesas se fixam nas alturas do maciço. Localizam-se a princípio, contíguos ao centro, para o lado do Tietê, isto é, na direção norte; e daí vão acompanhando o bordo inferior do maciço pouco acima da linha em que começa a baixada do rio. É aí que se instala o bairro de Santa Ifigênia, com suas residências aristocráticas de fins do século XIX, que se prolongam depois pelos Campos Elísios. Para o outro lado da cidade, isto é, nos pontos mais elevados desta vertente do maciço, aparecem primeiro as chácaras, cujos parques e jardins vão sendo loteados e substituídos aos poucos por verdadeiros bairros urbanos compactos. É o caso da Consolação; depois, seguindo a antiga estrada do Vergueiro, a Liberdade; e já no alto do espigão mestre do maciço, a Vila Mariana.

Em princípios do século XX, os bairros residenciais lançam-se decididamente pelo flanco do maciço, subindo-lhe as encostas à procura de terrenos mais altos e saudáveis; é a vez de Higienópolis, que será o bairro da aristocracia paulista, das fortunas saídas do café. E subindo sempre, as residências alcançam o alto do espigão, onde se instala, acompanhando-o fielmente, a avenida Paulista. Já então a progressão cafeeira se interrompera, as novas fortunas saem da indústria e do comércio, quase todo em mãos de estrangeiros, imigrantes enriquecidos nesta Canaã americana: a avenida Paulista será o bairro residencial dos milionários desta nova fase da economia paulista, estrangeiros ou de recente origem estrangeira quase todos. E a arquitetura do bairro o dirá bem claramente.

Da avenida Paulista, pelas escarpas abruptas que demandam a várzea do Pinheiros, descem novos bairros. E a própria várzea começa a ser ocupada; já não, como foi o caso de suas irmãs do Tietê e do Tamanduateí, por populações operárias, mas pela mesma burguesia de Higienópolis e da avenida Paulista. Inaugura-se tal ocupação por esta obra-prima de urbanismo que é o Jardim América, iniciado em 1910. A designação ficará, e os bairros da várzea do Pinheiros serão todos "jardins": Jardim Paulista, Jardim Europa. Jardins no nome e no aspecto: vegetação profusa, amplos espaços livres, construções isoladas em meio de grandes parques. Será este o recanto mais pitoresco de São Paulo; o seu caráter se afasta completamente dos modelos urbanísticos que herdamos do passado, e traz um cunho acentuadamente anglo-saxão que lhe imprimiu a empresa daquela origem que lançou este tipo de urbanismo depois largamente imitado.

Encravado nestes bairros aristocráticos ficou a velha povoação de Pinheiros, antes tão longe da cidade, e que, alcançada e englobada por ela, se transformou em simples bairro. Mas não acompanhará em categoria os bairros vizinhos: Pinheiros vai formar, em meio dos jardins e parques deste setor sudoeste da cidade, que se destinara às residências de luxo, uma nota dissonante — um modesto bairro de população operária. É que, de um lado, o fato de constituir um núcleo já povoado quando a cidade o alcança — ao contrário dos terrenos vizinhos, então completamente desertos — tornava mais difícil o estabelecimento aí de um bairro residencial moderno. Doutro lado, a proximidade maior do rio Pinheiros, cujas margens são um foco permanente de mosquitos, fazia-o menos atraente. Deixou-se por isso o bairro às categorias mais modestas da população.

Com o povoamento da várzea do Pinheiros, bem como do setor oeste do maciço, para lá da margem esquerda do vale do Pacaembu, cuja ocupação foi simultânea àquela (e igual no caráter, isto é, residencial burguês), termina a ocupação integral do maciço principal da cidade. Mas não terminou sem deixar atrás de si muitos claros que ainda subsistem. A vertente norte, em particular, ficou cortada por áreas não urbanizadas: são aquelas que os vales abruptos e já citados, do Anhangabaú e do Pacaembu, sobretudo do primeiro, neste sentido muito mais atrasado, embora, pela sua posição central, mais importante, tornavam inaproveitáveis sem grandes trabalhos preliminares de preparo do terreno. E São Paulo conservou, plantado em cheio nele, setores que em nada se parecem como pertencentes a uma grande cidade. São desbarrancados onde a ação do homem não se fez ainda sentir e em que, entre a vegetação silvestre que aí cresce desordenadamente e sem peias, encontram-se ainda aspectos de caráter rural, quando não da mais primitiva vida do nosso sertão. Só muito recentemente, com a abertura de avenidas que percorrem o fundo daqueles vales (Nove de Julho, Pacaembu e Itororó, ainda em projeto), se começaram a urbanizar estes setores esquecidos da cidade, integrando-os na sua vida de grande centro.

Voltemos contudo aqui àqueles setores da cidade que ficam para leste e norte, invadindo as baixadas do Tamanduateí e do Tietê, e que deixamos para acompanhar a ocupação desta parte mais importante e central da cidade que é a do maciço. Referi que, para aquele lado, o maciço ficou bordado por uma cintura industrial que acompanha as linhas de estrada de ferro. Tal determinação se manteve: estas direções do crescimento da cidade, ao contrário da direção sul, de caráter residencial e burguês, ficaram reservadas às indústrias e povoamento operário. A várzea do Tamanduateí, mais estreita que a outra, foi cedo urbanizada com a canalização do rio, o que regularizou o escoamento das suas águas, estancando as cheias periódicas e tornando habitáveis as suas margens. Acompanham-nas hoje parques e avenidas ajardinadas (Independência, Estado, parque D. Pedro II, Cantareira, em vias de conclusão); e a cidade, sem solução de continuidade, ocupou a várzea e se estendeu para as elevações do outro lado da baixada, adensando-se aí uma população considerável que em bairros sucessivos leva hoje a cidade até as proximidades do município vizinho de São Caetano.

A urbanização da baixada do Tietê foi protelada; uma parte, a mais importante porque acompanha e envolve a estrada de ferro Central do Brasil, integrou-se na cidade, e forma hoje os bairros do Brás, Oriente, Belenzinho, prolongando-se até a Penha; o mesmo se deu com toda a faixa que beira o maciço e onde correm as linhas da Santos-Jundiaí e da Sorocabana, o que aliás já referi acima. Mais abaixo contudo, na várzea propriamente, onde o Tietê corre com o seu curso caprichoso de meandros e anéis sucessivos, e onde, na estação das chuvas, a água transborda largamente e se espraia em alguns pontos sobre um a dois quilômetros de largura, a ocupação torna-se impossível sem a canalização do rio, que foi até hoje protelada (e que representa sem dúvida a maior e mais importante e premente obra de urbanismo que São Paulo está a exigir). Por isso a cidade interrompe-se aí, para recomeçar muito além, nos altos que beiram a várzea na sua margem direita. Nestes altos já se tinha fixado, desde o início da colonização, algum povoamento. Nossa Senhora da Expectação do Ó é o mais antigo arraial do planalto paulista depois de São Paulo. Uma linha de bairros sucessivos os acompanha hoje, desde aquele antigo povoado, integrado na cidade com o nome de Freguesia do Ó: Casa Verde, Chora Menino, Mandaqui, Santana, Vila Guilherme, Vila Maria etc. A várzea é apenas ocupada em estreitas faixas que a atravessam perpendicularmente, acompanhando as vias de comunicação, artificialmente elevadas por aterros acima do nível das enchentes, e que ligam o corpo da cidade àqueles bairros afastados: avenida Santa Marina, estrada do Limão, avenida Rudge, rua Voluntários da Pátria, avenida Guilherme Cotching e umas poucas outras. Sem contar esta estrada de ferro de brinquedo, embora de enorme importância para São Paulo, que é a Cantareira.

A população destes bairros é a mesma da parte ocupada da baixada: operários que se fixaram aí (embora longe das indústrias, que se conservaram nas margens das estradas de ferro) para aproveitarem terrenos baratos, comprados a prestações, onde podem construir suas casinhas, comumente isoladas mesmo no centro de um minúsculo terreno livre, que muitas vezes é horta ou jardim. Constitui mesmo o aspecto característico da maioria daqueles bairros enumerados (como se dá aliás com o dos citados mais acima, que prolongam a cidade pelo Tamanduateí para sudeste), este de casinholas, verdadeiras caixas de fósforo, espalhadas por morros e colinas.

Em resumo, São Paulo compõe-se hoje de um núcleo central que ocupa o maciço cercado pelas várzeas do Tietê, do Tamanduateí e do Pinheiros; e de uma auréola de bairros que se instalaram numa parte destas várzeas, e, transpondo-as, vão alargar-se pelas elevações da outra margem. Bairros que nasceram, em sua grande maioria, ao acaso, sem plano de conjunto; frutos da especulação de terrenos em "lotes e a prestações" — o maior veio de ouro que se descobriu nesta São Paulo de Piratininga do século XX. Desenvolveram-se muitas vezes, o mais das vezes mesmo, não porque o local escolhido fosse o melhor ou respondesse mais às necessidades imediatas da cidade, mas simplesmente porque eram vendidos com facilidades maiores de pagamento ou acompanhados de propaganda mais intensa ou mais hábil. As terras que cercavam São Paulo quando se deu o surto atual, que começa nos últimos anos do século XIX, estavam praticamente abandonadas. Os especuladores de terrenos, adquirindo-os a preço baixo (ou a preço nenhum pelo tão difundido sistema do "grilo", que é a ocupação pura e simples sem título algum), não tiveram mais que traçar as ruas, às vezes no papel apenas, e passá-los aos compradores, que o crescimento considerável e vertiginoso da cidade fornecia em abundância. E como cada qual cuidava naturalmente apenas do seu, permanecendo os poderes públicos numa indiferença completa, aconteceu o que era fatal: bairros desarticulados e desordenadamente distribuídos, que mesmo quando traçados internamente com algum critério — o que aliás raramente foi o caso — não se ligam entre si, não fazem ao menos corpo com a cidade dentro de um sistema lógico e de conjunto. Surgindo como surgiram, da noite para o dia, ao acaso das conveniências ou oportunidades da especulação, não são em regra contíguos, sucedendo-se ininterruptamente, como seria numa cidade planejada: espalham-se por aí à toa, fazendo de São Paulo, nestes setores um pouco mais afastados do centro, uma sucessão de áreas urbanizadas com interrupção de outras completamente ao abandono, onde muitas vezes nem ao menos uma rua ou caminho transitável permite o acesso direto. Pode-se dizer que, salvo na sua parte central que ocupa o maciço, e na vizinhança imediata dele, São Paulo é uma cidade que ainda espera ser urbanizada, no sentido integral da palavra; espera ser organizada, que todas suas partes se integrem num sistema geral de comunicações e vias públicas, onde os melhoramentos e serviços, como seria elementar, se estendam homogeneamente sobre toda a área ocupada. Está aí, certamente, o maior programa de obras urbanísticas que São Paulo hoje apresenta.

Quanto à distribuição dos tipos de setores urbanos dentro da cidade, o *zoning*, já referi em linhas gerais como ela se fez. O seu traço mais saliente e característico é esta divisão que se estabelece entre o maciço, onde ficou o centro comercial, o setor residencial das classes médias — que começam ultimamente a se aglomerar em torno do centro, nos grandes prédios modernos de apartamentos, feição que São Paulo só conhece de vinte anos para cá —; e à medida que se vai em direção sul, subindo o espigão e descendo depois sua vertente oposta, das classes superiores, numa gradação quase perfeita (os terrenos residenciais mais caros de São Paulo são hoje os da avenida Paulista); e doutro lado, as baixadas do Tietê e do Tamanduateí, bem como das elevações da outra margem que acompanham, ocupadas pelas classes proletárias; ambos estes setores separados por uma cintura de indústrias que envolvem as linhas de estrada de ferro, bordando a base do maciço.

Concluindo, pode-se dizer que a estrutura da cidade de São Paulo foi grandemente influenciada pelos fatores geográficos, sobretudo o relevo e os cursos d'água, que lhe marcaram profundamente a fisionomia. O primeiro, pelo acidentado deste maciço que se escolheu como berço da cidade, bem como da região circunvizinha, com exceção apenas das baixadas dos grandes rios que a banham, fez de São Paulo uma cidade das ladeiras, cujo declive acentuado, longos e penosos trabalhos de urbanização conseguiram apenas, e só em poucos casos, suavizar. Raras são as ruas mais ou menos planas da cidade, salvo aquelas que percorrem transversalmente alguma encosta mais uniforme, ou as que pertencem aos bairros que ocupam as baixadas dos rios. O mesmo acidentado da topografia determinou também este outro traço característico e já referido, que são os viadutos; a cidade já conta com cinco de grande vulto; outros muitos estão em projeto, e o seu número tenderá sempre a crescer: o modelado do terreno o impõe. A cidade acabará com um verdadeiro sistema completo de vias públicas suspensas, que lhe emprestará um caráter talvez único no mundo. Com os viadutos virão os túneis: um já atravessa o espigão mestre da cidade, comunicando o centro comercial, pelos vales do Anhangabaú e Saracura, com os bairros da várzea do Pinheiros; outros se tornarão com o tempo indispensáveis, e será este mais um traço original de São Paulo, que, com o outro, fará dela uma cidade dividida em dois planos sobrepostos, cidade de dois pavimentos.

Os cursos d'água tiveram um papel ainda maior. As grandes várzeas formadas pelos três principais oferecem, de um lado, terrenos planos inexistentes noutra parte da região onde está localizada a cidade, e foram por isso aproveitadas, como vimos, para a instalação das linhas de estrada de ferro, o que determinou o desenvolvimento aí dos setores industriais da cidade. Doutro lado, os seus pontos mais sujeitos às enchentes periódicas foram evitados e contornados; daí estes claros que interrompem a cidade e fazem o transeunte tão frequentemente estacar surpreso, na extremidade de uma rua densamente povoada e movimentada, diante de um pântano ou largas extensões vagas, onde, num conjunto puramente rural, vagueiam soltos animais domésticos, vacas, burros, cabras, ou aparece alguma pequena cultura de hortaliças. Aspecto semelhante se observa no próprio coração da cidade, neste outro setor que ocupa o maciço central; já referi os claros que aí abrem os vales de vertentes abruptas do Anhangabaú e seus afluentes. E o mesmo se observa nesta auréola de bairros esparsos que circundam o núcleo central da cidade. Tudo isto faz de São Paulo uma cidade descontínua, em que se alternam, num caos completo, aspectos de grande centro urbano, modesto povoado de roça ou mesmo zona de sertão. O progresso da cidade vai naturalmente suprimindo tudo isto, e a urbanização vence aos poucos aqueles obstáculos naturais e outras dificuldades que o crescimento fulminante da cidade não teve tempo de abater, preferindo contorná-los e os deixar provisoriamente entregues à sua feição natural. Tempo virá em que São Paulo, contínuo e homogêneo, será apenas a monotonia de um grande centro moderno. Mesmo então, contudo, os antigos cursos d'água, sumidos em canalizações subterrâneas ou represados em leitos de cimento e pedra, estarão ainda aí, seja no acidentado da topografia, por eles esculpida, seja no traçado das ruas e avenidas, cujas linhas mestras serão sempre estas grandes vias que acompanham, como as velhas estradas de São Paulo quinhentista, os espigões, ou o fundo dos vales; saltando por pontes as escarpas mais abruptas, ou varando-as por túneis.

PROJEÇÃO EXTERIOR DE SÃO PAULO

O exterior fez São Paulo: são o desenvolvimento e a riqueza da região do país, de que ocupa o centro, que lhe impulsionaram o progresso até fazer dela a grande cidade que é. Em sentido contrário agiu a cidade, estendendo ao seu redor e para longe, num largo círculo que a expansão do organismo paulista vai tornando cada vez maior, a sua influência. Influência complexa e múltipla que não caberia abordar aqui em seu conjunto, mas que pertence sem dúvida, em alguns de seus aspectos, à geografia. A intensidade da vida num grande centro urbano como São Paulo representa um estímulo constante que atua em seu redor; é um foco de energias que irradiam e vão despertar, às vezes à grande distância, atividades e transformações que interessam à geografia e que se tornam inexplicáveis quando é esquecida aquela fonte donde partiu o impulso inicial e renovador.

A influência da cidade de São Paulo na vida econômica, e em consequência, entre outras, na paisagem — de tão grande importância para o geógrafo — de muitos setores da região que ocupa, e que, já o assinalei muitas vezes, abrange não somente o Estado de que é a capital, mas invade Estados vizinhos, é considerável. Resumir este fato de natureza tão complexa em algumas páginas é tarefa impossível; sem esquecer que o assunto tem sido até hoje muito poucas vezes considerado. Mas creio que não é admissível deixar de assinalá-lo. Entre outras razões, está em que se liga a uma das questões mais importantes a serem tratadas num estudo completo da cidade, sob o seu aspecto geográfico, e que diz respeito ao seu abastecimento. A manutenção destes 2 milhões de pessoas que se aglomeram em São Paulo depende da importação maciça de produtos agrícolas que têm de ser procurados fora dela. Tal necessidade, que é vital, exige por seu turno um aparelhamento imenso — instalação de culturas e indústrias agrárias, vias de comunicação, organização comercial — cujo papel na vida econômica e social, bem como na estrutura geo-humana de São Paulo, é considerável. A geografia, mesmo num esboço sumário como este, não pode esquecê-lo.

Faltam infelizmente, neste terreno, os dados mais importantes, fundamentais para um estudo completo de tal natureza, e que são os elementos estatísticos. O que São Paulo consome, o que lhe chega diariamente em quantidades certamente imensas pelas suas estradas de ferro e de rodagem, é ignorado. Estamos aqui restritos ao consumo de dois gêneros apenas: a carne e o leite, sobre que existem dados oficiais; ainda assim incompletos, porque os números são dados em bloco, sem distinção da origem, isto é, das regiões de proveniência, de tão grande importância para a geografia. Na falta de tais dados, e enquanto perdurar esta falta, estamos pois restritos a uma análise de caráter puramente qualitativo e descritivo. Qualquer precisão de natureza mais científica é impossível. E isto se repete mais ou menos em todas as questões conexas com o assunto que pretendo aqui tratar.

A influência exterior da cidade de São Paulo se faz sentir, em primeiro lugar, neste semideserto que a circunda. Assinalei já este fato paradoxal, que é a desolação que cerca a cidade num raio de muitas dezenas de quilômetros. A ocupação humana passou por aí rapidamente, e foi fixar-se com mais estabilidade muito além. A zona propriamente paulistana, com exceção do núcleo urbano, ficou mais ou menos deserta. É a cidade crescendo, sobretudo depois do impulso considerável que data de fins do século XIX, que vai preenchendo este vácuo, ou diretamente, estendendo por ele seus bairros e subúrbios, ou despertando nele uma nova vida. É o fato citado mais acima, a necessidade do abastecimento da cidade, o primeiro fator de um tal ressurgimento. Estendendo-se como uma auréola em torno de São Paulo, multiplicam-se as culturas e indústrias agrárias — leiterias, avicultura etc. — concentradas em pequenas chácaras e sítios que em alguns pontos já transformaram sensivelmente a paisagem, substituindo os capoeirões, capoeiras e carrascais, que caracterizam os arredores paulistanos, por extensões cultivadas unidas. A má qualidade do terreno, tanto pela deficiência do solo como pelo acidentado da topografia, é compensada pelo alto rendimento de culturas hortenses intensivas que contam com mercado tão próximo.

Esta humanização da paisagem se nota por toda parte, muito em princípio ainda, pois não data de mais de vinte anos, e extremamente esparsa. Concentra-se contudo em alguns pontos privilegiados, onde então a transformação já é completa. O setor que fica a oeste da capital, acompanhando a estrada de rodagem que leva ao município vizinho de Cotia, é em particular, neste terreno, um exemplo notável. Os campos cultivados, sobretudo com a batata, se unem aí numa paisagem contínua e ininterrupta de pequenas culturas, rara não só nestes arredores paulistanos, mas no Brasil em geral, que destas grandes áreas cultivadas conhece apenas, em regra, as monótonas extensões de infindáveis plantações: café, cana, algodão etc., de aspecto tão diverso.

O fator principal da transformação desta região de Cotia, que já se tornou famosa em São Paulo, não é nenhuma circunstância particular à zona, fatores naturais ou outros. Conta-se mesmo que esta zona de Cotia era conhecida pela má qualidade de seu solo. A causa daquela transformação está na imigração japonesa, que aí se fixou numa extensa gleba adquirida há alguns decênios por uma companhia semioficial de imigração e colonização, dedicando-se a esta forma de atividade em que não encontrava concorrentes, e que dizia tão bem com sua índole e precedentes na terra de origem: a cultura intensiva e laboriosa do solo, mesmo ingrato e difícil.[3]

Este primeiro ensaio frutificou, e a ocupação japonesa irradiou em todos os sentidos. Adotou novos processos. Já não adquire a terra: arrenda-a de seus proprietários, muito felizes em encontrar quem lhes lavre as propriedades, mesmo em troca de rendas pequenas, valorizando o que parecia antes totalmente inaproveitável. E com isto, a colonização japonesa enxameou pelos arredores de São Paulo, multiplicando estes pontos esparsos em que, em meio de extensões desertas e silvestres, se concentram pequenas áreas caprichosamente lavradas e cultivadas, que são uma característica da agricultura japonesa, e que não agrupam às vezes mais que algumas dezenas de minúsculos campos. De uma forma geral, estes núcleos de culturas japonesas (que constituem sem dúvida o principal elemento de humanização dos arredores de São Paulo), difundidos, esparsos, largamente afastados em regra uns dos outros, espalham-se principalmente no setor que vai do sudoeste ao noroeste da cidade, passando pelo oeste. É aí o domínio japonês por excelência, centralizado nesta zona principal, já referida, que é Cotia. Não é possível, parece-me, explicar a localização de tais núcleos por um princípio geral. Eles se espalham ao acaso das conveniências dos proprietários de terras, dispostos a arrendar suas propriedades, e daqueles que de *motu proprio* foram ao encontro da colonização japonesa, animando e estimulando-a, com preços e facilidades maiores. A qualidade do solo é sempre, mais ou menos, a mesma; a topografia, praticamente invariável; a água, abundante por toda parte. A facilidade de acesso por vias de comunicação já estabelecidas e melhores nem sempre é um incentivo maior.

---

3. Para maior esclarecimento desta questão da imigração japonesa em São Paulo, remeto o leitor para o trabalho do sr. Eddy de F. Crissiúma, em *Geografia*, ano I, nº 1, 1935: "Concentração japonesa em São Paulo".

Estes núcleos de culturas se comunicam às vezes com as grandes vias de acesso da cidade por caminhos quase intransitáveis, simples atalhos onde os caminhões que transportam os produtos se atolam nos dias de chuva, ou vão aos trancos por entre os sulcos profundos que suas rodas e a água, correndo por aí como numa torrente, cavaram em seu leito. Enquanto isto, estradas e caminhos melhores são desprezados.

Doutro lado, estes núcleos não são permanentes. Dada a enorme extensão desocupada, e a relativamente pequena área aproveitada; tratando-se, como é o caso, de culturas anuais (batatas, tomates etc.); e tendo em vista o sistema de exploração empregado que é o do arrendamento, cujo prazo raramente ultrapassa um ano; as culturas se deslocam continuamente, à procura de solos novos ainda não esgotados pela produção de dois ou três anos consecutivos. Está aí, aliás, um problema que não foi ainda lembrado, embora pareça muito sério. Ninguém ignora o ônus que traz esta instabilidade: um solo desnudado para a cultura torna-se presa fácil da erosão, e rapidamente se destrói; sem contar toda a série de outros prejuízos econômicos e mesmo sociais que traz uma tal instabilidade humana, que constrói apenas o provisório, passando logo, e sem a possibilidade de fixar valores permanentes e estáveis.

Em outras direções de São Paulo, norte, nordeste, leste, para os lados da serra da Cantareira, Guarulhos e Mogi das Cruzes, os arredores da cidade também se animam, mas em ponto menor e com caráter às vezes diverso. Já aí não se vê tanto o japonês. Predominam outras nacionalidades estrangeiras: portugueses, espanhóis, para não citar senão as principais. As culturas também já são outras. Veem-se mais as hortaliças, sobretudo para o lado de Mogi; as frutas, na serra da Cantareira; as flores, nos arredores e proximidades de Guarulhos. E, ao lado desta atividade agrícola, aparecem (o que não se vê na direção oeste, analisada acima) núcleos de povoamento operário. São pequenos satélites esparsos da cidade, para cujas indústrias convergem diariamente seus habitantes, e que, embora isolados no campo e afastados do centro, são antes bairros urbanos que núcleos rurais, porque as habitações se erguem ali em terrenos vazios, onde nenhuma cultura ou outras instalações denotam o aproveitamento agrário da região. Esta fixação de populações nitidamente urbanas, operários na maioria, em zonas que pareciam à primeira vista mais próprias para núcleos rurais, se explica pelas linhas da Central do Brasil que comunicam estas zonas, diretamente, com o principal setor industrial de São Paulo, que se estende dentro da cidade ao longo do eixo daquela estrada de ferro. O mesmo fato aliás se reproduz para sudeste, ao longo da Santos-Jundiaí.

Outra forma de atividade que o desenvolvimento de São Paulo provocou em seus arredores é a indústria do carvão de lenha. O sítio da cidade, propriamente, esta bacia geológica fluviolacustre de terrenos argilosos, nunca foi, a não ser em pontos restritos, uma região de florestas. Predominou aí sempre uma vegetação de gramíneas com árvores esparsas, em particular a araucária (o pinheiro do Paraná; o rio e a aldeia, hoje bairro de Pinheiros, derivam daí o seu nome). Antes do nascimento de São Paulo, o seu sítio já era conhecido como dos "campos de Piratininga"; circunstância que já antes da colonização europeia atraía o povoamento indígena, que aí se condensou; e facilitou mais tarde o estabelecimento dos brancos. Mas à medida que se sai destes terrenos argilosos, passando para os solos que se originaram da decomposição local de rochas cristalinas, e que cercam aqueles terrenos de todos os lados, entra-se numa zona de densa cobertura florestal. Muito atacada e desbastada pela ação destruidora da colonização, a floresta que cercava São Paulo se acha hoje praticamente toda ela substituída por capoeiras e alguns capoeirões, matas secundárias que o largo período em que jazeram ao abandono permitiu que se reconstituíssem. Esta mata secundária está hoje aproveitada pelos lenhadores para a produção de combustível vegetal, única utilização possível desta madeira de má qualidade que a mata atual fornece. Dada a dificuldade e custo do transporte, a lenha é antes, e *in loco*, carbonizada (para reduzir o peso) em "caieiras", como são chamadas estas pilhas de paus de lenha regularmente dispostos, cobertas de barro e em forma de calotas esféricas onde a madeira, ateado nela o fogo, entra em combustão lenta e se transforma em carvão. Esta indústria de lenhadores, isolada no meio da floresta, em pontos às vezes do mais difícil acesso, onde o transporte se faz ainda e unicamente em lombo de burro, é de um primitivismo impressionante; e no mesmo nível estão os seus trabalhadores, caboclos na maioria, que dão uma nota bem característica a estes arredores paulistanos de nível de vida humana ainda tão baixo em sua maior parte.

Mas não são apenas estes fatores econômicos que provocaram e provocam o povoamento e utilização pelo homem deste semideserto que circunda a cidade. O fator "diversão" tem também o seu papel, e de vulto. Chácaras particulares de recreio, parques e pontos de diversão, para onde a população paulistana converge nos dias de folga, já tomaram tal vulto que transformaram a paisagem local e não podem escapar à observação do geógrafo. De todos os arredores da capital, é Santo Amaro que se tornou o centro de atração por excelência desta atividade recreativa. Favoreceu-o sem dúvida o imenso lago que forma aí a barragem e represa construída como um suplemento de energia para o consumo da cidade, duplicada hoje por esta represa nova a que me referi noutra parte deste trabalho, que se prolonga até o Alto da Serra, servindo para desviar as águas da bacia do Tietê para o mar, serra abaixo. São Paulo, longe do mar, e dispondo apenas de um rio pouco atraente como é o Tietê, encontrou nestas represas um sucedâneo que, na falta de melhor, foi avidamente aproveitado. Santo Amaro, em particular, às margens da represa, transformou-se completamente; e hoje os parques, jardins, pomares e plantações de luxo, cercando habitações às vezes magníficas, cobrem em boa parte toda esta região.

Do outro lado de São Paulo, para o norte, a Serra da Cantareira, pelo seu clima favorável, atraiu também uma tal ocupação de recreio. E as chácaras se multiplicaram; embora aqui, num setor já menos aristocrático, combine-se mais frequentemente o recreio com um aproveitamento econômico, ainda que subsidiário.

Para completar este quadro sumário da projeção exterior de São Paulo, faltaria ainda destacar a sua influência em setores mais afastados. Porque tal influência não fica nos arredores: vai até extremos que à primeira vista nem se suspeitam. Lembro-me de ter encontrado em regiões do sul de Minas lugares cuja vida econômica está hoje intimamente ligada à cidade de São Paulo, que lhe consome a melhor parte dos produtos, remetendo em troca os gêneros manufaturados de que necessita. Linhas regulares de caminhões atravessam por más estradas estas centenas de quilômetros de separação para unir a cidade a tão longínquos rincões. Tais ligações por estrada de rodagem, tornando possível um contato que pelas ferrovias era praticamente irrealizável, modificaram assim profundamente a vida de muitos lugares.[4] Às antigas fazendas monocultoras e de baixa densidade econômica foi possível substituir uma exploração intensiva e policultora que o amplo mercado oferecido por uma cidade de mais de 2 milhões de habitantes, como São Paulo, podia proporcionar. Mais

---

4. Seria de interesse enorme, sob todos os aspectos, analisar o papel verdadeiramente revolucionário que estes dois meios de transporte recentes — o caminhão para as mercadorias, a jardineira para os passageiros — representam hoje no Brasil.

perto, dentro do próprio Estado, este fato é naturalmente muito mais sensível. O caso da região de Campinas é, entre outros muitos, bem característico. O impulso considerável da região nestes últimos anos, depois do colapso que sofreu com a destruição de seus cafezais pela *broca*, aliada à crise econômica que aniquilou o que restava ainda de sua antiga prosperidade, é sem dúvida, em boa parte, devido à proximidade de São Paulo, que permitiu a transformação de muitas das antigas fazendas de café, loteadas e divididas, em produtores intensivos de gêneros de grande preço consumidos na capital. Outra origem não tiveram estas zonas fruticultoras e hortícolas que cercam Campinas (Louveira, Valinhos, Rocinha etc.). O ressurgimento do Vale do Paraíba, estagnado e em franca decadência desde fins do Império, quando é abandonada aí a cultura do café, também se origina em grande parte da instalação de uma indústria de laticínios, consumidos em São Paulo e no Rio de Janeiro.

Resumindo, o fato é que a formação de um grande centro urbano, como São Paulo, neste setor do país, determinou nele transformações de vulto que já se fazem sentir nitidamente e que, com o tempo, se tornarão cada vez maiores. Já se torna impossível compreender esta região brasileira onde se situa, e explicar fatos os mais salientes de sua vida econômica e mesmo social, para não dizer política, sem levar em conta a presença aí desta concentração demográfica imensa que é a cidade. Transformações que dizem respeito à própria estrutura orgânica do país, pois elas trazem um tom de vida completamente novo, que o Brasil não conheceu ainda no passado, e desconhece ainda na maior parte do seu território.

Estudos históricos

Formação dos limites meridionais do Brasil

O assunto do presente trabalho não é de minúcia e bizantinismo histórico, como o título poderia talvez indicar. Em primeiro lugar, porque se trata de um dos pontos mais importantes da vida internacional dos países sul-americanos, e a ele se ligam alguns dos acontecimentos mais salientes da história, tanto do Brasil como das repúblicas platinas. Doutro lado, o assunto põe em grande relevo a ação conjugada de fatores geográficos e históricos, prestando-se admiravelmente, dessa forma, para considerações de uma disciplina sociológica que só muito recentemente começa a se formar: a geopolítica. Geopolítica no bom sentido: ciência, e não pretexto e arma ideológica de pretensões internacionais descabidas e agressões injustificáveis. É com aquele espírito que o presente trabalho foi escrito, a saber, para dar o devido relevo à ação obscura, mas nem por isso menos poderosa, de fatores geográficos e demográficos na configuração dos limites de países vizinhos. Fatores estes que a história oficial tantas vezes subestima em benefício de acontecimentos mais retumbantes e de maior repercussão, mas que, no final das contas, não fazem mais que assinalar marcos aparentes no curso da verdadeira história que se elabora na intimidade da evolução social.

Historiando os limites brasileiros, os pesquisadores que se têm ocupado com o assunto costumam analisar com grande precisão as diferentes peripécias militares, diplomáticas ou outras, das quais resultou a nossa atual linha fronteiriça. É este sem dúvida um trabalho preliminar interessante e sem dúvida indispensável. Mas cabe perguntar: esgota-se com isto o assunto? Não haverá fatores mais gerais, mais profundos que condicionam afinal todos aqueles acontecimentos particulares, sucessos ou reveses diplomáticos ou militares? Por que nalguns casos os portugueses foram vitoriosos, noutros os castelhanos? Por que se localizaram as disputas num determinado ponto, de preferência a outro? São questões estas que a simples análise dos fatos particulares não resolve; e fazem presumir que existem causas mais gerais que atuam em última instância, formando como que um grande bastidor, oculto à primeira vista, mas que arma efetivamente a tela onde se bordam as diferentes peripécias que aos poucos foram desenhando o contorno fronteiriço do Brasil. É esta a matéria que procurarei aqui elucidar na parte que diz respeito aos nossos lindes meridionais.

A linha de Tordesilhas pretendeu fixar os limites das possessões espanholas e portuguesas no Novo Mundo. Os fatos não se conformaram com ela, e as estipulações serviram apenas, ou quase, para disputas diplomáticas que se eternizavam enquanto a história ia forjando seu caminho. As fronteiras luso-espanholas da América, como todas as fronteiras, resultarão do entrechoque de forças contrárias, condicionadas por fatores geográficos e econômicos, e fixando-se afinal, depois de muitas oscilações, numa linha que representa o justo equilíbrio entre os esforços colonizadores de ambas as potências em choque. Os inúmeros tratados que acompanham esta longa história não traduzem senão fatos consumados, momentâneos equilíbrios, logo desfeitos para se restabelecerem em seguida noutras bases.

É no Sul, isto é, nos territórios banhados pelo Atlântico entre as latitudes de 24° e 35°, compreendendo a imensa bacia do rio da Prata, que a história da fixação dos limites luso-castelhanos se apresenta mais interessante. Não somente pelas vicissitudes sem conta que atravessa, como também, e sobretudo, pela complexidade dos fatores geográficos e econômicos que nela intervêm. Ao descobrimento do Brasil seguiu-se, como é sabido, um quase abandono por parte da Coroa portuguesa de sua nova conquista. Vieram algumas expedições; explorou-se, de parceria com os franceses, algum pau-brasil; e é só. Mas se a Coroa desprezava sua possessão americana, supriam-lhe os esforços estes povoadores anônimos, salvos de naufrágios, degredados que se abandonavam na costa desconhecida, aventureiros que nela desciam para tentar a sorte num mundo ignorado. São desta classe os Caramurus, os Ramalhos e tantos outros cujo nome se perdeu. A costa brasileira ficava na rota das Índias, e nela tocavam frequentemente as armadas que se destinavam ao Oriente, deixando de passagem estes primeiros povoadores lusitanos do território brasileiro.

Por seu lado, a Espanha tratava também de reconhecer essas terras do Atlântico do Sul. Sabia muito bem que eram a continuação das que, no extremo norte do continente sul-americano, ela já vinha ocupando desde as viagens de Colombo. E enquanto ao norte seus conquistadores passam sucessivamente das ilhas para a terra firme, e daí se lançam pelas costas americanas do Pacífico, era natural que procurassem, pelo sul, o caminho que fechasse o círculo das suas conquistas. A América era ainda, para aqueles primeiros exploradores, uma etapa no caminho para as Índias, que os portugueses alcançaram pelo Oriente, e onde seus concorrentes castelhanos pretendiam chegar pelo Ocidente. Assombrava-os por isso o fantasma das passagens; a América era um obstáculo; procurava-se o meio de contorná-lo. Ao norte, o obstáculo se adelgaçava num istmo estreito; mas persistia. Pelo sul, o que encontrariam os castelhanos?

O primeiro a tentar a solução deste problema é Juan Díaz de Solís. Viaja da Espanha em 1512, e a partir do cabo de Santo Agostinho para o sul, vai reconhecendo as costas sul-americanas até o paralelo 40° de latitude sul. Tentara-o contudo a imensa baía que deixara em 35°, e que vem a ser o estuário do Prata, conjeturando que tamanho rio havia de forçosamente banhar territórios extensos, e, na sua imaginação de quinhentista cheio de ilusões a respeito de países desconhecidos, necessariamente ricos. Voltou então sobre seus passos, explorou o grande estuário, tendo desembarcado na sua margem direita onde tratou amigavelmente com os naturais pacíficos e acolhedores que ali encontrou. Não prosseguiu contudo nas suas explorações, porque não se julgou suficientemente aparelhado, reservando-se para fazê-lo em outra oportunidade. Rumou então, de volta, para a Espanha.

Não tarda em reencetar seu trabalho interrompido. Em 1515 vemo-lo novamente a caminho. Sai-lhe mal esta segunda tentativa: desembarcando na margem esquerda do Prata, não encontrou aí os naturais acolhedores que conhecera na margem oposta por ocasião de sua primeira viagem. Em vez de guaranis pacíficos, recebem-no charruas hostis e belicosos, e às suas mãos é exterminado. Apesar disto, a segunda expedição de Solís é particularmente interessante para nosso estudo, porque alguns de seus componentes parecem ter sido os primeiros povoadores castelhanos da costa que haveria de pertencer ao Brasil. Do desastre em que pereceu Solís, salvaram-se alguns companheiros que levaram à Espanha a notícia do triste fim de seu chefe. Uma das naus desta viagem de retorno perdeu-se nas costas do Brasil, indo arribar num ponto cujo sítio exato ignoramos, mas que sabemos demorar a quinze léguas mais ou menos abaixo da "Bahía de los Patos", que se encontra a 27° 30'. Estamos pois no litoral do que é hoje o Estado de Santa Catarina.

Eram dez aqueles castelhanos salvos do naufrágio. Um decênio depois, sobrariam quatro que a nau *São Gabriel* veio encontrar em 1526. Esta nau *São Gabriel* fazia parte da armada de Loaysa, destinada às Molucas, e estava sob o comando de d. Rodrigo de Acuña. Saída de Corunha em 24 de julho de 1525, separou-se da armada, indo dar na costa brasileira. Reabastecida, zarpou, não sem antes deixar alguns tripulantes que desertaram, atraídos pelas riquezas imensas que se dizia abrigarem umas serras abruptas do interior.

Estas serras tinham sido assinaladas pela expedição de Aleixo Garcia e quatro companheiros, que, acompanhados de uma comitiva de centenas de índios, tinham partido daquele ponto da costa citado e, internando-se, atravessaram todo o continente, alcançando, pelo alto Paraguai, Chuquisaca no Alto Peru (Bolívia). Aleixo Garcia e seus companheiros não regressaram; atacados pelos naturais, pereceram às suas mãos. Salvou-se contudo um filho do ousado aventureiro, que voltou a Santa Catarina trazendo o relato dos acontecimentos. Já antes disto, o próprio Aleixo Garcia enviara aos companheiros que tinham permanecido em Santa Catarina amostras de metal precioso.

Verifica-se pois que o litoral de Santa Catarina atraía desde longa data aventureiros espanhóis e portugueses; e isto pelo caminho que por aí se abria em demanda de territórios abundantes de riqueza. Que caminho era este? De fato, os brancos nada mais faziam que acompanhar uma antiquíssima estrada de índios que comunicava as nações guaranis do Paraguai e as do litoral atlântico. Partindo das margens do rio Paraná, tal estrada seguia pelos campos ao norte do rio Iguaçu até as cabeceiras do Tibaji, e ali se dividia. Um galho buscava o sul, passando pelos campos de Curitiba em direção dos carijós dos Patos em Santa Catarina. Outro entranhava-se nas matas do Açungui e ia ter a Cananeia; o último, finalmente, tomava para nordeste pelos campos que levavam a Piratininga, e daí alcançava o litoral, pela chamada "trilha dos tupiniquins", na altura de São Vicente.

Três portanto são os caminhos que da costa brasileira conduziam ao Paraguai, e daí à cobiçada Serra da Prata (que não era senão o Alto Peru). As cabeças destes caminhos foram cedo ocupadas. Em Santa Catarina, como vimos, espanhóis e portugueses se multiplicavam. Em Cananeia sabemos da presença de vários portugueses e espanhóis; entre aqueles o famoso bacharel de Cananeia cuja identidade já foi tão debatida. Martim Afonso veio encontrá-los na sua expedição de 1531, incumbindo um deles, o português Fernando de Chaves, de uma incursão pelo interior, em busca de ouro, da qual não voltaria o malogrado aventureiro. Em Cananeia e em Iguape os castelhanos se haveriam de enraizar, resistindo mesmo pelas armas quando os portugueses de São Vicente quiseram desalojá-los; e chegaram mesmo a revidar o ataque indo saquear a vila vicentina, como adiante veremos.

A cabeça do terceiro galho da grande via sertaneja dos índios também foi muito cedo ocupada; mas aqui predominam os portugueses, contando-se entre eles o afamado João Ramalho. Foi este povoado, durante muito tempo, a mais importante aglomeração europeia da costa brasileira. Descreve-o em 1526 o cosmógrafo da armada de Caboto, Alonso de Santa Cruz: "Têm os portugueses dez ou doze casas, uma feita de pedra com seus telhados e uma torre para defesa contra os índios em caso de necessidade". Martim Afonso oficializa o povoado, erigindo-o em vila com o nome de São Vicente (1532).

Não pode ser uma coincidência este acúmulo de povoadores europeus, em pontos determinados da costa, precisamente aqueles em que se articulavam os caminhos do sertão. Estes evidentemente atraem os colonos. E em última instância o que os determina é sempre a distante serra com seus miríficos tesouros.

É assim, em suma, que se inicia o povoamento do território que interessa o nosso estudo. Portugueses e castelhanos concorrem simultaneamente. Não tardariam os primeiros choques. São Vicente é puramente lusitana; não só pela sua constituição demográfica, como porque fora oficialmente integrada na soberania e administração portuguesas por Martim Afonso. Este desprezara Cananeia quando pretendeu fundar a sua vila, embora lá tivesse estado anteriormente. Concorreriam para isto vários fatores: a superioridade natural de São Vicente, a maior importância do lugar; mas sobretudo, com certeza, o fato de dominarem nela os portugueses, enquanto em Cananeia havia mais castelhanos, que, aliados dos índios carijós, faziam sombra à autoridade lusitana. Mais tarde, o primeiro governador-geral do Brasil, Tomé de Sousa, dominado sempre pela mesma ideia de afastar a concorrência espanhola, mandará fechar o caminho de Cananeia.

Os castelhanos não estão apenas neste último lugar: avançam até Iguape; e os portugueses procuram desalojá-los daí em 1534; mas são rechaçados. E seus inimigos, sob o comando de Rui de Mosquera, avançam até São Vicente, que ocupam e saqueiam. Feito isto, retiram-se; e temendo o revide português (que aliás não tardou, saindo-lhes ao encalço Pero de Góis e Rui Pinto), desamparam seus primitivos estabelecimentos e se vão instalar em Santa Catarina.

Ao mesmo tempo que se explorava e ocupava a costa, procurando, por investidas sempre fracassadas e de que não temos notícia senão de uma parte, alcançar as cobiçadas riquezas do interior, tentava-se outro caminho, este fluvial, para chegar ao mesmo fim. Vimos Solís, em suas expedições, explorando o estuário do Prata. Em 1526 é a vez dos portugueses que na armada de Cristóvão Jacques reconhecem toda a costa brasileira e alcançam o rio da Prata. Há indícios de que o mesmo Cristóvão Jacques já fizera viagem semelhante nos anos de 1516 a 1519.

Em 1526 reaparecem também os castelhanos. Sai naquele ano de Sanlucar de Barrameda, com destino às Molucas, a expedição de Sebastião Caboto. Desde Pernambuco, onde se detém, vem o almirante ouvindo referências, cada vez mais precisas, das riquezas imensas da Serra da Prata. Faz escala ainda em Cananeia e Santa Catarina — que batiza com este nome em homenagem à sua mulher, Catalina Medrano, cujo aniversário, em 25 de novembro, coincide com a data de sua chegada àquela ilha. E sobretudo aí, as notícias da Serra da Prata se tornam seguras, dadas como são por castelhanos do lugar que exibem a Caboto as amostras de metal mandadas por Aleixo Garcia, e de que já falamos.

Isto decide Caboto a mudar o fim de sua expedição. E mesmo contra a opinião e voto de seus companheiros, resolve abandonar o projeto das Molucas e dedicar-se à exploração do rio da Prata. Sofrendo embora a oposição dos índios platinos, que lhe destroem o estabelecimento de Sancti Spiritus, fundado nas margens do Carcaranã, afluente do Paraná, Caboto explora largamente os rios interiores: o Uruguai até a confluência do Nitro, o Paraná até o lugar que denominou Santana (Ita Ibaté, em 27° 37' 27"), e o Paraguai até o Pilcomayo.

A conquista do Peru por Pizarro (1532) não tira o estímulo aos que, pelo rio da Prata, procuravam a almejada serra. É que ninguém identificava ainda os dois sítios. A famosa serra se colocava, muito vagamente, nos ignorados confins da Patagônia; e a descoberta das riquezas peruanas não fez senão animar aqueles que almejavam para si façanhas semelhantes às de Pizarro. As explorações platenses se intensificam. Menos da parte dos portugueses, que abandonam definitivamente o grande rio. O último navegador desta nacionalidade a explorá-lo é Martim Afonso de Sousa em 1531. Partira ele de Portugal com o plano prefixado de fundar um estabelecimento no Prata. Animava-o tanto quanto os espanhóis a miragem da Serra da Prata. Fazendo a escala no Rio de Janeiro, mandou por terra adentro quatro homens, que foram e vieram em dois meses, tendo penetrado 115 léguas, e trazendo novas de que no rio Paraguai havia muito ouro e prata. Os expedicionários estiveram provavelmente em terras de São Paulo: a descrição feita coincide mais ou menos com a topografia do trajeto, e as notícias do Paraguai só podiam vir dos guaranis de São Paulo.

Na seguinte escala, em Cananeia, Martim Afonso tenta uma segunda incursão, já referida acima, da qual não voltam os expedicionários que iam sob a direção de Francisco de Chaves. Prosseguindo na viagem, alcança o rio da Prata, depois de perder uma nau e ter as outras duas avariadas por temporais. Estes contratempos fizeram-no desistir do intento de fundar um estabelecimento no Prata, como era sua ideia. Assentou contudo padrões de posse, e mandou seu irmão que o acompanhava, Pero Lopes, subir pelo Uruguai e Paraguai.

Mas depois desta expedição, parece que a Coroa portuguesa reconhece os direitos da Espanha sobre os territórios do Prata. Suspende em Madri suas reclamações sobre o rio, interrompe as expedições, e na distribuição de capitanias, feita logo após, leva suas doações apenas até a altura de Laguna. Entende Varnhagen, e parece que acertadamente, que as observações feitas por Martim Afonso levaram o almirante à convicção, que transmitiu à Coroa, [de] que as terras em questão ficavam além da linha de Tordesilhas. Será esta talvez a única vez que, neste assunto das fronteiras meridionais do Brasil, as estipulações de um tratado tiveram efeitos diretos de importância, e mais fortes que outras contingências geográficas ou econômicas.

Seja como for, é nesta época que se começam a delinear, no sul do continente americano, os domínios das duas Coroas ibéricas. São Vicente é indiscutivelmente português; o rio da Prata, castelhano. Entre estes dois pontos, estendia-se o largo território de soberania ainda duvidosa, muito pouco habitado de europeus, em que se desenrolaria a luta entre as duas correntes colonizadoras. Para se compreender a evolução desta luta e seu resultado final, é preciso atender ao caráter que ambas assumiram.

Vimos que no primeiro momento as duas visam o mesmo fim: atingir as famosas riquezas da legendária Serra da Prata. Depois da expedição de Martim Afonso, os portugueses mudam francamente de rumo. Tornam-se exclusivamente povoadores. Vão avançando, rumo sul, pela costa; espalham-se pelo planalto interior. É que outras atividades os estimulam; no litoral, a produção do açúcar, que se desenvolve em São Vicente e um pouco mais tarde no Rio de Janeiro; no planalto, a produção de gêneros destinados a abastecer o litoral (como sobretudo a criação de gado para o fornecimento de carne) e o tráfico de índios escravos que necessitavam os canaviais e engenhos.

Enquanto isto, os espanhóis continuam na sua primeira diretriz: desvendar a Serra da Prata. Os seus esforços tomam duas direções: a primeira é no rio da Prata, cujos afluentes e formadores vão sendo explorados e ocupados sucessivamente, rio acima. Buenos Aires é fundada em 1536; Assunção, no ano seguinte. Os estabelecimentos se multiplicam: Corpus Christi ou Buena Esperanza (no local onde Solís fundara seu malogrado Sancti Spiritus), Candelária, a montante de Assunção. É deste ponto que Ayolas parte, via terrestre, para ocidente, e acaba seus dias às mãos dos índios. Paralelamente a esta direção, por via fluvial, temos a outra, terrestre, que da costa, em território hoje brasileiro, levava diretamente ao Paraguai. Cabeza de Vaca, o novo adelantado do Prata, sucessor de Ayolas, partindo de Espanha em 1540, faz escala em Cananeia, onde deixa fundado um estabelecimento oficial castelhano. Em Santa Catarina encontra muitos conterrâneos seus radicados. Ocupa então oficialmente todo aquele território (cujo limite setentrional, com os domínios portugueses, ele fixa em 24° de latitude sul), dando-lhe a denominação de província de Vera. Realiza depois a viagem por terra até Assunção, seguindo o caminho, já acima referido, dos índios guaranis.

Estes fatos são da maior importância para a história brasileira. Cabeza de Vaca inaugurava oficialmente o caminho para o Paraguai, que partia do litoral atlântico num ponto hoje incluído em pleno território brasileiro. Para consolidar esta via, destinada, segundo seus planos, a um grande futuro, criou uma província, e traçou para os domínios castelhanos uma linha divisória que teria, se vingasse, excluído do Brasil o território dos seus três atuais Estados meridionais: Rio Grande, Santa Catarina, Paraná; e ainda uma parte de São Paulo. Cabeza de Vaca invadia indiscutivelmente terras que a linha de Tordesilhas atribuía a Portugal. Mas não foi isto que impediu a consolidação aí do domínio castelhano. Da mesma forma que os portugueses recuaram as Tordesilhas mais tarde para ocidente, os castelhanos poderiam tê-la deslocado, desde então, para oriente. O seu trabalho neste sentido, aí no litoral sul do Brasil, foi ativo. Depois de Cabeza de Vaca, outros persistiriam no mesmo propósito. Em 1547, d. Mencia Calderón, viúva de Juan de Senabria, titular de uma *capitulación* em que eram cedidos pelo monarca espanhol os territórios entre 19 (?) e 31 graus de latitude sul, tenta fundar um estabelecimento em São Francisco (território do atual estado de Santa Catarina). Em 1559 sai da Espanha, com o mesmo propósito de ocupar esta costa, Jaime Rasquin. Este nem chega a seu destino: sua armada se dispersa em São Domingos.

Enquanto isto se passava com relação ao caminho terrestre do Paraguai, a via paralela e convergente pelo Prata também fazia progressos. No correr do decênio 1540-50 é intensivamente explorada a margem direita do Paraná e do Paraguai. Hernando de Rivera chega, rio acima, até 14° 45'; este avanço é assinalado por uma série de estabelecimentos: além dos já citados acima, encontramos Puerto de las Piedras (22° 34' ou 24°); San Sebastian, oito léguas abaixo de Candelária; esta última; San Fernando; Puerto de los Reyes (18°); los Jarayes. Os castelhanos, num amplo envolvimento apoiado no litoral e nos rios interiores da bacia platina, pareciam querer abarcar todo o território centro-sul do continente.

A grande manobra, talvez meio inconsciente, mas de resultados fatais, se fosse prolongada, acabou fracassando. Não o devem os portugueses a seus esforços. Tiveram alguns atritos locais, no litoral vicentino, com os castelhanos. Mas não suspeitavam sequer do grande fato histórico-geográfico acima assinalado que se processava nas suas vizinhanças. Não se interessavam aliás pelo assunto, ocupados como estavam com suas lavouras e engenhos. São fatores geográficos que virão associar-se à causa lusitana, impedindo que os castelhanos ocupassem o que mais tarde constituiria talvez a melhor parte dos domínios luso-brasileiros da América.

Em 1549, Martínez de Irala, sucessor, ou antes usurpador de Cabeza de Vaca, depois de longos e atribulados esforços, alcança a meta de trinta anos de trabalhos dos conquistadores espanhóis: a Serra da Prata. O historiador Carlos Pereyra descreve a cena com grande realismo: "Quando finalmente Irala chegou à serra do metal, receberam-no índios que falavam espanhol. Imóveis e gelados ficaram os exploradores. Perguntados os naturais sobre que terra era aquela e a quem pertencia, responderam que era Chuquisaca, e seu senhor um cavaleiro de Espanha que se chamava Pedro Anzures". Identificava-se afinal a Serra da Prata com o Peru, conhecido dos espanhóis havia já quase vinte anos. Todo o esforço dos conquistadores platinos se revelava perdido: descobria-se o que já se achava havia muito descoberto.

Este fato altera bruscamente o caráter da ocupação do Prata e seus afluentes. A expansão se fizera por aí para alcançar o Peru, ou o que se imaginava em seu lugar. Desfeito o erro geográfico, a vida platense se recolhe sobre si mesma. O Prata é esquecido pelos conquistadores e desprezado pelos seus sequazes. A riqueza está na Nova Espanha, na Terra Firme, no Peru. Os territórios do Prata conservam apenas os povoadores que lá já estavam, e poucos mais virão depois. A colonização não avança por isso senão muito lentamente. Tudo que hoje constitui a Argentina ocidental e setentrional, as províncias de Jujuy, Salta, Tucumán, Catamarca, La Rioja, Córdoba, San Luís, San Juan e Mendoza, é ocupado por colonos vindos do Peru e do Chile, que passam os Andes e vêm se estabelecer nestes territórios geograficamente tributários do Prata. No Paraguai verifica-se mesmo um recuo: o alto rio, aquelas terras tão arduamente conquistadas pelos Cabeza de Vaca, Martínez de Irala, Hernando de Rivera são abandonadas. Já não tinham interesse, e a colonização do Paraguai se detém no território que hoje constitui a república deste nome, e que é uma parcela apenas do que os espanhóis já tinham penetrado. "O território do Paraguai, como do alto Paraná, não apresenta pontos de apoio para a penetração. Havia-se chegado ao remanso de uma baía interior" (Carlos Pereyra).

Ao mesmo tempo, como consequência, o caminho terrestre do Paraguai ao litoral atlântico, pelo alto Paraná e Iguaçu, o caminho de Cabeza de Vaca, perde todo seu valor. A colonização do Paraguai, desprovida de impulsos, dada a posição excêntrica em que fica, não comporta um caminho árduo e longo que somente uma vida muito ativa lhe permitiria manter. E por isso a nascente ocupação da costa brasileira pelos castelhanos fenece.

Ainda teria sido possível aproveitar a via paraguaia para o Peru, reforçando em consequência a posição castelhana nestes territórios, se ela oferecesse facilidades. Poderia mesmo, em rigor, se assim fosse, substituir o longo trajeto pelas Antilhas, Terra Firme e Pacífico, que a colonização espanhola escolhera de princípio e onde se fixou. Mas aquelas facilidades não existem. Os afluentes ocidentais do rio Paraguai, que penetram o maciço andino e que serviriam de via, o Salado, o Bermejo e o Pilcomayo, não somente são de navegabilidade precária, como atravessam zonas agrestes e inóspitas (o Chaco, ainda hoje desabitado), e povoado na época da colonização por nações gentias hostis, às mãos de que pereceram não poucos exploradores, entre eles o malogrado Ayolas. O caminho do Prata aos Andes não se estabelecerá por estes pontos, mas por Córdoba e Tucumán. E por estes motivos, não somente prevalecerá a via tradicional do Peru, pela Terra Firme (Panamá) e Pacífico, como, quando se adota subsidiariamente a via platina, deixar-se-á o Paraguai fora de mão.

Compreende-se a importância deste fato. Não fossem as circunstâncias apontadas, e o Paraguai continuaria um centro de grande atividade, como foi no início da colonização. O abandono de Buenos Aires em 1539 marca a importância de Assunção; a sua segunda fundação em 1580 indica as novas diretrizes da colonização espanhola neste setor. Um Paraguai dentro das correntes comerciais e povoadoras teria assegurado uma intensa expansão castelhana daquele núcleo interior para o oriente, apoiado em núcleos igualmente fortes do litoral hoje brasileiro, que teriam, ao contrário do que se deu, vingado e prosperado. E o extremo sul brasileiro não seria hoje nosso. Igualmente para o norte, pela bacia do alto Paraguai, a ocupação castelhana, iniciada e depois abandonada, se teria consolidado. O Mato Grosso seria espanhol. E as bandeiras paulistas, que quase dois séculos depois descobrem o ouro de Cuiabá, teriam provavelmente encontrado lá, já estabelecidos e embargando-lhe os passos, os concorrentes castelhanos. É enorme portanto o benefício que à causa luso-brasileira prestou a natureza hostil do Chaco e de seus rios.

A costa brasileira ao sul de 24º, pretendida pelos espanhóis, e por força das circunstâncias por eles desamparada, fica ao abandono. A colonização portuguesa, partindo de São Vicente, encontra aí campo aberto. Os vicentinos passam sucessivamente para Iguape e Cananeia, ocupam em seguida o litoral do atual Estado do Paraná. A expansão por estes setores era tanto mais fácil que a união das Coroas portuguesa e espanhola em 1580 tirava todo fundamento para conflitos nacionais.

Mas enquanto a ocupação do litoral não provocava choques, as coisas se passavam diferentemente no sertão. São Paulo, instalado no planalto interior de São Vicente, continuava as tradições de seus primeiros povoadores: João Ramalho e companheiros, isto é, o resgate e tráfico de escravos índios. Abasteciam-se com eles os núcleos agrícolas do litoral, do Rio de Janeiro para o Sul.

Isto afugentará o gentio; a caça ao índio tornou-se tarefa difícil, e as distâncias a serem vencidas cada vez mais se dilatavam. É este o fator primordial que impulsionará a penetração dos paulistas pela hinterlândia do continente, nesta tarefa estupenda de devassamento dos sertões. A preocupação dos metais preciosos somente veio depois, quando o acaso fez as bandeiras preadoras de índios toparem com o ouro de Minas Gerais.

As bandeiras paulistas não são povoadoras. São simples expedições que não deixaram rastro de sua passagem. Digam-no com mais autoridade estes pesquisadores heroicos pacientemente dedicados ao árduo trabalho de reconstituir-lhes o roteiro. A função das bandeiras na fixação dos limites não é por isso direta. Salvo o caso da ocupação de Mato Grosso, que resulta das bandeiras, aliás já então prospectoras de ouro, os bandeirantes paulistas não agiram como ocupantes de novos territórios. Não fixam por isso limites. Tiveram contudo, neste assunto, uma ação indireta notável, afugentando os possíveis concorrentes que viessem disputar-lhes as áreas que os interessavam. Os bandeirantes mantiveram em respeito, e a distância, os rivais castelhanos, sem forças para fazer-lhes frente. Prepararam assim o terreno para futuros ocupantes mais estáveis. Observamos isto, entre outros casos, na famosa aventura da província jesuítica de Guaíra. Desde fins do século XVI, os jesuítas do Paraguai tinham procurado estabelecer suas missões bem longe dos colonos leigos, que lhes embaraçavam a ação catequizadora. Os padres José Cataldino e Simão Mayeta tinham por isso se internado no alto Paraná. Cruzando-o, e seguindo o curso do Paranapanema, fundaram sua missão de Nossa Senhora de Loreto na confluência do Pirapó. Outras seguiram, e em breve toda a região compreendida entre o Pirapó, Paranapanema e Paraná formava uma grande área de reduções que abrigavam muitos milhares de índios catequizados. Era a província de Guaíra.

Justamente nesta época, as bandeiras paulistas começam a devassar o alto sertão em busca de índios que começam a faltar nas áreas mais próximas de seus estabelecimentos. Não tardaram os assaltos às missões de Guaíra. De 1629 em diante, sucedem-se as expedições paulistas; e sete anos depois, os jesuítas, vendo baldados seus esforços junto ao governo da colônia e da metrópole no sentido de coibir a ação destruidora dos paulistas, resolvem abandonar a província, e, arrebanhando os índios que ainda lhes sobravam e que tinham escapado das investidas dos traficantes, vão-se estabelecer mais para o sul, nas margens do Uruguai. O sertão do Paraná voltou novamente ao abandono. Mas a ação dos paulistas assegurara sua integração no território brasileiro.

Para oeste, foram assim as bandeiras, que, encontrando pela frente um adversário fraco, garantiram sua futura posse aos luso-brasileiros. No sul, a coisa foi diferente. Quando Portugal se separa da Espanha em 1640, sentiu-se a necessidade de fixar no Novo Mundo os limites das duas Coroas. Ambas as nacionalidades percebiam que formando novamente entidades distintas, cada qual teria que fazer valer perante a outra os territórios que pretendia para si. A zona de maiores disputas era no sul. Depois da retirada dos espanhóis da costa ao sul de São Vicente, que foram os primeiros a ocupar, vimos como a colonização portuguesa avançava. Lentamente embora, mas alcançando Laguna, no atual Estado de Santa Catarina, em fins do século XVII. Daí para diante, era ainda o deserto. Quando se tratou de fixar limites, ou antes, pontos extremos dos domínios das duas coroas, Portugal foi muito mais expedito que sua concorrente. Enquanto a Espanha se deixava ficar na inação, os portugueses, de um salto, levam seus domínios até o Prata: em 1680 é fundada na margem oriental do estuário, defronte de Buenos Aires, a Colônia do Sacramento.

Explica-se tanto a inação espanhola como a decisão lusitana. Nada pode ser atribuído à previdência ou ao desleixo respectivo das duas Coroas. Portugal só age depois de muito instado pelos colonos. A expedição de d. Manuel Lobo, fundador da Colônia, resulta de uma longa insistência dos colonos, que se prolonga desde a separação das duas Coroas. O pedido de intervenção das autoridades metropolitanas parte das câmaras da capitania de São Vicente; e afinal até do Senado do Rio de Janeiro, que em 1675, em enérgica representação à Corte, mostra a necessidade de defender os domínios portugueses, protegendo a colonização meridional do país; e sugere a fundação de um núcleo militar no Prata. Ainda assim, as providências da metrópole tardam ainda cinco anos. Como vimos, só em 1680 o governador do Rio de Janeiro, d. Manuel Lobo, recebe ordem para fundar a Colônia lembrada pela Câmara do Rio de Janeiro.

Se portanto a ação portuguesa precedeu a espanhola, ela não resulta de uma visão política maior da Coroa lusitana. É a consequência natural da expansão colonizadora de Portugal, que impunha a defesa de territórios já ocupados, e de outros próximos por ocupar. A Espanha, do seu lado, pelos motivos que assinalamos, fora excluída daqueles territórios. A sua colonização se concentrara no Prata e baixo Paraná, com uma débil infiltração pelo rio Paraguai acima, onde fazia pouco mais que vegetar. A costa acima de 24° de latitude sul já estava portanto, ao fundar-se a Colônia do Sacramento, virtualmente incluída nos domínios portugueses. A fundação veio oficializar e consolidar uma situação estabelecida.

Exagerou-se contudo o alcance da colonização portuguesa. A Colônia se localizou além dos limites que naturalmente, por força da ocupação efetiva, cabiam ao domínio lusitano. Portugal agiu neste caso como os litigantes numa demanda judicial, que sempre pedem mais que realmente lhes cabe, para assim conseguirem o justo que pretendem. O estuário do Prata, inclusive a margem esquerda que a Colônia veio invadir, era castelhano. O território da Banda Oriental (como foi denominado) constituía a campanha de Buenos Aires. O grande porto platino foi até meados do século XIX uma cidade sem território; limitava-se à área urbana. O que ficava para o interior pertencia aos índios e a gaúchos mestiços semicivilizados. Ainda na segunda metade do século XIX, a conquista das terras orientais da província de Buenos Aires representava um ideal; quanto às do sul da serra de Tandil, uma utopia. É na Banda Oriental que os buenairenses tinham sua campanha; é lá que vagavam seus gados, e de lá se surtiam de couros, o principal gênero do seu comércio. A Colônia do Sacramento plantava-se portanto em terras indiscutivelmente castelhanas; ficava além da órbita natural da expansão colonizadora de Portugal. Daí o conflito, que se inicia logo depois da fundação. Dura quase dois séculos, e termina como tinha de ser, pela vitória castelhana. As últimas fases do embate luso-espanhol no Prata se prolongam até depois da Independência. A própria Guerra do Paraguai não é, em última instância, senão um reflexo dele.

Mas se a Colônia do Sacramento e a Banda Oriental escapariam das mãos portuguesas, e, por via de sucessão, das brasileiras, tiveram contudo o efeito, altamente vantajoso para nós, de deslocar o teatro do choque inevitável entre as duas colonizações para dentro do território adversário. E enquanto os exércitos se batiam na frente, consolidava-se a retaguarda com o povoamento. Quando os portugueses abandonam definitivamente a Colônia (antes desta segunda fase da luta que são as campanhas orientais do século XIX), o território a que propriamente podia pretender a colonização lusitana se consolidara nas mãos dela.

De fato, o esforço da colonização no Brasil meridional é intenso durante o correr da primeira metade do século XVIII. É esta aliás uma fase capital na história da fixação de todos os limites brasileiros. E o tratado assinado em Madri em 1750 dará a sanção legal aos fatos consumados. Quais eram eles neste setor meridional que nos interessa?

Vimos que em fins do século XVII a colonização do litoral atingira Laguna. Daí por diante, a costa arenosa e hostil à navegação interrompe a corrente litorânea de povoamento. Para o sul, as comunicações se farão pelo interior. Por aí se alcança e povoa o atual Estado do Rio Grande do Sul. Rasgam-se caminhos; São Paulo já se comunicava, havia muito, com os campos de Curitiba; daí para o sul, o caminho até Araranguá (Santa Catarina) é aberto pelo sargento-mor de cavalaria Francisco de Sousa e Faria, em 1720. Ele se torna logo muito trafegado pelo gado que vem do Sul e abastece São Paulo e capitanias tributárias. Assegura-se com isto a posse portuguesa.

Mas enquanto na costa e na faixa mais próxima do litoral os colonos luso-brasileiros não encontram dificuldades, eles se chocam, mais para o interior, com as vanguardas castelhanas postadas ao longo dos rios Paraná e Uruguai. As terras entre este último e o Iguaçu, mais para o norte, já vinham sendo exploradas desde o século XVII pelos mineiros de Curitiba, e eram por eles muito conhecidas. Mas aí, já o avanço castelhano para oriente começa a se fazer sentir. A progressão destes é lenta, e não teria ultrapassado o rio Paraná sem o concurso das missões jesuíticas. Vimos acima que os padres, expulsos pelos paulistas de Guaíra, tinham ido estabelecer-se no rio Uruguai, chegando a abranger toda a área hoje compreendida pelo território de Misiones (República Argentina) e terras rio-grandenses da margem esquerda do Uruguai ao norte do Ibicuí. Localizavam-se aí as famosas Sete Missões (São Borja, São

Nicolau, São Luís, São Lourenço, São Miguel, São João e Santo Ângelo). Com a expulsão dos jesuítas, o território das missões do Uruguai é ocupado pelos colonos castelhanos; somente a parte que fica à margem esquerda do rio se tornará definitivamente brasileira depois da campanha vitoriosa de 1801-3. Isto porque aí o povoamento de origem portuguesa se alargara suficientemente para fazer face ao inimigo. A campanha será rápida e fácil. O mesmo não se dá para o norte do rio Uruguai. Aí os portugueses dispunham apenas de um caminho que ligava São Paulo com o Rio Grande; o mais estava deserto. Não puderam por isso enfrentar o adversário. Este ocupará definitivamente o território de Misiones que depois da Independência se tornará argentino. A linha divisória, depois de algumas disputas diplomáticas — que somente se encerrarão sob a República —, se fixará nos rios Peperi-Guaçu, afluente do Uruguai, e Santo Antônio, afluente do Iguaçu. E vemos por isso o território brasileiro adelgaçar-se aí estranhamente.

Podemos agora concluir. Por detrás dos tratados, que desde o de Tordesilhas vêm pontuando a história dos limites brasileiros, e dos conflitos armados que se sucedem até o século xix, alguns fatores mais profundos vieram trabalhando sucessivamente para modelar a configuração geográfica do Brasil meridional. É de início a miragem da Serra da Prata que atrai os primeiros povoadores da região, tanto portugueses como espanhóis. Tivessem os cálculos dos últimos dado certo, e o extremo sul do que é hoje o Brasil seria de fala castelhana. O reconhecimento do erro e a impropriedade da via paraguaia para o Peru asseguraram aos portugueses liberdade de ação num território menosprezado por seus concorrentes. Se a expansão luso-brasileira para o sul foi possível, e se as bandeiras não encontraram resistência séria, é que a colonização espanhola, voltada sobretudo para o Peru, se debilitaria nestes territórios que regiões agrestes e intransitáveis separavam do seu eldorado.

O choque se dará na região em que as forças contrárias encontram seu justo equilíbrio: o rio da Prata. Tal região é distante das bases portuguesas de irradiação (São Vicente, Rio de Janeiro); próxima, vizinha mesmo dos centros espanhóis (Buenos Aires). Tal diferença marca a pujança respectiva das duas correntes: a portuguesa, vigorosa e ativa; a castelhana, debilitada pelo descaso que vota por estes territórios, atenta como se acha para outros mais ricos e interessantes.

É isto que se dá na faixa de terras próximas do litoral. Para o interior, a coisa muda um pouco de figura. A colonização portuguesa, salvo no caso das minas, é sobretudo litorânea; funda-se na agricultura, na produção de gêneros tropicais que vêm admiravelmente nesta baixada costeira de clima quente e úmido. O alto interior será apenas um abastecedor de mão de obra, os índios escravizados; e de gado para os açougues. Quando estes negócios decaem, tanto pela concorrência do braço africano, como pelo declínio da lavoura vicentina, e quando o ouro de Minas Gerais, Mato Grosso e Goiás distrai as atenções, as bandeiras preadoras desaparecem, e as fazendas de gado vegetam. O sertão do Brasil meridional é menosprezado pelos portugueses; e mesmo a débil colonização espanhola do Paraguai se pode consolidar e avançar, pois não encontra mais obstáculos pela frente. Os luso-brasileiros ficarão apenas com uma estreita faixa que acompanha o litoral e forma a hinterlândia restrita dos seus estabelecimentos vizinhos do mar, e por onde corre a via de comunicação que os liga entre si. Além, em ambas as margens do rio Paraná, e na ocidental do Uruguai, o castelhano se firmará definitivamente. Os generais nos campos de batalha, e os diplomatas em seus gabinetes de trabalho, confirmarão com batalhas retumbantes e tratados solenes esta obra multissecular de obscuros povoadores de nacionalidades diferentes que foram através dos tempos forjando seus contatos e equilíbrios recíprocos. E julgarão que aquela obra é sua...

Aires de Casal, o pai da geografia brasileira, e sua *Corografia brasílica*[*]

Do padre Manuel Aires de Casal, autor da *Corografia brasílica*, pouco se sabe. Quase tudo a respeito de sua vida são conjeturas e fatos duvidosos. Segundo Rodolfo Garcia,[1] ele é natural de Pedrogã, Portugal, e já se achava no Brasil em 1796, servindo de capelão da Misericórdia do Rio de Janeiro. Dava-se a trabalhos literários, pois encontramo-lo naquele mesmo ano copiando o manuscrito da *Conquista espiritual* do padre Antônio Ruiz-Montoya. Permanece no Brasil até 1821, quando se retira, com o rei, para a Europa, onde falece pouco depois sem ter deixado a segunda edição corrigida da *Corografia*, que estava nos seus planos.[2] De seus trabalhos conhece-se, além da *Corografia*, uma "Notícia sobre as capitanias do Pará e Solimões", publicada em francês nos *Nouveaux Annales des Voyages* (t. IX, 1821), e citada por Sacramento Blake.[3] A *Introdução da geografia brasílica*, publicada por Fonseca Galvão na Bahia em 1826, não é mais que uma reprodução da *Corografia* na parte referente àquela província.

---

[*] Introdução à edição fac-similar da *Corografia brasílica* publicada pelo Instituto Nacional do Livro em 1945.
1. Em nota à *História geral do Brasil*, de Varnhagen (3ª ed.), v, p. 261.
2. Vejam-se os termos do *Alvará de privilégio*, de 21 de agosto de 1817.
3. *Dicionário bibliográfico brasileiro*, VI, p. 33.

Esta, que é a sua grande e na verdade única obra, saiu à luz na Impressão Régia, sob auspícios oficiais, em 1817. Mas já estava redigida em princípios do ano anterior — sendo que a última data referida no texto é a do Alvará de 5 de dezembro de 1815, que criou as vilas de Maceió e Porto de Pedras (Alagoas) — e entregue à Impressão. Conhece-se uma carta, conservada na Biblioteca Nacional, e com data de 1º de maio de 1816, do padre Joaquim Damaso, diretor da Biblioteca Real, amigo de Aires, a Silvestre Pinheiro Ferreira, então um dos membros da Junta Diretiva da Tipografia Régia, queixando-se da demora e falhas na impressão da *Corografia*.[4]

Se as informações sobre a vida do nosso autor são escassas, pode-se contudo, da análise de seu livro, concluir alguma coisa relativamente à sua personalidade, ou pelo menos formação cultural. Embora autor de uma geografia e apesar de sua "simpatia por esta ciência encantadora", como escreve na dedicatória ao rei, Aires de Casal nada tem do homem de ciência no sentido próprio da palavra. Ignora as mais elementares noções científicas do seu tempo, a ponto que se chega às vezes a ter a impressão, lendo sua obra, de que desconhecia a própria existência das ciências naturais, tão ligadas ao assunto de que trata. Só assim se explica que, tratando de fatos da natureza, não lhe ocorresse um pensamento, uma frase, uma palavra sequer denotando notícia segura acerca dos conhecimentos científicos de seus contemporâneos. Lá uma vez ou outra lhe ocorre a expressão "história natural"; mas é antes no sentido clássico de Plínio, o naturalista romano, que a emprega, isto é, de compilação e descrição formal da natureza. É aliás Plínio o único naturalista — se é que o título lhe cabe — que Aires cita em sua *Corografia*.

Mas não são apenas rudimentos da ciência que faltam ao nosso autor. Não se percebe nele vocação ou instinto científico algum, isto é, qualidade de observação, análise, comparação e síntese, que fazem a base do pensamento nas ciências. Nada disto ele possui; é um simples colecionador e registrador de fatos. Em regra, mesmo, de segunda mão: seu estilo não revela um observador direto. Salvo nas descrições de animais e plantas, em que é minucioso e que tanto podem ter sido feitas por informação escrita ou oral, como *de visu*, em nada mais se encontrará o espectador da natureza. Não sabemos se Aires realizou viagens a fim de colher dados para seu livro — embora de uma nota se

---

4. Vale Cabral, *Anais da imprensa nacional*, Rio de Janeiro, 1881.

infira que esteve na Bahia. Mas, pelo menos do Rio de Janeiro, onde habitou longos anos, da sua baía e circunvizinhanças, tão sugestivas, particularmente aos olhos de um europeu, era de esperar de alguém, dado a observar o mundo exterior, algo mais que as pobres informações a respeito contidas na *Corografia*. Os predecessores de Casal nesta matéria de descrição da natureza brasileira, um Gandavo, um Gabriel Soares, um Vicente do Salvador, são-lhe bem superiores. A impressão geral que se colhe da leitura de sua obra é que o autor, depois de tomar por modelo e plano o esquema então corrente na matéria, isto é, uma revisão sistemática e geral de noções históricas, fatos da natureza e acidentes geográficos, encaixou nele, sem maior espírito crítico, as informações sobre o Brasil que foi reunindo em longo e paciente trabalho de pesquisa em textos escritos. Aires foi aliás, sem dúvida alguma, um incansável rebuscador de bibliotecas e arquivos; e daquilo que estava a seu alcance, pouco lhe teria escapado.

Numa palavra, Aires de Casal foi um erudito. A sua formação cultural é daquela que, na falta de outra expressão, poderíamos denominar "clássica", em oposição à científica propriamente; ele tem a atitude do analista, intérprete e glosador de textos escritos, em contraste com a do observador crítico do mundo exterior, daquele que olha diretamente os fatos, neles inspira sua reflexão e deles procura concluir. Nenhum autor deste último feitio se lembraria, por exemplo, como faz Aires de Casal, de utilizar na sua época, como fonte essencial para a etnografia do índio brasileiro, a obra de Jerônimo Osório (*Da vida e feitos de d. Manuel*), publicada em 1571, e que não é nem ao menos de uma testemunha direta — pois seu autor nunca esteve no Brasil —, traduzindo-a quase literalmente em muitas passagens, e transcrevendo mesmo, em nota, o texto latino original referente à cultura, religião e organização política dos indígenas (*Corografia*, I, p. 58). Sente-se neste pormenor o feitio clássico de quem prefere o texto de um autor consagrado à informação muito mais direta e próxima, que estava ao alcance do nosso geógrafo. A inspiração erudita e literária de Aires de Casal se revela ainda em certos pormenores pitorescos, como na insistência em dar, sem atenção aos ouvidos do leitor, a versão greco-latina dos nomes de cidades e vilas capitais do Brasil — Alacriportus (Porto Alegre), Soteropolis (Salvador), Christophoropolis (Sergipe) etc. —, e na transcrição de trechos do *Caramuru*, de Santa Rita Durão, para descrever o ananás e o maracujá. O formalismo do seu pensamento se revela naquela estranha e esdrúxula observação (*Corografia*, I, p. 10) em que considera o Brasil uma "península" só porque seu território pode ser circunscrito por uma linha de cursos d'água que se confundem quase em suas cabeceiras. De um modo geral, o feitio dominante do autor da *Corografia* se trai no espaço e cuidado que dedica a matérias de eruditismo histórico, e a pouca atenção que dele reclamam questões propriamente científicas, como quando resolve sumariamente e sem juízo crítico algum a questão da ligação pré-histórica da América à Ásia (*Corografia*, I, p. 2), ou quando passa à margem de tantos outros problemas que mal aborda, e que dariam tanto que refletir a um pesquisador crítico.

Com uma tal formação cultural e atitude de pensamento, Aires de Casal parecerá a nossos olhos modernos um desgarrado na matéria de que trata. Não o é tanto na geografia do seu tempo, naquilo a que então se dava oficialmente e com mais generalidade o nome de "geografia". É certo que, no momento em que escreve, se estava em plena elaboração e sistematização, já bem adiantadas, de uma ordem de conhecimentos científicos a que hoje reservaríamos com exclusividade o nome de geografia. Humboldt e Ritter são contemporâneos do autor da *Corografia*; boa parte das obras do primeiro se achava publicada muito antes dela, e a *Erdkunde* do outro traz a mesma data da *Corografia brasílica*. Mais chegados a Aires, e tendo possivelmente até travado relações pessoais com ele, trabalhavam os Saint-Hilaire, Spix, Martius e tantos outros que estudavam os mesmos objetos. Mas enquanto aqueles percorriam o país de alto a baixo, indo documentar-se na fonte de seus conhecimentos, Aires de Casal revolvia os volumes e documentos da Biblioteca Real e dos arquivos à cata de informações. O contraste é flagrante, e defrontamos nesta comparação com dois mundos inteiramente opostos. O que os separa não são apenas métodos diferentes, mas um abismo de concepções; a geografia de Aires de Casal não é a de Saint-Hilaire e seus colegas naturalistas. Como explicar a contradição, quando vemos o próprio Saint-Hilaire chamar nosso autor de "pai da geografia brasileira"?[5]

É que efetivamente havia, no momento em que Aires de Casal compõe sua obra, e haverá ainda por muito tempo, duas geografias, duas disciplinas diferen-

---

5. *Voyage dans les provinces de Rio de Janeiro et de Minas Gerais*, I, XIV, Paris, 1830.

tes, apartadas na concepção do problema geográfico e nos métodos de pesquisa empregados; e somente os fatos, objeto de uma e outra, poderiam em rigor ser considerados os mesmos. Uma tinha para si o direito de prioridade e uma longa tradição profundamente arraigada; gozava por isso do reconhecimento oficial; e é aí que classificaríamos a *Corografia* de Casal. A outra, embora de raízes também longínquas, ficara em segundo plano; mas bafejada pela renovação do pensamento científico que vinha desde alguns séculos penetrando e conquistando sucessivamente todos os campos do conhecimento humano, começara, naquele que precede o livro de Casal, a revolucionar também a geografia.

Deu-se com esta ciência o que se repetiu com muitas outras; uma verdadeira substituição, dentro de um mesmo setor do pensamento, duma ordem de conhecimentos por outra visceralmente distinta. É assim que, frequentemente, enquanto se constitui uma disciplina com seus métodos e planos próprios, outra ordem de pesquisas e elaboração científica, partindo embora de diferentes bases, acaba dando no mesmo terreno que o daquela disciplina, transformando-se por inteiro a concepção clássica, e acabando mesmo por substituir-se de todo a ela. É o que se verificou de modo flagrante na geografia. Isto que podemos chamar a geografia clássica se forma, como todas as demais ordens do conhecimento moderno, neste período de renovação do pensamento ocidental que se segue ao século XV. A geografia então também se constituirá, tomando de início por modelo, como se deu em todas as instâncias, os autores da Antiguidade clássica, e Ptolemeu em primeiro e principal lugar. Este geógrafo, como aliás os outros do período da ciência greco-romana e romana a que ele pertence, afastando-se dos modelos gregos anteriores, orientou-se sobretudo para fins estritamente utilitários. Ptolemeu, antes um cosmógrafo, em nossa terminologia moderna, e por derivação matemático e astrônomo, tinha por objetivo essencial a fixação do "ecúmeno", isto é, a parte então considerada habitada da Terra. A delimitação dele, a localização relativa de suas várias partes constituíam seus fins essenciais. Assim a cosmografia e a astronomia, meios necessários para chegar a tal objetivo, e a cartografia, expressão concreta de seus resultados, ocupariam a maior parte do seu pensamento e de suas obras. A geografia propriamente, aquilo que hoje consideramos tal, não representa aí senão matéria de segundo plano, subordinada àquela primeira e principal parte. Daí o lugar que toma a simples nomenclatura; o "nome" apelida o lugar matematicamente fixado e cartograficamente representado.

A posição de Ptolemeu diante do problema geográfico coincidirá perfeitamente com as necessidades da época em que renascem os estudos de geografia. Inaugurava-se a grande navegação oceânica, a exploração dos mares, de rotas e terras desconhecidas; havia que preocupar-se, acima de tudo, com os dados e conhecimentos necessários à realização daquelas tarefas. A cosmografia se tornará o capítulo principal da geografia, e com ela a cartografia em que se concretiza. E ambas terão o desenvolvimento que todos conhecem, desde a segunda metade do século xv.

O velho Ptolemeu, embora logo desbancado inteiramente no conteúdo de sua obra pelo desmentido flagrante que as sucessivas viagens de exploração iam rapidamente dando à sua concepção do mundo, permanecerá contudo, ainda por muito tempo, com seu método e norma de pensamento. O prestígio dele se revelará nas edições sucessivas de suas obras, que se sucedem até pelo século XVII adentro. Aliás, com poucas exceções, a literatura geográfica deste período é formada pelos seus livros acrescidos de comentários e anotações.

Outro modelo fornecido pela Antiguidade foi o de Estrabão. Mais geógrafo, no sentido próprio da palavra, que Ptolemeu, ele não se ocupa de cosmografia, e detém-se na descrição das terras e povos conhecidos na Antiguidade, e que ele próprio, em grande parte, visitara. Apesar disto, Estrabão fica, como geógrafo, muito aquém dos gregos, pois lhe falta a crítica dos fatos observados. Limita-se quase só a registrá-los, e preocupa-se mais em descrever que interpretar e explicar. Assim mesmo, já era, no terreno da geografia, um progresso sobre o modelo ptolemaico; veio contudo mais tarde; é somente com a *Cosmographia Universalis*, de Sebastian Münster, que é de 1544, que sua tradição se reata. E conservar-se-á por muito tempo distanciada.

É com estes dois modelos, o de Ptolemeu e o de Estrabão, que se vai constituir a geografia clássica, cuja história se prolongará até o século XIX. Respectivamente de um e de outro se originarão as duas grandes partes em que tradicionalmente se dividirá a matéria: geografia matemática e política. A primeira abrange a parte geral, onde ao lado da astronomia, cosmografia e cartografia se colocam as considerações gerais sobre a Terra e sua configuração. Na outra se reúne a descrição dos diferentes países e povos. Divisão defeituosa, do nosso atual ponto de vista, pois subordina a parte essencial do que é propriamente a geografia a quadros políticos em que se confundem história e geografia física.

Esta última ficará por isso necessariamente subordinada e reduzida quase unicamente a uma relação de acidentes geográficos e aspectos naturais dos diferentes países. Assim, enquanto a geografia matemática se desenvolvia sobre bases científicas e sólidas, a geografia propriamente se confinava num pobre e estéril trabalho de simples relações descritivas; quando não, o que era mais comum e pior, de nomenclatura seca. Isto mesmo depois de Varenius, que metodizou e organizou o conhecimento geográfico do seu tempo, dando as bases para um trabalho interpretativo e científico. A obra de Varenius, traduzida nas principais línguas, representa até fins do século XVIII o maior esforço de metodologia geográfica. É sensivelmente inspirando-se nela que Kant apresentará o seu sistema de classificação. Mas será à margem destas concepções que, salvo a exceção de alguns espíritos destacados, se desenvolverá e constituirá a geografia vulgar e oficial. Continuará a pesar uma tradição que reduzia os conhecimentos geográficos a uma supervisão puramente descritiva e superficial de países e povos, em que a geografia física se relegava a umas parcas notícias de cada um, e a política, posta em primeiro plano, constituída por compilação de dados históricos e informativos de toda ordem, reunidos indiscriminadamente e sem espírito crítico. Do plano de Varenius — que aliás se limitara, na parte especial da geografia, a indicar algumas linhas gerais — sobraria apenas um esqueleto de classificação em que se encaixavam, sob diferentes rubricas e em categorias estanques, simples informações de cada país: posição, configuração, limites, acidentes naturais, cidades etc.

 Esta é a geografia tal como se concebia em fins do século XVIII. E dela ainda se encontram vestígios bem sensíveis em nossos dias. A geografia que podemos chamar moderna, em oposição à clássica que acabamos de ver, porque é ela que se impôs, desbancando aos poucos sua predecessora, tem outra origem. Nasce das ciências naturais que no curso do século XVIII se sistematizam. Elas também não tinham sido, nos séculos anteriores, senão um aglomerado desconexo de informações e descrições, respondendo ao título que lhes foi dado que a terminologia moderna por anacronismo conservou: história natural. Mas antes da geografia — pois já no século XVII os conhecimentos naturais começam a se elaborar sobre bases críticas — elas se constituem em disciplinas científicas. Isto, lá pelos fins do século XVIII, acha-se definitivamente adquirido. As grandes viagens daquele século, que, ao contrário das dos séculos anteriores, já não são apenas de exploração, mas sobretudo de pesquisa científica, dar-lhes-ão o toque final. E delas vai nascer uma nova ordem de investigações, com a mesma concepção e métodos, mas ocupando-se do conjunto de seus objetos, da natureza no seu todo, e não apenas dos diferentes setores em particular que a dividem; não somente os fatos naturais em espécie, mas a sua interdependência, associação e coordenação. E isto formará na realidade uma nova disciplina, que pela identidade, se não no método, pelo menos no material empregado, invadirá o terreno até então ocupado unicamente pela geografia clássica. Não é de estranhar que o primeiro grande geógrafo moderno tenha sido um naturalista que aliou a estes conhecimentos sua experiência de viajante: Humboldt. Mas se a visão genial deste precursor permitiu-lhe sistematizar a nova ciência, se foi ele o primeiro a dar-lhe expressão clara e definida, não está contudo isolado em tal terreno. Encontra-se a seu lado toda esta geração de naturalistas de fins do século XVIII e princípios do seguinte, que trabalharam todos segundo a mesma linha. E nós, aqui no Brasil, não precisamos ir longe para constatá-lo, porque a contribuição dos naturalistas que em nosso país fizeram suas observações é naquele terreno considerável. É aliás de notar como os trópicos americanos contribuíram para as grandes realizações da ciência natural; se a força pensante nelas veio da Europa, o material foi em grande parte colhido na natureza americana. Com Darwin repetir-se-á o caso de Humboldt e seus contemporâneos.

Voltando a nosso assunto, podemos agora compreender a contradição assinalada acima entre duas geografias que parecem se excluir e no entanto coexistem; e o que é mais de admirar, mutuamente se reconhecem. Estamos no momento que nos ocupa, e que é o da *Corografia* de Casal, numa época de transição. A geografia clássica, que é nitidamente a do nosso autor, ainda conserva todos seus foros, e é reconhecida como legítima ciência geográfica oficial. A outra não se desvencilhara de todo, na classificação dos conhecimentos humanos, de suas origens que são as ciências naturais. Por isso não se constitui desde logo em disciplina à parte, e conserva-se modestamente como um simples capítulo daquelas ciências. Tão modestamente mesmo, que até reconhece a rival que indevidamente lhe ocupa o terreno, embaraçando seu progresso. E sabemos que a disputa não terminou de todo em nossos dias. A geografia vulgar de hoje ainda se ressente muito da tradição clássica; a nomenclatura, a mera enumeração de fatos geográficos, a descrição formal e simplesmente informativa ocupam lugar importante nos compêndios usuais da matéria. Ainda não chegou o dia, que fatalmente virá, quando a concepção clássica da geografia se relegará ao simples "guia" de turista ou do homem de negócios a que legitimamente pertence.

A posição de Aires de Casal diante do problema geográfico é afirmada por ele próprio com toda clareza. Desde o título de sua obra, em que adota o nome de *Corografia*, segundo a velha designação de Ptolemeu, objeto de tantos debates entre os geógrafos dos séculos XVI e XVII, e que opunha à ideia de geografia (a geografia matemática acima referida) a simples descrição particular de cada país. O subtítulo, *Relação histórico-geográfica*, completa esta noção marcando os limites em que se coloca o autor, e que são, segundo os modelos clássicos, uma súmula da história e revisão geral dos fatos geográficos mais salientes e notáveis de uma determinada unidade política. É neste plano de antemão bem fixado que ele vaza o seu trabalho. As circunscrições políticas lhe servirão de quadro, e para cada qual passará em revista a história e os fatos naturais respectivos: depois da América, o Brasil em geral; e em seguida as províncias, e finalmente suas divisões, as comarcas.

Às vezes, mas sem dar com isto o cunho de sua obra, Aires de Casal afasta-se daquele quadro, e opõe à simples divisão política a ideia de uma discriminação natural. É assim que, com relação ao Brasil em conjunto, distingue o país na sua "acepção política" (é a expressão que emprega) de territórios sob o domínio do rei, de um Brasil que ele chama, em oposição, *natural*. Naquela primeira acepção está compreendido o que na data do seu livro cabia, na América, à Coroa portuguesa, isto é, o que hoje forma o território brasileiro, mais a Guiana Francesa, conquistada em 1809, e só devolvida à França no momento preciso em que a *Corografia* saía à luz (setembro de 1817). No BRASIL NATURAL, o padre Aires exclui uma parte daqueles territórios debaixo da soberania portuguesa, mas inclui outros, compreendendo nele, em conjunto, a área limitada por uma linha hidrográfica formada pelo Amazonas, oceano, rio da Prata, prolongada pelo Paraná, Paraguai e altos afluentes deste, e encerrando seu circuito no Amazonas, pelo Guaporé, Mamoré e finalmente o Madeira. É uma linha quase contínua interrompida apenas por uns "poucos côvados" (como se exprime o autor) que separam o rio Aguapeí, subafluente do Paraguai, do Alegre, alto tributário do Guaporé. É aliás esta circunstância que permitirá a Aires de Casal fazer a esdrúxula observação já assinalada de que o Brasil é uma "península", cujo "istmo" seriam aqueles "poucos côvados" que separam, no alto Mato Grosso, a bacia platina da do Amazonas.

Apesar desta distinção do "político" e do "natural" que expressamente faz, Aires de Casal não parece dar-lhe maior importância. Não a fundamenta, nem procura tirar-lhe qualquer consequência de caráter geográfico ou mesmo político. E embora se sirva dela para incluir em sua obra o território da atual República do Uruguai, quase todo o do Paraguai, bem como o das atuais províncias argentinas de Corrientes, Entre Ríos e território de Misiones, jogando para um apêndice a Guiana, toda a margem setentrional do Amazonas e ocidental do Madeira, ele se limita a afirmá-la sem nenhum comentário. Não sabemos por isso, de ciência certa, porque delimitou assim o seu Brasil natural. Podemos contudo, à sua revelia, completar-lhe o pensamento, e precisar o que estava na sua mente. A delimitação que faz se inspira visivelmente numa velha preocupação de fronteiras "naturais", isto é, fixadas por acidentes geográficos marcantes. Em particular os cursos d'água foram sempre considerados como ideais, pois desenham na carta uma linha contínua e bem sensível. Apesar do desmentido constante que os fatos sempre deram a esta concepção puramente teórica, irreal e abstrata, ela exerceu no passado grande atrativo sobre os geógrafos, e ainda hoje não é de desprezar. É mais um dos resultados deste modo formal do pensamento, tão do sabor de certas filosofias e concepção das coisas, que procuram transpor para o mundo objetivo as ficções e categorias do nosso espírito. Politicamente, os acidentes naturais podem oferecer limites cômodos numa fronteira sujeita a dúvidas e disputas; mas geograficamente eles não têm, por si, expressão alguma, nem física, nem humana. Pois é justamente na natureza que Aires pretende fixar, com rios escolhidos sem outro critério que a curiosa coincidência de um circuito imenso quase fechado de águas, os limites naturais do país. A ausência, no texto da *Corografia*, de qualquer apreciação a respeito nos impede de julgar aí o pensamento de Casal; mas já esta falta de comentários nos permite conjeturar se compreendia bem o alcance de sua afirmativa, se a ideia de divisão natural tinha para ele alguma significação concreta, afora a de uma separação, sem mais consequências, "por limites visíveis", como a outro propósito se exprime (*Corografia*, I, p. 329).

Em algumas outras instâncias reaparece a mesma preocupação de delimitar regiões "naturais" com cursos d'água; é o critério que sempre adota quando lhe falta, para a subdivisão das províncias, a repartição administrativa em comarcas (a maior parte das capitanias ou províncias brasileiras era então formada de uma só comarca), e entende que a extensão do território exige uma divisão qualquer. É assim com rios que procura delimitar as regiões respectivamente de Mato Grosso, Goiás, Pará, e de uma outra província inexistente, que, sempre preocupado com os rios, entendeu criar: Solimões. Por singular exceção, inexplicada e inexplicável, divide o Ceará por uma linha reta que o separa em duas partes: oriental e ocidental. Igualmente, em nenhum destes casos procura esclarecer seu critério ou fundamentar a divisão adotada; limita-se, como no caso acima citado do Brasil em conjunto, a afirmar um fato que lhe parece tão óbvio (!) que dispensa qualquer justificação. Parece que para ele os rios gozam de uma "qualidade imanente" de dividir áreas territoriais. Estão ali para isto; o que, se cientificamente, está claro, é absurdo, compreende-se perfeitamente dentro das concepções formalísticas de Casal e da filosofia que sensivelmente o inspira.

Somente com relação a Goiás dá a entender, embora confusamente, que sua divisão se destina a repartir uniformemente a área e a população (*Corografia*, I, p. 329). Aliás, no caso desta província, prefere por tal motivo a divisão que propõe às duas comarcas "tão desiguais" em que se achava administrativamente repartida. Mas o fato é que em nenhum caso, nem mesmo no de Goiás, alcança seu objetivo, evidentemente absurdo e impossível de aplicar.

Também não procura inferir das divisões que propõe conclusão ou consequência alguma. Parece contudo que é uma ideia política que está atrás do seu pensamento; é pelo menos o que se poderá inferir de uma passagem em que, referindo-se às regiões de Mato Grosso, prognostica que talvez algum dia seus limites sejam "os preferidos pela Política, quando a povoação, com a ordem das coisas, chegar ao ponto de se criarem outras tantas Ouvidorias (Comarcas)" (*Corografia*, I, p. 265).

Apesar de tudo isto, encontramos, embora perdida na sua obra, isolada e sem paralelo nas outras partes, uma divisão mais científica de regiões naturais. É no capítulo referente a Sergipe, cujo território reparte em dois: mata e agreste (*Corografia*, II, p. 141). Nada há a dizer desta divisão, que é em linhas gerais, como se sabe, rigorosamente exata. Casal explica aliás a divisão, usando para isto de verdadeiro critério geográfico: associação do aspecto físico, da cobertura vegetal, do clima, da vida humana. Como explicar este parêntese de legítima geografia isolado no corpo de seu livro? Seria resultado de observação pessoal?

Teria ele visitado o Nordeste, e constatado o fato *de visu*? Não é de crer, porque senão o generalizaria para toda aquela região, o que não faz. O sertão nordestino não lhe era certamente familiar, porque doutra forma não afirmaria ingenuamente que a Serra da Borborema "he a mais magestoza do Brazil" (*Corografia*, II, p. 158), ele que habitava a dois passos da Serra do Mar, e podia enxergar no horizonte do Rio de Janeiro a linha magnífica dos Órgãos.

Mas afora estes desvios da norma fundamental que adota, desvios aliás sem maiores consequências, e sem reflexo algum no conjunto da obra e caráter de suas considerações, é dentro de quadros políticos que Aires de Casal distribui a matéria da *Corografia*. Extremamente metódico, e dominado por uma ideia bem aparente de simetria (graças ao que a consulta da *Corografia* se torna muito fácil e cômoda), ele passa sucessivamente em revista, para cada uma das circunscrições que analisa, a história, os acidentes geográficos (montes, cabos, baías, ilhas, rios etc.), os minerais, vegetais, animais, terminando com uma relação das cidades, vilas e povoações mais importantes. Cada um destes parágrafos constitui compartimento estanque, em que reúne informações mais ou menos extensas sobre o item considerado; às vezes limita-se a uma simples enumeração ou nomenclatura.

Em tais informações, a *Corografia* é muito desigual. Tanto na sua importância como desenvolvimento, elas variam consideravelmente. Assim, por exemplo, na zoologia do Rio Grande do Sul faz interessante e extensa descrição da pecuária local; já em São Paulo, que incluía o atual Estado do Paraná, e por conseguinte outra zona importante de criação, limita-se a uma seca enumeração de espécies animais. O mesmo se passa com Minas Gerais. E relativamente às províncias do Nordeste, cujo sertão é zona criatória por excelência, não vai na matéria além de esparsas e sumárias notas. Às vezes estende-se sobre assuntos inteiramente estranhos à sua matéria, e sem o menor interesse, como quando enumera cuidadosamente todos os dignitários do cabido da Catedral do Pará, e descreve-lhes com minúcias os paramentos. Doutras, e é o mais frequente, comprime em curtas notas sucessivas, sem conexão umas com as outras, e sem acrescentar-lhes qualquer comentário, um rol sumário de informações, algumas do maior interesse, outras de pormenores insignificantes e até às vezes ridículos.

Esta desproporção tão chocante no valor e minuciosidade das informações encontradas na *Corografia* nos sugere o método ou processo com que foi composta. É visível que o autor colecionou ao acaso de suas longas pesquisas e leituras tudo o que pôde encontrar relativamente a cada um dos capítulos planejados para sua obra; e depois limitou-se a transcrevê-lo, devidamente "arrumado" em seus lugares próprios, num processo mecânico de simples registro classificado de informações. Vemo-lo por isso passar de raspão em observações que, se submetidas a uma análise crítica, abririam para nosso autor perspectivas amplas e magníficas. As oportunidades assim perdidas são inúmeras; limito-me aqui a citar a seguinte passagem, onde, referindo-se embora só ao Maranhão, Aires esteve a dois passos de abordar um dos mais importantes aspectos da estrutura demográfica do país.

> As famílias vivem, pela maior parte, dispersas. Como cada fazendeiro ou lavrador de ordinário tem todas as suas possessões em um só pedaço de terra, também comumente ali habita com toda sua família, e haveres: e sendo cada vivenda destas uma aldeia, e não poucas vezes assaz populosa em razão da escravatura, são poucas (para a extensão da província) as aldeias, onde habite considerável número de vizinhos [...] (*Corografia*, II, pp. 263-4).

Ficou contudo nisto, sem suspeitar sequer o alcance, para todo o país, de sua afirmação. Aliás o interesse que mostra por questões demográficas é mínimo. Afora as vagas indicações sobre aglomerações urbanas — em cuja descrição emprega apenas termos como "considerável", "populosa", "medíocre", "pequena ou grande" — e um ou outro dado esparso sobre o número de habitantes deste ou daquele lugar, deixa o assunto à margem.

A parte humana da *Corografia* é a mais ampla. Deixo de lado a história, onde o eruditismo não chega a esconder a pobreza das informações, porque não é como historiador que Aires de Casal pode interessar: mesmo para seu tempo, se não para antes dele, sua contribuição é de todo insuficiente. No terreno próprio da geografia humana traz-nos dados; mas sempre, segundo o seu método, esparsamente, sem concatenação. Os indígenas — refiro-me a eles aqui, embora o autor os coloque sempre entre os animais, nos parágrafos relativos à zoologia — são tratados com certa atenção. Procura enumerar suas nações, descreve alguns de seus hábitos, e chega mesmo, às vezes, a referir-se à sua linguagem, fornecendo pequenos vocabulários. Mas apesar disto não apresenta interesse; seus dados são visivelmente todos de segunda, quando não de terceira mão; e falta-lhe por completo espírito crítico.

Mais interessantes são suas longas informações sobre as cidades, vilas e povoações. Há aí muito pormenor insignificante e que poderia ser dispensado; mas no conjunto, dá uma ideia satisfatória do estado geral dos centros populosos do país. É para nós, hoje em dia, a parte mais útil e aproveitável da *Corografia*.

Na parte física, a obra de Casal é muito pobre, e limita-se exclusivamente a enumerações, nomenclatura, ou no máximo descrições superficiais. Destaca-se a descrição dos rios, que é feita com cuidado e pormenores. Ela nos dá, em regra, sua origem, seus afluentes, principais acidentes do curso, direção geral que seguem; acrescentando mesmo, quando é o caso, algumas observações sobre sua utilização para transportes e comunicações. Coloca-se o autor com isto bem no momento em que escrevia, pois sua época é de intensiva procura, da parte da administração pública, de aproveitamento dos cursos d'água. Desde fins do século XVIII, mas particularmente depois da transferência da Corte, é este um dos pontos em destaque nos programas oficiais, e bem de acordo, aliás, com as prementes necessidades do momento. A *Corografia* representa assim, sob este aspecto, valiosa contribuição para uma das mais importantes questões do seu tempo.

Nos parágrafos relativos à mineralogia, fitologia e zoologia, Aires se limita, quanto à primeira, a simples listas indiscriminadas e sem interesse de alguns minérios, produtos minerais e rochas. Quanto aos animais e vegetais, particularmente na introdução, em que se ocupa do Brasil em conjunto, apresenta descrições pormenorizadas de muitas espécies. É aí que particularmente se verifica a falta de conhecimentos científicos do autor. Em matéria de classificação, não vai além de discriminações empíricas, fundadas em critérios vulgares; é assim que destaca em primeiro lugar os "quadrúpedes", inclui o peixe-boi entre os peixes e o morcego entre as aves. Parece que se atrapalha com o jacaré e o cágado, pois se não os inclui na lista de quadrúpedes que traz à página 61 (t. I), mete-os, contudo, de contrabando, na parte descritiva deles; mas prudentemente no fim, logo antes dos répteis (p. 71). Mas apesar disto, suas descrições são cuidadosas e ilustrativas. A maior falha neste assunto, para um geógrafo, é a ausência de considerações próprias à matéria do seu livro, isto é, relativas à distribuição das espécies. Não cogita disto, de uma forma geral, e restringe-se, quanto às associações vegetais, a umas poucas notícias esparsas e muito incompletas sobre a ocorrência de matas e de outras coberturas.

As fontes de que Aires de Casal se utilizou para a confecção da *Corografia* são abundantes. Já assinalei que ele não parece ter sido um viajante e observador de primeira mão que descreve *de visu*. Seu trabalho foi antes de gabinete, coligindo pacientemente suas informações em livros e manuscritos. Teve para isto à disposição, mesmo na hipótese provável de haver realizado só no Brasil todos os seus estudos, a ampla biblioteca transferida com a Corte para o Rio de Janeiro em 1808, e cujo acervo ele mesmo avalia em 60 mil volumes (*Corografia*, II, p. 31). Tornou-se aliás amigo de seus funcionários, e um deles, Luís Joaquim dos Santos Marrocos, de quem possuímos interessante correspondência publicada nos *Anais da Biblioteca Nacional*, volume 56, incumbiu-se da revisão do manuscrito da *Corografia* e da organização dos índices que figuram no final de cada um dos volumes da obra.[6] Aires também andou pelos arquivos, de que cita um: o da Real Marinha.

O nosso autor amparava-se neste trabalho de consulta bibliográfica em seu largo conhecimento de línguas. Além do latim, normal para sua época e estado eclesiástico, entendia o espanhol, o francês, o inglês e o italiano. Pelo menos cita, às vezes até com transcrições literais do texto, várias obras naqueles idiomas. Para a parte histórica, Aires de Casal mostra possuir muito boa informação bibliográfica. Todas as grandes obras clássicas do seu tempo relativas às matérias de que trata aparecem citadas. Não lhe escaparam também os autores brasileiros, Rocha Pita e Gaspar da Madre de Deus. Este último é bastante referido, embora Aires não lhe cite o nome, mas somente o título da obra, *Memórias para a história da capitania de São Vicente*; parece aliás não simpatizar muito com o autor. Ainda nesta parte histórica, Aires de Casal não se restringiu às obras impressas; rebuscou os arquivos à sua disposição, mas nesta matéria de manuscritos ele é muito pouco elucidativo quanto à natureza dos documentos citados e lugar onde os encontrou. Limita-se quase sempre a referi-los em termos vagos, "um manuscrito que vi", "que me foi comunicado", "que soube por informação". Há contudo a salientar aqui a famosa carta de Pero Vaz de Caminha, o escrivão da armada de Cabral, dando conta do desco-

---

6. É o próprio Santos Marrocos quem no-lo informa. Veja-se sua carta de 18 de abril de 1816. *Anais da Biblioteca Nacional*, v. 56, p. 274.

brimento do Brasil. Aires foi o primeiro a publicá-la, embora com incorreções, utilizando-se para isto de uma cópia encontrada no Arquivo da Real Marinha do Rio de Janeiro (*Corografia*, 1, p. 12, nota). Refere-se aliás onde se conservava o original (Torre do Tombo, em Lisboa.)

Na parte geográfica é muito parco em notícias bibliográficas. Quase não cita suas fontes, e é difícil reconstituí-las. De obras impressas, contava com poucas; muito raros eram os livros com informações sobre o Brasil; é conhecido o silêncio e ignorância com que a metrópole portuguesa sempre procurou cercar as coisas de sua colônia. Uma daquelas raras exceções, a mais preciosa, que é o grande trabalho de Antonil, *Cultura e opulência do Brasil*, esteve com certeza nas mãos de Casal, embora ele não o cite. Referindo-se à cultura do tabaco em Alagoas, repete fielmente as informações de Antonil a respeito, e que provavelmente só poderia ter encontrado na obra deste autor. Utilizou também, e os cita, os trabalhos de alguns viajantes e exploradores estrangeiros do século XVIII, como La Condamine e Bougainville.

Ao contrário de obras impressas, os documentos escritos à disposição de Aires eram relativamente abundantes. Memórias, roteiros e diários de viagem, relatórios de autoridades referentes às diversas regiões e partes do Brasil são, a partir dos últimos anos do século XVIII, numerosos. Particularmente depois da transferência da Corte, quando o interesse da administração portuguesa pelas coisas da colônia cresce muito. Os arquivos públicos, a que Casal, pela sua posição e relações, tinha com certeza fácil acesso, reuniram assim, nesta época, uma documentação apreciável sobre o país. Aliás tal interesse não se restringe à administração; ele é geral, tanto dentro do Brasil como no estrangeiro. O momento se assemelha ao acordar de um longo letargo; caíam as muralhas chinesas dos ciúmes da metrópole, e a curiosidade pelos assuntos brasileiros se acendia em todos os meios. O próprio aparecimento da *Corografia*, esta primeira descrição geral do Brasil (com exceção das já duas vezes centenárias descrições de Gandavo, Gabriel Soares e Vicente do Salvador), é bem um reflexo e símbolo do momento. Trabalhando num momento deste, Aires não teria grande dificuldade em se informar.

Desta documentação numerosa que então aparece sobre o Brasil, a maior parte ainda se encontra nos arquivos; uma parcela já foi dada à publicidade, e pode ser lida nas grandes coleções históricas, em particular na *Revista do Instituto Histórico Brasileiro*. *O Patriota*, jornal publicado no Rio de Janeiro em

1813 e 1814, e o *Correio Brasiliense*, ambos acessíveis a Casal, também trouxeram neste sentido sua contribuição. O autor da *Corografia* dispôs assim de material apreciável, o que aliás a segurança geral das informações que presta vem comprovar. Algumas destas fontes manuscritas, apesar do já lembrado silêncio e imprecisão do autor, podem ser identificadas. É assim fora de dúvida que utilizou os trabalhos geográficos de Ricardo Franco de Almeida Serra, membro de uma das comissões demarcadoras de limites que trabalharam no Brasil na segunda metade do século XVIII, e que deixou muitos e importantes escritos. Aires de Casal cita um deles, sem dar contudo o nome do autor, relativo aos índios guaicurus de Mato Grosso.[7] José Vieira Couto, cujo nome também não é referido, aparece em longa transcrição relativa ao Distrito Diamantino (Minas Gerais).[8] A Memória sobre a capitania de Goiás, do padre Luís Antônio de Silva e Sousa, publicada parcialmente n'*O Patriota* e mais tarde na *Revista do Instituto Histórico* (12, p. 429), também aparece na *Corografia*, sem o nome do autor, citada como o "Ms. da História Goiana".[9]

A informação cartográfica à disposição de Casal também é boa. Sabe-se que no século XVIII, graças sobretudo às questões de limites entre possessões portuguesas e espanholas neste hemisfério, muito se realizara no sentido do levantamento cartográfico do Brasil, e aqui trabalharam os maiores astrônomos e matemáticos portugueses, em particular o brasileiro Francisco José de Lacerda e Almeida, o principal deles, e que se notabilizaria mais tarde mundialmente com seus trabalhos na África. Um balanço e súmula dos conhecimentos cartográficos ao alcance de Casal estão na *Carta da América meridional*, de Arrowsmith, publicada em Londres em 1810, e onde o Brasil está representado com bastante segurança.

A administração pública, embora com outros fins, veio neste assunto de cartografia em auxílio de Casal. Por ordem de 16 de março de 1808, ela solicitara de todos os governadores os mapas e cartas geográficas e topográficas existentes nas respectivas capitanias, e o decreto de 7 de abril do mesmo ano,

---

7. Este trabalho de Almeida Serra encontra-se publicado na *Revista do Instituto Histórico Brasileiro*, 7, p. 204; e 13, p. 348.
8. "Memórias sobre a capitania de Minas Gerais", de José Vieira Couto, publicada na *Revista do Instituto Histórico Brasileiro*, 3ª ed., II, p. 289.
9. Um documento que vem bastante citado é uma *Descrição geográfica da América portuguesa*, de Francisco da Cunha. Foi-me impossível identificar este trabalho e seu autor.

que criou o Arquivo Militar, organizava pela primeira vez no Brasil o serviço de inventário cartográfico do país, mandando reunir, examinar e comparar todos os trabalhos realizados, e retificá-los naquilo onde novos estudos e levantamentos demonstrassem erros anteriores. Juntou-se assim, de uma forma sistematizada, um material cartográfico apreciável de todo o país. Acrescentemos que por esta época a Impressão Régia começava a publicação de mapas, sendo o primeiro a planta da cidade do Rio de Janeiro, levantada por ocasião da chegada da Corte, e que se imprimiu em 1812. Não se pode saber até que ponto Aires de Casal se aproveitou deste material ao seu alcance; em todo caso, é de lamentar que não tivesse com ele ilustrado a *Corografia*, o que serviria pelo menos para não abrir o péssimo precedente de livros de geografia sem o elemento essencial desta matéria que são as cartas e mapas. O nefasto exemplo da *Corografia* teria seus frutos, e raros, quase nenhum, serão durante muito tempo os trabalhos brasileiros de geografia devidamente ilustrados. Não parece aliás que Aires desse muita importância ao assunto; da leitura de seu livro não se depreende que fosse muito dado a consultas de mapas e reflexão sobre eles.

Podemos agora, desta análise feita à *Corografia brasílica*, concluir sobre seu valor e significação.

Trata-se, em suma, de um quadro geográfico geral, embora reduzido, do Brasil de sua época; uma descrição dele; mas sem veleidade alguma de explicação ou interpretação, destituído inteiramente de espírito crítico. O seu maior mérito está em ter sido o primeiro trabalho geral, e o único de certo valor durante muito tempo, na matéria. Se em outros que o precederam, alguns sem dúvida mais interessantes, se encontram aspectos parciais e restritos do país, nenhum reunira ainda, num conjunto sistemático, a descrição geográfica de todo ele. Neste sentido Aires de Casal merece o título que lhe deu Saint-Hilaire, e que a posteridade consagrou, de "pai da geografia brasileira". Isto apesar de todos os erros, lacunas e deficiências (mais estas últimas que erros propriamente, pois, de uma forma geral, as informações da *Corografia* são sofrivelmente seguras). Se Aires de Casal está longe de merecer a qualificação de "geógrafo" no sentido atual da palavra, e fica muito apartado mesmo daqueles naturalistas seus contemporâneos que, inclusive com relação ao Brasil, estavam lançando as bases da verdadeira ciência geográfica, ele se coloca, relativamente ao método e concepção que tem da sua ciência, tão criticáveis hoje, num plano que pouco ou nada fica a dever àquele então oficialmente adotado e reconhecido para os estudos geográficos. Excluamos o desataviado da linguagem, a puerilidade do estilo, da apresentação e de certas afirmações, e podemos comparar a *Corografia brasílica* a qualquer uma das obras clássicas de geografia do seu tempo. Mais solene e pretensiosa, e naturalmente muito mais cuidada e completa, a *Geographie Universelle* de Malte-Brun, publicada entre 1812 e 1829, e que constitui padrão de sua época, não é, quanto ao modo de encarar os fatos geográficos, muito superior à modesta *Corografia* de Casal.

Mas doutro lado, Aires de Casal não trouxe com seu livro contribuição nova alguma para conhecimento do Brasil, nem no sentido de observações e dados, nem no de sugestões ou ideias fecundas. Limitou-se a compilar o que já existia relativamente à matéria, reunir informações que ordenou, ou antes classificou depois segundo um plano rígido e sem perspectivas. E assim, se constitui um primeiro, e sem dúvida excelente manancial de notícias sobre o conjunto do país, não trouxe grande coisa para desenvolver o reconhecimento geográfico dele.

Apesar disto, sua prioridade, e em consequência utilidade, deu grande repercussão a seu livro. Saint-Hilaire, que iniciou suas peregrinações pelo Brasil no ano anterior ao aparecimento da *Corografia*, se utilizaria largamente dela mais tarde, ao redigir para publicação seus diários de viagem. Outros estão no mesmo caso, e até um destes viajantes estrangeiros — advirta-se, contudo, desde logo, não tratar-se senão de um pobre aventureiro com pretensões a escritor — não se pejaria de lançar mão da obra de Casal para, sem ao menos citá-la, escrever uma pseudo-história do Brasil que não é, na sua quase totalidade, senão tradução literal dela.[10] Fraude que Saint-Hilaire seria o primeiro a denunciar. O sucesso da *Corografia* no estrangeiro se manteria por muito tempo. É com certeza nela, ou em seus repetidores, que na parte relativa ao Brasil se inspiraram todos os compêndios de geografia geral publicados em grande número por esta época nos diferentes países da Europa. Quase trinta anos depois do seu aparecimento, ela ainda seria utilizada como fonte principal, na redação do grande *Dicionário geográfico* de Milliet de Saint-Adolphe.[11]

10. *History of the Brazil*, por James Henderson. Londres, 1821.
11. *Dicionário geográfico, histórico e descritivo do Império do Brasil*, por J. C. R. Milliet de Saint-Adolphe, e trasladado em português do manuscrito inédito francês pelo dr. Caetano Lopes de Moura, 2 t., Paris, 1845.

Para as letras brasileiras, a importância da *Corografia* é notável.[12] Desde sua publicação ela servirá de modelo a quantos trataram da matéria. O primeiro livro de geografia geral redigido por um brasileiro parece ter sido o *Compêndio* de Basílio Quaresma Torreão,[13] um pernambucano que teve papel saliente nas revoluções de 1817 e 1824, bem como nos demais acontecimentos que tanto agitaram sua província depois de 1821. Escreveu seu trabalho, com toda probabilidade, entre 1817 e 1821, quando esteve preso na Bahia, e aproveitava o ócio do cárcere para ensinar geografia a seus companheiros. No prefácio do *Compêndio* ele confessa que se serviu, na parte relativa ao Brasil, além de informações de pessoas fidedignas, da "*Corografia* do reverendo Aires". Durante mais de meio século será este o caso de todos os tratadistas da matéria. A *Corografia brasílica* se tornará uma espécie de "livro sagrado" da geografia brasileira, e ainda em 1873, Joaquim Manuel de Macedo, cujas obras de história e geografia constituíram os principais e quase únicos manuais de ensino daquelas matérias por muito tempo (e só foram substituídos pelos de Joaquim Maria de Lacerda que ainda alcançaram as gerações vivas), afirmava de Aires de Casal, no prólogo às suas *Noções de corografia*, que era "o mestre e guia de quantos têm escrito depois dele". Pode-se dizer que o prestígio da *Corografia brasílica* só declina depois do aparecimento das traduções, feitas por Capistrano de Abreu, das obras de Sellin e de Wappaeus, já no penúltimo decênio do século XIX, e que introduziram nos estudos geográficos do Brasil o sopro renovador cuja falta havia tanto já se fazia sentir.[14]

A influência do livro de Casal na literatura geográfica brasileira foi assim considerável. Para bem ou para mal? Num sentido muito lhe devemos, porque ninguém se abalançou durante muito tempo, depois dela, a uma revisão geral da geografia brasileira, refazendo o paciente trabalho de pesquisa e coleta de

---

12. Como foi referido acima, Aires de Casal faleceu antes de publicar a edição corrigida que planejara para sua obra. Em 1833 saiu nova edição da *Corographia brazílica, ou relação histórico--geográphica do Brazil*. Por Manuel Ayres de Cazal, presbytero secular do Grão Priorato do Crato. Nova edição, correcta e emendada. Rio de Janeiro. Na typographia de Gueffie & Comp., 1833. Os editores Laemmert deram em 1845 uma chamada "segunda edição", que não é senão a anterior com folha de rosto nova.

13. *Compêndio de geographia universal*, de Basílio Quaresma Torreão. Londres, 1824.

14. A *Geographia physica do Brasil*. Refundida. Edição condensada. J. E. Wappaeus. Rio de Janeiro, 1884. *Geographia geral do Brasil*. Traduzida e consideravelmente aumentada. A. W. Sellin. Rio de Janeiro, 1889.

informações a que se dedicara o padre Aires. Todos seus continuadores se contentariam em repeti-lo, corrigindo aqui e acolá os erros que se iam evidenciando, e pondo a matéria em dia. Podemos pois supor, sem injustiça para estes sucessores de Casal, que na falta de um compêndio como a *Corografia*, onde se reuniram as linhas gerais da geografia brasileira, pondo-a ao alcance fácil de todo mundo, teríamos ficado muito tempo ainda sem uma noção geral do país.

Doutro lado, é certo que os defeitos de concepção e métodos geográficos da *Corografia*, encobertos sob a autoridade incontestada do precursor, muito contribuíram pelo seu exemplo nefasto para manter os estudos geográficos no Brasil em nível muito baixo. A nomenclatura, a simples enumeração, a descrição puramente formal e sem espírito crítico, a falta absoluta de um critério verdadeiramente geográfico, isto é, "de distribuição e associação no espaço dos vários elementos naturais e humanos"; tudo isto que constitui a característica essencial da *Corografia brasílica* continuará viciando os estudos de geografia no Brasil. Neste sentido, e graças a seu prestígio que ninguém ousaria contestar, o livro de Casal retardará consideravelmente a renovação entre nós dos métodos geográficos. Raros serão aqueles que se afastarão do modelo consagrado. Não posso deixar de citar aqui uma destas exceções, porque se coloca nitidamente acima de seus contemporâneos: é a de Monteiro Baena com seu *Ensaio corográfico* do Pará.[15] Mas esta e outras pequenas tentativas semelhantes não tiveram maior repercussão, e não influíram sensivelmente na evolução dos estudos geográficos brasileiros.

De certa forma, coisa parecida passou-se em outros países durante o século XIX, naqueles mesmos onde sempre fomos buscar nossos padrões de cultura. Aliás um dos manuais de geografia brasileira que na segunda metade do século XIX mais se utilizaram entre nós, e que é uma adaptação especial e exclusiva ao Brasil, feita por autores franceses consagrados, da geografia de Malte-Brun, não é superior ao que se fazia aqui na matéria.[16] Os mesmos defeitos de concepção e método, que se mostram tão acentuados em Aires e seus imitadores, aparecem aí, e são aliás comuns a boa parte da literatura geográfica internacional do momento. Mas o que faltou entre nós é, a par desta geografia

---

15. Antonio Ladislau Monteiro Baena, *Ensaio corographico sobre a província do Pará*. Pará, 1839.
16. *Tratado de geographia elementar, physica, histórica, ecclesiastica e politica do Império do Brasil*, de J. G. Amadeo Moure e V. A. Malte-Brun. Paris, 1861. Este Malte-Brun não é o autor da *Geographie Universelle*, mas seu filho, também geógrafo, e que reeditou a obra do pai.

clássica, oficial e estéril, simples relação descritiva, uma elaboração paralela dos conhecimentos geográficos fundada em bases e concepções verdadeiramente científicas. Isto faltou no Brasil, e enquanto noutros lugares se constituía esta nova geografia — ciência que havia de desbancar sua predecessora —, ficaram os autores nacionais exclusivamente nos métodos clássicos herdados do passado. Lembrei acima que o estudo da matéria só começou a tomar outro rumo entre nós depois dos livros de Wappaeus e Sellin (bem como em consequência de outros fatores contemporâneos, como em particular a organização da Comissão Geológica e Geográfica de São Paulo, sob a direção de Orville Derby). Aliás o interesse pela matéria sempre foi aqui pequeno. Entre outros sintomas, estão aí o Instituto Histórico e Geográfico Brasileiro e seus congêneres provinciais, que, apesar do nome, e de terem sido até quase o século xx os únicos institutos nominalmente votados à geografia, nunca se ocuparam seriamente do assunto.

Outro fator que influiu desfavoravelmente na constituição e evolução dos estudos geográficos brasileiros foi o apego exclusivo aos autores franceses. A França esteve nesta matéria, durante muito tempo, em grande atraso sobre outros centros culturais, em particular a Alemanha. É certo que a *Geographie Universelle* de Réclus é de um francês. Mas Réclus constitui uma exceção; revolucionário na sua ciência, revolucionário em todos os atos de sua vida, figura à margem da geografia oficial francesa do seu tempo, tanto como na Comuna de Paris de 1871, no cárcere e no exílio, esteve também à margem da vida oficial do seu país. A influência que sofreu lhe veio aliás da Alemanha, onde passou sua infância e mocidade, onde se educou e formou.

Os estudos geográficos no Brasil não foram assim felizes. Submetidos a influências pouco progressistas e desenvolvendo-se num meio de desinteresse geral, eles marcaram passo durante quase um século. E é por isso que ainda hoje o que de melhor existe sobre a geografia brasileira nos vem de fora.

Esquecida por algum tempo, a *Corografia brasílica* volta à ordem do dia. Esta edição do Instituto Nacional do Livro é a segunda que dela se publica nestes últimos anos. Há pois novo interesse em torno de uma obra que durante meio século constituiu o padrão e modelo dos nossos conhecimentos geográficos, e depois se eclipsou quase inteiramente. Mas a *Corografia* de Aires de Casal não reaparece como tratado geográfico; com este caráter não tem mais expressão alguma. É aos historiadores que hoje pertence; sem ela seria muito difícil reconstituir inteiramente aquele Brasil de século e quarto atrás [terceira década do século XIX], tão importante porque se situa no momento mais crítico da nossa história. É o Brasil maduro para a Independência, e tomando pela primeira vez consciência plena de sua individualidade, que aparece nestas páginas singelas da *Corografia brasílica*. É um livro, pois, que não deve, não pode ser esquecido. E a isto acrescentemos o argumento sentimental da homenagem que a sua reedição presta ao pai da geografia brasileira.

O *Tamoio* e a política dos Andradas na Independência do Brasil*

O primeiro número do *Tamoio* apareceu no Rio de Janeiro em 12 de agosto de 1823. O jornal saía a princípio uma vez por semana, passando logo para duas e depois para três vezes (o que prova a boa aceitação que de fato teve), formando a coleção completa 35 números. O último deles, acrescido de um suplemento, aparecido no mesmo dia, é de 11 de novembro, data da dissolução da Assembleia Constituinte. Imprimiram-se os primeiros quatro na Oficina de Silva Porto e C. Os demais na Imprensa Nacional, que depois da Independência substituíra a Impressão Régia fundada por d. João em 1808, e que, como sua predecessora, fazia, além das publicações oficiais, também serviços particulares. É de notar esta circunstância interessante de um jornal de oposição, como o *Tamoio*, ser impresso num estabelecimento público, o que era aliás usual na época. A Imprensa Nacional não tinha cor política, e não se diferenciava a este respeito de nenhuma outra empresa particular.

As circunstâncias imediatas que determinaram o aparecimento do *Tamoio* são sabidas. O ministério dos Andradas (assim chamado pelo predomínio que nele exercia José Bonifácio, que ocupava a pasta do Império, figurando seu irmão Martim Francisco na da Fazenda) deixou o governo a 16 de julho, vítima

---

* Introdução à edição fac-similar do *Tamoio*, de Zelio Valverde. Rio de Janeiro, 1944.

de forte oposição. Menos de um mês depois surge o *Tamoio* para tomar-lhe a defesa póstuma e sustentar a política do ex-ministro. Dois grandes amigos de José Bonifácio são seus organizadores: Vasconcelos Drummond e o desembargador França Miranda; e a orientação do periódico é nítida e expressamente naquele sentido: basta para constatá-lo acompanhar-lhe as páginas. Isto levou muitos contemporâneos, repetidos depois por historiadores, a atribuir o *Tamoio* à responsabilidade direta de José Bonifácio. Isto contudo não parece exato. O que é certo é que o ex-ministro, sem intervir diretamente no periódico, tinha-o sob sua inspiração; e é provável mesmo que colaborasse nele ocasionalmente. A discussão não tem aliás maior importância, porque, seja como for, não se pode contestar que o *Tamoio* tivesse sido um legítimo representante da política e do pensamento dos Andradas.

Para situá-lo pois nos acontecimentos da época, é preciso definir bem esta política e este pensamento. Notemos em primeiro lugar que por Andradas se entende sobretudo (podemos mesmo dizer unicamente) o principal e mais velho deles: José Bonifácio; Martim Francisco é uma figura secundária, que aparecerá sempre em função exclusiva de seu irmão. O último personagem da famosa trindade, Antônio Carlos, é sem dúvida dotado de maior personalidade. Muito antes mesmo que José Bonifácio, figurava com relevo nos acontecimentos políticos do Brasil, datando sua estreia de 1817, por ocasião da Revolução Pernambucana daquele ano. Antônio Carlos ainda terá depois disto, quando é libertado do cárcere da Bahia onde permaneceu até 1821, uma posição própria e definida. Isto já na Bahia, e logo depois nas cortes de Lisboa. Em seguida, contudo, parece que se deixa absorver pelo irmão, e é na sua órbita exclusiva que passará a girar. É só muito mais tarde, e depois da morte de José Bonifácio, que retoma sua atividade independente, figurando com destaque, como se sabe, nos acontecimentos da Maioridade.

Nestas condições, no momento que nos ocupa, a figura dos Andradas que interessa realmente é a de José Bonifácio. Figura marcante e de grande personalidade; mas que não se compreende contudo sem uma análise atenta dos acontecimentos da época, de que ela é, em grande parte, um puro reflexo.

A versão oficial e clássica da Independência tem sido infelizmente por demais simplista e esquemática. Resolve-se sumariamente em torno de dois termos de uma oposição: Brasil Colônia e Portugal metrópole. No contraste destes dois polos divergentes se costuma situar todo o movimento da nossa emancipação política, sem levar em conta o sem-número de ações e reações que se processam no seio e interior de cada qual. Noutras palavras, esquecendo o que houve de luta social dentro de ambos. No entanto, no que se refere ao Brasil, assunto que nos interessa aqui, a Independência se apresenta efetivamente como resultante de um conflito intenso e prolongado de classes e grupos sociais; e já muito antes de se propor claramente a questão da emancipação, outras divergências opunham aqueles partidos. A Independência não será mais que um dos aspectos que tomarão aquelas divergências; ou antes, preferivelmente, representará um terreno comum em que momentaneamente elas se acordam; para romperem de novo, logo depois, com redobrada violência.

A Revolução Constitucionalista do porto, repercutindo no Brasil, polarizará aqui as forças políticas: de um lado, o elemento revolucionário, democrático e liberal, representado sobretudo pelas classes médias e baixas da população (excetuando os escravos, cuja atitude será passiva). A análise dos acontecimentos mostra-nos claramente que são aquelas classes que mais ativamente sustentarão o movimento constitucionalista no Brasil. Doutro lado, e contra ele, agrupa-se a reação. Esta aliás subdividida em tendências diversas, mas unidas no propósito de lutar contra a revolução. Encontramos nela os elementos extremos, que defendem intransigentemente as prerrogativas reais: será destes o então ministro Tomás Antônio Vilanova Portugal. Há também os mais complacentes, que querem aliás jogar com a revolução em proveito próprio. Aceitam reformas da estrutura absolutista da monarquia; mas que sejam para aparar o poder real em seu benefício. A nobreza, antiga e já tradicional adversária do poder absoluto, que conspirara com Napoleão e se submetera ao invasor francês, tomará esta posição. Representa-la-á nesta conjuntura, no Rio de Janeiro, isto é, junto ao trono e ao governo, o conde de Palmella. O conde se apressara em viajar para o Brasil logo que a crise se aproximara; vinha aliás como secretário de Estado, posto para o qual fora nomeado anos antes, mas que desprezara em favor da embaixada em Londres que então ocupava. De passagem por Lisboa, aconselhará a convocação de cortes. "Mas que cortes?", perguntará o astuto redator do *Correio Brasiliense*, que se incumbe de logo responder: "As antigas, em que os nobres, com o conde de Palmella à frente, fizessem tudo" (*Correio Brasiliense*, dez. 1820).

Um terceiro e último partido tomará no Brasil posição ao lado da reação: é um grupo menos definido e mais hesitante em suas atitudes. Forma-se daqueles que a permanência da Corte no Rio de Janeiro favorecera mais direta e largamente, e que se agrupam sob o signo dos interesses criados com aquela permanência. Interesses de toda ordem: mercantis, construídos sobre a franquia dos portos brasileiros e a liberdade do comércio colonial; financeiros, alimentados pelos negócios com o Erário Régio e outras atividades que a transferência da Corte e do centro e sede da monarquia introduzira no país; sociais, pela elevação de sua categoria de antigos e modestos colonos a metropolitanos e cortesãos; burocráticos, representados pelos cargos administrativos de uma complexa e imensa engrenagem governamental que a Corte erigira entre nós. Já contemporaneamente, este grupo que reúne, particularmente no Rio de Janeiro, o que havia na colônia de social e economicamente mais representativo, era designado por *partido brasileiro*. É a expressão empregada por Silvestre Pinheiro em suas famosas cartas escritas ao correr dos acontecimentos, e que por isso, mais que qualquer outro depoimento, no-los representam ao vivo.[1] O nome indica aliás mais os interesses em jogo que nacionalidades; pois embora predominem neste partido os naturais do Brasil, os portugueses são numerosos; e em muitas instâncias mesmo, os mais representativos. Notemos que na época designavam-se por brasileiros todos aqueles que habitavam o Brasil e tinham seus interesses ligados à colônia. *Português* era designação genérica, e aplicava-se a todos os súditos da Coroa portuguesa, fossem naturais do Reino europeu ou das colônias.

O partido brasileiro não verá em geral com bons olhos a Revolução Constitucionalista. Nada ou quase nada mais tinha a reivindicar além daquilo que o soberano português já lhe outorgara. Faltar-lhe-ia apenas a consolidação da posição alcançada, e que até aquele momento não se apoiava efetivamente senão na ocasional e por isso precária permanência da Corte no Rio de Janeiro. A estrutura política da monarquia não se alterara de direito, apesar da nominal elevação do Brasil a Reino; e continuávamos como dantes uma simples colônia. A precariedade de uma tal situação, a incerteza e insegurança quanto ao futuro fariam o partido brasileiro olhar com simpatia para projetos de reforma

---

1. As cartas de Silvestre Pinheiro acham-se publicadas na *Revista do Instituto Histórico Brasileiro*, t. 51, parte 1.

que completassem as realizadas até então, e sobretudo que as consolidassem. Não era isto contudo que oferecia a Revolução Portuguesa; e pelo contrário, havia tudo que temer de seus avançados projetos democráticos. Estes últimos atemorizavam particularmente num país como o Brasil, de tão profundas contradições sociais, de grandes massas escravas; tudo complicado por consideráveis diferenças raciais.

Por estes motivos, o partido brasileiro fará frente comum com a reação e a luta contra a revolta. Seria muito longo acompanhar aqui as peripécias do conflito que se desenrola, e os incidentes que se sucedem tão rapidamente desde que chega ao Brasil a notícia da Revolução Constitucionalista (outubro e novembro de 1820), impossíveis de compreender e interpretar no seu conjunto se não guardamos em mente o critério assinalado da disposição política dos diferentes grupos e classes sociais da colônia em face dos objetivos revolucionários.

Depois que o rei deixa o Rio de Janeiro (abril de 1821), o partido brasileiro ficará só e isolado no campo da reação. Os outros grupos, mais ligados a Portugal, vão agir agora no Reino europeu, continuando lá a disputa da partida iniciada aqui. É então que, livre de aliados que o mantinham ligado e subordinado à política interna da metrópole, e abandonado pelo rei que se entregava às cortes e à revolução dominante em Portugal, é então que o partido brasileiro se inclina para a Independência. Era esta no momento a única solução normal do seu problema político, o único meio de impedir o contágio revolucionário e o progresso da democracia no Brasil.

Procurará jogar com o príncipe regente, isolando-o da influência europeia. Apresentá-lo-á como representante legítimo da autoridade real, que seu pai, prisioneiro das cortes e coagido por elas, não estava mais em condições de exercer. Será a princípio posto em respeito pela tropa estacionada no Rio de Janeiro e que, fiel à metrópole, fazia causa comum com a revolução. O conde dos Arcos, um momento seu representante no governo, será apeado pelo motim de 5 de junho. Estava-se ainda, contudo, num momento de transição e expectativa: nada se fará de concreto e definitivo nem num, nem noutro sentido. De um lado, aguarda-se a Constituição que estava sendo elaborada pelas cortes; doutro, procura-se desmoralizá-las e subtrair o príncipe à sua autoridade. Ambos os partidos se organizam: os democratas ressuscitam a Maçonaria (julho de 1821); e lutam pela imprensa, onde seu órgão principal será o

Revérbero Constitucional Fluminense, dirigido por dois de seus principais chefes: Joaquim Gonçalves Ledo e o padre Januário da Cunha Barbosa. Os outros serão liderados pelo Clube da Resistência.[2]

A atitude inábil das cortes, onde começam a predominar os elementos inclinados a retirar do Brasil as franquias adquiridas durante a permanência do soberano, faz a balança pender em favor da reação. Esta tem agora uma arma poderosa a manejar: os interesses nacionais brasileiros, ameaçados pelos constituintes portugueses. A ideia da separação ganha terreno entre os próprios democratas, que são afinal arrastados em bloco por ocasião dos acontecimentos do Fico. Realiza-se então a unificação das forças políticas brasileiras na base de um programa de emancipação do país.

É nesta conjuntura que entra em cena a figura principal que aqui nos interessa: José Bonifácio, que é chamado a ocupar um lugar no ministério, e desde logo assume o papel correspondente ao de chefe de governo. O apelo a José Bonifácio se explica facilmente: ninguém mais que ele estava então em condições de desempenhar a tarefa. De um lado, pela sua posição social e passado, era de molde a oferecer todas as garantias ao partido da reação que, como pioneiro da ideia da separação de Portugal, é quem neste momento lidera os acontecimentos. Doutro lado, como brasileiro de nascimento e pelo largo prestígio que adquirira graças a seus trabalhos científicos, reunia as condições necessárias para se impor à generalidade da opinião pública. Finalmente, tinha ele a apoiá-lo a ascendência que gozava em São Paulo, onde contava com o voto da parte mais representativa e importante da população. Os acontecimentos conhecidos por Bernarda de Francisco Inácio, e a oposição que esta levanta (em particular no interior da província), o mostrariam claramente pouco depois.

Ora, isto era da máxima importância. Abria-se luta franca com Lisboa e as cortes. Não bastava para levá-la a bom termo o Rio de Janeiro onde estacionavam contingentes importantes de tropas portuguesas fiéis à metrópole. Tinha-se que apelar para forças armadas da província, como de fato se apelou para as de São Paulo e Minas Gerais. Além disto, era de toda urgência formar um sólido bloco sulista pró-autonomia ou eventualmente independência

---

2. Notemos que entre os primitivos membros deste clube figuram os dois futuros redatores do *Tamoio*: Vasconcelos Drummond e França Miranda. Este último editava então o *Despertador Brasileiro*.

(o termo final da luta não estava ainda bem definido no ânimo de todo mundo), para opor-se às tendências do Norte, muito mais apegado que o Sul à autoridade das cortes.

Esta posição do Norte, que custou muito mais a afastar-se da influência da Revolução Portuguesa, explica-se pelas condições em que lá se desencadeou o movimento constitucionalista. Não nos ocupemos, para não alongar o assunto, com as capitanias ou províncias do extremo norte, Pará e Maranhão, que, mais ou menos excêntricas, têm um papel, no conjunto, relativamente pequeno. Os fatos mais importantes neste terreno que nos ocupa são os das províncias do Nordeste, Pernambuco e Bahia em particular. A Revolução Constitucionalista reuniu aí, desde logo, o conjunto da população, todas as suas classes sociais, mesmo aquelas que correspondem lá ao partido brasileiro do Rio de Janeiro. Vimos que este último deveu sua existência, sobretudo, ao conjunto de interesses criados na base da permanência da Corte na capital da colônia. São portanto nesta última muito mais extensos e sólidos que nas províncias, sobretudo as do Norte, tão excêntricas à capital. Para estas, num certo sentido, a transferência da sede da monarquia não teve outro papel que substituir no domínio político da nação uma cidade por outra tão estranha como a anterior. Nelas se falará do Rio de Janeiro como dantes se falava em Lisboa. Além disto, tinha-se no Nordeste, em particular em Pernambuco, o duro passado da Revolução de 1817, cujos efeitos imediatos se prolongarão até o movimento constitucionalista de 1821. Os revolucionários de 1817 achavam-se ainda no cárcere da Bahia quando este movimento veio libertá-los. Entre eles encontramos o que havia em Pernambuco de social e economicamente mais representativo: categorias exatamente correspondentes àquelas que no Rio de Janeiro formariam o partido brasileiro. E portanto se este, na capital da colônia, gozando de todas as prerrogativas e privilégios, não poderá ver com simpatia uma revolução democrática, e reagirá contra ela, no Nordeste, pelo contrário, encontrará nela a oportunidade de sua libertação, como efetivamente se deu. A diferença é profunda, e isto explica porque foi tão mais difícil apartar o Norte da influência das cortes saídas da revolução.

O Sul tomará por isso a dianteira; e José Bonifácio será seu representante no governo. Mesmo aí, contudo, a unificação das forças políticas em torno do programa da independência não significará uma resolução final de todas as contradições entre os partidos em choque anteriormente. As divergências reaparecerão logo; e embora mantendo-se todos no terreno da independência, apartar-se-ão largamente no da sua organização. Voltam a defrontar-se os princípios que dantes já estavam em jogo: democratas e conservadores (*aristocráticos*, como então se dizia). José Bonifácio ficará naturalmente com os últimos. Não podia ser de outra forma: eram eles sobretudo que o ministro representava no governo. Biparte-se assim a sua tarefa de governante: de um lado procurará assegurar e consolidar a autonomia já em grande parte conquistada pelo Brasil. Daí as suas grandes tarefas de aparelhamento militar do país, em particular a organização de uma marinha de guerra; de reagrupamento das províncias dispersas, condição fundamental para a constituição do Estado nacional brasileiro. Mas ao mesmo tempo José Bonifácio será no governo um representante de sua classe e partido.

Não tardará em mostrá-lo claramente quando, em vez de uma constituinte, convoca pelo decreto de 16 de fevereiro de 1822 o Conselho de Procuradores. Trata-se de uma medida nitidamente antidemocrática, e como tal foi denunciada já na época. Inspira-se na necessidade de agrupar o país, dar coesão às suas dispersas províncias; mas isto não na base de uma larga representação popular, mas de um reduzido número de procuradores, sem poderes de legislação e simples conselheiros do governo. Trata-se de uma velha ideia, já aventada mais ou menos sob a mesma forma um ano antes, quando se cogitara de lutar contra a Revolução Constitucionalista desencadeada em Portugal e que ameaçava o Brasil, e que se consubstanciara então no decreto de 18 de fevereiro de 1821. José Bonifácio ressuscitava agora o mesmo expediente para lutar contra a democracia brasileira. Frustrar-se-á o golpe: o Conselho gorará, e será convocada uma Assembleia Constituinte apesar da relutância e contra o voto expresso de José Bonifácio.

As divergências e choques dos partidos em luta não se limitarão a isto. Junto ao príncipe, e procurando captar-lhe as simpatias, desenvolve-se o conflito. Talvez tenha consistido nisto o grande erro dos democratas. Por todos os motivos, d. Pedro se inclinaria muito mais para os conservadores: sua posição dinástica, seu feitio e caráter (apesar das atitudes demagógicas que por vezes assumia). Além disto, a preponderância daqueles últimos estava assegurada pela presença de José Bonifácio à testa do governo, e portanto em contato muito mais íntimo com o príncipe.

Duas organizações secretas, a Maçonaria e o Apostolado, representando respectivamente os democratas e os conservadores, chamarão o regente para sua chefia. A Maçonaria, como vimos, se reorganizara no Rio de Janeiro em junho do ano anterior (1821). Depois dos acontecimentos do Fico, reunirá provisoriamente — de acordo aliás com a situação política do momento — democratas e conservadores. O próprio José Bonifácio será recebido nela e logo elevado a grão-mestre. Mas a tendência primitiva e natural da Maçonaria não tardará em novamente predominar nela. José Bonifácio não se enganará a respeito, e, de preferência a lutar no seu seio, organizará nova sociedade de feitio nitidamente reacionário: o Apostolado. Nele se alistarão os elementos mais representativos das classes superiores e conservadoras do Rio de Janeiro. Basta para constatá-lo percorrer a lista de membros publicada por H. Raffard na *Revista do Instituto Histórico Brasileiro* (t. 61, parte II, p. 93).

Em outubro (1822) José Bonifácio obtém uma vitória completa sobre seus adversários. Com pretexto de uma conspiração contra o então já imperador para o estabelecimento da República (acusação que parece infundada, e que os tribunais assim considerariam mais tarde), consegue o ministro de d. Pedro a dissolução da Maçonaria e a prisão ou exílio dos principais chefes da democracia. O Apostolado e seu partido ficarão livres em campo, e organizarão o projeto de Constituição a ser submetido à Assembleia já convocada e que se reuniria em abril de 1823. O projeto revela aliás o caráter e as tendências reacionárias de seus autores. Fará dele uma crítica acerba e violenta um dos mais combativos representantes da democracia brasileira: Cipriano José Barata de Almeida, então em Pernambuco e escrevendo no seu periódico, *A Sentinela da Liberdade*.

Embora livre de seus adversários mais perigosos, José Bonifácio terá diante de si uma difícil tarefa que logo se revelará contraditória. Competir-lhe-á defender e consolidar a Independência tão recentemente adquirida, e que estava longe de completa ou assegurada. Na Bahia, o general Madeira com suas forças armadas sustentava ainda a soberania da metrópole. As províncias do Piauí para o Norte também se voltavam para Lisboa. O mesmo ocorria no extremo sul, na Cisplatina. E em toda parte, levantava-se ameaçador o espectro da contrarrevolução. Era preciso agir com energia e desassombro; e José Bonifácio não fugiu à tarefa.

Muitas das medidas que teve de tomar iam contudo ferir os interesses do partido em que se apoiava e que o tinha levado ao poder. A maior parte dele aceitara a Independência muito mais como uma forma de lutar contra as cortes democráticas de Lisboa e a situação revolucionária do Reino europeu. Começava a desinteressar-se agora por uma situação que já ameaçara e ainda ameaçava reproduzir no Brasil cenas semelhantes às do Portugal revolucionário. É certo que os democratas tinham sido dispersos, esmagados. Mas somente no Rio de Janeiro; nas províncias, em particular em Pernambuco, e também na Bahia (onde representavam alguns dos principais sustentáculos da luta armada pela Independência), os democratas eram ainda muito fortes. Podiam voltar à ofensiva em qualquer momento, inclusive na capital. A guerra da Independência se situava cada vez mais no terreno da oposição aos privilégios econômicos e sociais dos nativos do Reino europeu, que formavam efetivamente a classe mais abastada e socialmente representativa do país. Em particular no Rio de Janeiro, eles constituíam por assim dizer o núcleo central dos conservadores, em torno de que giravam os naturais do Brasil, a eles ligados por toda sorte de laços econômicos e sociais: interesses financeiros, relações de família etc. José Bonifácio, colocando-se em pleno na torrente da Independência, não podia deixar de ferir, direta ou indiretamente, os interesses da classe que representava no governo.

A tarefa do ministro era impossível: tratava-se de realizar a Independência com aqueles mesmos que começavam a olhar para ela com pouca simpatia e muita desconfiança. E doutro lado, sua formação e ideologia afastavam-no dos democratas, que naquele momento representavam os únicos partidários consequentes da Independência. Efetivamente, insurgindo-se como se insurgiam contra os privilégios que o regime colonial acumulara nas mãos dos portugueses, os democratas estavam de fato lutando contra as mais sólidas bases da soberania lusitana no Brasil. Mas agindo assim, lutavam também contra todo um sistema social e econômico que se organizara sobre aqueles privilégios. Isto, José Bonifácio, conservador por excelência, não podia admitir. Acabou assim isolando-se, e lutando em duas frentes que o esmagariam.

É de crer que nunca percebeu claramente a contradição profunda em que encalhara sua política. Persistirá até o fim na sua dúbia posição, perdendo continuamente terreno e acumulando contra si uma oposição crescente que acabaria por apeá-lo do ministério.

É neste momento que aparece o *Tamoio*. A sua principal tecla — o que vale dizer, do ex-ministro — será o "português". Desde o título do periódico, para o qual se escolherá o nome de uma nação indígena que se mostrara particularmente hostil aos colonizadores. Mas será um ataque indiscriminado e incoerente, cheio dos mais absurdos exageros. José Bonifácio, refletido por seus amigos no *Tamoio*, tomara-se de um ódio que se pode dizer pessoal aos portugueses. Tocará com isto uma fibra muito sensível da opinião popular. Mas nada mais: não era possível construir sobre tal base puramente emotiva uma política eficiente e construtiva. À oposição revolucionária dos democratas contra os privilégios econômicos e sociais de que os portugueses eram os principais titulares (mas não os únicos), o *Tamoio* substituirá uma oposição estéril aos indivíduos nascidos no Reino. Conseguirá com isto mobilizar a opinião brasileira, no que será aliás ajudado por outro periódico de igual feição, mas muito mais violento, *A Sentinela da Praia Grande*, cujas relações com os Andradas ainda não estão suficientemente apuradas. Mas será uma mobilização puramente demagógica que acabará por se desmoralizar. E arrastando a Assembleia Constituinte por ocasião do ridículo incidente Pamplona — a agressão de um oficial português contra um indivíduo que nem era brasileiro e que será erigido em mártir da nacionalidade ofendida —, dará pretexto para a dissolução. As contradições da política andradina tinham levado a um desfecho que porá no mais sério risco a estabilidade e a própria existência do nascente Império.

Num certo aspecto contudo, a atuação do *Tamoio* teve bons resultados. Num momento em que os democratas se achavam dispersos e desarticulados — fosse embora por culpa do próprio José Bonifácio —, substituiu-os na sua campanha de desmascaramento das ocultas manobras que se desenrolavam em torno do imperador e tendentes a forçar, por trás da cortina, uma reaproximação com Portugal. A situação era grave, e a própria obra da Independência correu naquele momento um risco muito sério. Sobretudo por causa da reação absolutista em Portugal (maio de 1823; notícias chegadas ao Brasil em agosto), que angariou para o Reino europeu grandes simpatias nos meios mais representativos e influentes do Brasil. Neste sentido, a ação do *Tamoio* e a atitude em geral dos Andradas, na Assembleia e fora dela, tiveram sem dúvida uma grande importância. É de lamentar que o ódio de José Bonifácio à democracia e ao liberalismo — que ainda no *Tamoio* aparece a cada passo — o tivesse impedido de ser inteiramente consequente em sua atitude, ligando-se com aqueles que lutavam mais coerentemente contra os privilégios portugueses e portanto a soberania da ex-metrópole; e que estavam com isto efetivamente empenhados em liquidar a herança colonial e cimentar a obra da independência nacional do Brasil sobre uma larga e sólida base democrática.

A atitude de José Bonifácio é tanto mais de lastimar que era ele talvez quem dentre seus contemporâneos tinha uma intuição mais clara dos principais aspectos econômicos e sociais da democracia brasileira, como demonstram seus escritos: "Representação sobre a escravatura", "Apontamentos para a civilização dos índios" e "Instrução do governo provisório de São Paulo aos deputados da província às cortes portuguesas". A sua formação pessoal, contudo, e a idade avançada com que ingressa para a política o impediriam de compreender também seus aspectos políticos. A evolução brasileira tomará outro sentido, e perpetuar-se-ão no Império independente os traços fundamentais, econômicos e sociais, do regime colonial. E se a culpa disto não pode evidentemente ser atribuída a José Bonifácio, e muito menos ao *Tamoio*, cada qual deles terá nisto, contudo, uma pequena parcela de responsabilidade.

Roteiro para a historiografia do Segundo Reinado (1840-89)

O Segundo Reinado constitui talvez o período mais interessante da evolução brasileira — para aqueles pelo menos que desejam, através da história, obter um conhecimento atual do país. De fato, ele representa, depois de acalmadas as lutas políticas e sociais que vêm desde a Independência, a fase de transição entre o passado colonial e o presente de nossos dias. A significação histórica do Império se mede pelo grau com que se fez aquela transformação da estrutura colonial para a moderna. Muito daquela estrutura permaneceu até hoje; outra parte foi apenas atingida; e finalmente um último grupo de instituições e elementos sociais sofreu mudança radical. A complexidade do Brasil de hoje, em que encontramos lado a lado uma civilização moderna e que se emparelha à dos povos mais desenvolvidos da atualidade e formas antiquadas que sobraram da colônia, explica-se precisamente pela história do Segundo Reinado, onde se situa, em sua parte fundamental e essencial, o processo da modificação parcial sofrida pelo país.

Compreende-se assim a dificuldade do assunto, e a razão por que até hoje ainda não tenha sido abordado de uma forma ampla e de conjunto. Não existe um estudo que se possa chamar completo e recomendável, do Segundo Reinado. Trabalhos parciais e fontes abundantes, eis tudo que se encontra à espera do historiador. Nessa massa considerável de dados esparsos, uma norma sobretudo deve orientar o pesquisador: ela se relaciona com o que foi dito acima — o Império é uma transição entre o passado colonial e o presente moderno. Deve-se pois investigar em que medida as instituições vindas da colônia (instituições no sentido mais amplo da palavra, econômicas, sociais e políticas) se transformaram.

O primeiro capítulo dessa pesquisa é naturalmente a questão do trabalho. A colônia foi o regime universal do trabalho escravo; pouco ou nada de importância (a não ser nas funções de direção) pertencia a outro senão o escravo. Coube ao Império transformar o trabalho servil em livre. Nesta matéria a bibliografia é relativamente abundante, mas falta-lhe quase sempre espírito científico. O historiador crítico, contudo, dispondo da perspectiva que hoje nos é dada, poderá com algum esforço orientar-se no assunto e compreender o processo difícil e moroso com que se realizou a evolução. Obra fundamental na matéria é a de Perdigão Malheiro (*A escravidão no Brasil*, ensaio histórico-jurídico-social. Rio de Janeiro: Tipografia Nacional, 1867. Em três partes com um apêndice de documentos), livro já antigo, mas ainda não igualado, em que se encontrará uma análise cuidadosa da situação jurídica e social do escravo brasileiro, tanto do africano como do indígena. Dos demais trabalhos, destacaremos aqui apenas a *Campanha da Abolição, 1879-88* (Rio de Janeiro, 1924), de Evaristo de Morais, em que se estuda a luta, sobretudo a parlamentar, em torno da questão servil; bem como o livro de Sud Mennucci (*O precursor do abolicionismo no Brasil: Luís Gama*. São Paulo, 1938), que se ocupa em particular da agitação popular da campanha. O que ainda faz falta na matéria é uma análise específica e de conjunto da luta dos próprios escravos através de revoltas e sobretudo de fugas em massa das fazendas em que trabalhavam, fugas essas que nas vésperas da Abolição se tornam cada vez mais numerosas e concorreram decisivamente para o desenlace final da supressão da escravidão no Brasil.

As fontes documentais acerca da escravidão são relativamente escassas, isso porque o primeiro governo da República fez destruir todos os documentos existentes nos arquivos públicos relativos ao assunto; isso em parte por motivos sentimentais, e noutra para tornar inviáveis as reivindicações e pedidos de indenização de antigos proprietários de escravos. Nos debates parlamentares, que estão publicados, encontrar-se-á contudo muito material ainda não aproveitado. Além disso, os arquivos ingleses também possuem muitos documentos relativos ao assunto, porque, sobretudo na fase de extinção do tráfico africano (que só foi efetivamente suprimido em 1850), a política inglesa se interessou consideravelmente pela escravidão no Brasil. Esta documentação inglesa ainda não foi suficientemente trabalhada.

Paralela à questão do trabalho servil, está a imigração europeia. Esta foi estimulada sobretudo para substituir o trabalho dos africanos; e suas consequências, de todos os pontos de vista, são do maior vulto. Basta, para nos certificarmos disso, comparar as regiões do país para onde afluiu o imigrante europeu (sobretudo o Sul e o Centro-Sul) com aquelas onde ele faltou por um ou outro motivo: as diferenças econômicas, sociais, políticas e étnicas são profundas; e em grande parte, se não a maior, devido àquela repartição desigual das correntes migratórias da Europa. Não existe ainda trabalho de conjunto sobre a imigração europeia, e a melhor súmula da matéria encontra-se num breve trabalho de Eduardo Prado, incluído na coleção *Le Brésil en 1889* (Paris, 1889), reunida por Santana Néri.

A organização do trabalho livre, condicionada pelos dois fatores apontados, a abolição da escravidão e a imigração europeia, é matéria do maior interesse porque, ao contrário do que se poderia imaginar, a lei de 13 de maio de 1888 que libertou o escravo não resolveu inteiramente o assunto. Até hoje mesmo, continuaram a vigorar em muitas regiões do país certas relações de trabalho que um observador afeito ao que se passa nos países de maior desenvolvimento capitalista teria dificuldade em classificar entre as formas puras de trabalho assalariado. Em muitos casos, o que houve depois da supressão do regime servil foi antes uma adaptação mais ou menos bem-sucedida do antigo trabalho escravo ao estatuto jurídico do homem legalmente livre; e essa situação de um regime neosservil nas relações de trabalho constitui um elemento fundamental e essencial da evolução econômica e político-social de nossos dias. Assim o historiador do Império precisa levar em conta aquele fato apontado, isto é, que o processo da Abolição não resolveu inteiramente a questão servil, e deixou problemas muito complexos para o futuro.

Depois do trabalho, o pesquisador da história do Segundo Reinado terá sua atenção fixada pela grande transformação material do país que se opera naquele período. O Brasil saiu da colônia em condições econômicas precárias.

Tudo que diz respeito ao aparelhamento material do país e seus processos produtivos é lamentável. A indústria não passava de um miserável artesanato sem expressão alguma; a exploração da terra se fazia por processos rudimentares e devastadores; a mineração do ouro e dos diamantes (ramo de grande importância na economia colonial) não estava em melhor situação; os transportes e comunicações eram os mais primitivos possíveis, bastando lembrar a propósito que não havia em princípios do século XIX uma única estrada carroçável em todo país (a não ser as fornecidas gratuitamente pela natureza, como por exemplo nas grandes planícies do extremo sul); e desconhecia-se quase inteiramente qualquer espécie de veículos. Uma consideração resume todas as outras nesse assunto: como forma de energia, não se empregava outra que a força humana e animal (e esta mesmo era muito insuficiente pela qualidade inferior do gado utilizado). O emprego da força motriz do vento ou da água era excepcional e praticamente desprezível. Estes índices bastam para fazer uma ideia do baixo nível material legado pela colônia. Caberia ao Império erguê-lo, e será esta uma de suas grandes realizações. Ajudou-o decisivamente, está claro, o desenvolvimento da ciência e da técnica modernas, que não são dele e lhe vieram do Velho Mundo; mas fica-lhe o merecimento de ter sabido aproveitar, pelo menos em parte, aquelas conquistas do conhecimento. O vapor foi introduzido na navegação (a primeira embarcação a vapor data no Brasil de 1819, mas o progresso apreciável da navegação a vapor pertence à segunda metade do século), e as primeiras estradas de ferro são construídas logo depois de 1850 — por iniciativa e com recursos financeiros nacionais, note-se de passagem. A grande indústria manufatureira (grande mais em oposição ao primitivo artesanato que em termos absolutos) também se inicia sob o Segundo Reinado. Em muitos outros setores o progresso material do país é neste período considerável; mas aqui também a bibliografia especializada é falha. Para estudar e acompanhar convenientemente aquele progresso, será indispensável consultar os relatórios oficiais publicados anualmente pelos ministérios da Agricultura e Obras Públicas e da Fazenda,* bem como pelos diferentes governos provinciais. É de especial importância nesta matéria a grande coleção de trabalhos publicados pela Sociedade Auxiliadora da Indús-

---

* No Império, denominava-se Secretaria de Estado dos Negócios da Agricultura, Comércio e Obras Públicas. Na República, a secretaria passaria a ser ministério. (N. E.)

tria Nacional, bem como os Almanaques das várias exposições nacionais e internacionais em que o Brasil figurou (Rio de Janeiro, 1861; Viena, 1873; Rio de Janeiro, 1875; Filadélfia, 1876; Paris, 1889). Não se esquecerá também a figura de Mauá, o primeiro grande homem brasileiro de negócios, que espalhou suas empresas industriais e comerciais por todo o Brasil, e ainda no estrangeiro (o Uruguai lhe deve seu primeiro banco). De Mauá, há várias biografias publicadas, destacando-se a de Alberto de Faria (*Mauá: Irineu Evangelista de Sousa — Barão e Visconde de Mauá 1813-1889*. Rio de Janeiro, 1926), que é apologética, e a de Castro Rabelo (*Mauá: Restaurando a verdade*. Rio de Janeiro, 1932), que constitui uma resposta crítica àquela. Lembremos ainda a esse respeito a *Autobiografia de Mauá*, com prefácio e anotações de Cláudio Ganns (Rio de Janeiro, 1942).

Contribuiu sobretudo para o desenvolvimento econômico do Império a lavoura do café, que, embora de longa data no Brasil, só toma impulso na segunda metade do século XIX com a abertura de largos mercados consumidores na Europa e nos Estados Unidos. Localiza-se então, sobretudo, na bacia do rio Paraíba (províncias, hoje Estados de Rio de Janeiro, Minas Gerais e São Paulo), estendendo-se mais, depois, pelo território paulista. O caso do café, além de seu interesse pelo vulto e importância econômica que representa, tem outra significação para o historiador. O Império, fundando na produção cafeeira suas forças econômicas, mostrará que não conseguiu desvencilhar o país dos quadros coloniais, lançando as bases de uma economia propriamente nacional. Com o café repetir-se-á o mesmo fato já ilustrado anteriormente pelas grandes atividades econômicas da colônia: o pau-brasil, o açúcar, o ouro e diamantes, o algodão. O Brasil continuava, como sempre fora, um produtor de matérias-primas para os mercados do exterior, e não superará neste setor, que é fundamental, seu estatuto de colônia. Sobre a história do café no Brasil existe o volumoso trabalho de Afonso de Taunay (*História do café no Brasil*, 12 v. Edição do Departamento Nacional do Café), que, embora destituído inteiramente de espírito crítico e de sistematização, é um repositório considerável, e por enquanto único, de dados sobre a evolução da lavoura cafeeira entre nós. De grande interesse no assunto é o estudo mandado proceder no penúltimo decênio do século XIX pelo governo neerlandês, e publicado pelo seu autor (Van Delden Laërne, *Rapport sur la culture du café en Amérique, Asie et Afrique*, La Haye-Paris, 1885).

Depois desta análise das transformações econômicas sofridas pelo país sob o Segundo Reinaldo, o historiador terá de se ocupar com a evolução de suas instituições políticas e administrativas. Na colônia, viveu o Brasil sob o regime do poder absoluto do rei português, representado no Brasil por vice-reis, capitães-generais e governadores. A lei era praticamente a vontade do monarca e de seus mandatários, que exerciam de fato um poder despótico e sem freios. De instituições representativas a colônia possuía as câmaras (governos municipais), constituídas por eleição de que participavam os cidadãos mais importantes de cada cidade ou vila. As câmaras tiveram alguma importância e autonomia nos primeiros tempos da colônia, mas perderam depois toda sua força, e no fim da era colonial tinham-se tornado em simples executores de ordens dos governadores. Com a Independência desaparecerá o poder absoluto dos soberanos. O Brasil será um Império, mas gozará de um regime parlamentar, em cujas câmaras (de Deputados e Senado vitalício) estarão representadas as classes possuidoras do país. O imperador (o segundo e último, que é aquele que aqui nos interessa: d. Pedro II) deixará o Parlamento funcionar livremente, e abandonará em suas mãos a direção política e administrativa do país. Será acusado de poder pessoal, de intervenção indevida num regime constitucional: a acusação é exagerada se não destituída de fundamento. D. Pedro (homem aliás medíocre e de vistas muito curtas, embora de uma probidade moral elevada) exercerá sempre uma supervisão atenta dos negócios públicos, preocupando-se muito com a escolha para os cargos públicos, desde o ministério até o mais humilde posto administrativo, de indivíduos de comprovada e indiscutível honestidade pessoal; procurará também abrandar as paixões partidárias, evitando choques violentos e extremados; mas no mais, deixou sempre que os estadistas que o rodeavam, selecionados pelo sufrágio popular, e elevados aos postos de governo pela opinião pública (pelo menos a das classes que dominavam econômica e socialmente), dirigissem à sua vontade os negócios governamentais. A imprensa gozou sempre da mais irrestrita liberdade, e o Parlamento, de uma forma geral, funcionou normalmente. Dele saíam os ministérios que formavam o Poder Executivo e administrativo do país, e era mesmo uma questão de honra para nossos homens públicos do Império imitar fielmente as normas parlamentares dos países da Europa, em particular da Inglaterra. Naturalmente faltava ao Brasil maturidade política suficiente, mesmo em seus setores socialmente mais elevados, para repetir com exatidão o modelo britânico; e o funcionamento das câmaras imperiais terá por isso muito de artificial e cheirando a figurino exótico. É aí mais um aspecto das instituições brasileiras em que o historiador observará o esforço de adaptação da sociedade caótica e instável que nos legou a colônia — e que não conhecera até então em matéria de regime político e administrativo outra coisa que o poder pessoal e absoluto dos governantes —, e formas progressistas de organização política. Haverá nesta tentativa de adaptação sucessos apreciáveis, mas também falhas inúmeras. Em geral todos aqueles que se ocuparam do Império têm analisado esta matéria. A contribuição mais importante é sem dúvida o livro de Joaquim Nabuco, *Um estadista do Império*: *Nabuco de Araújo — Sua vida, suas opiniões, sua época* (Rio de Janeiro, 1899-1900). O pesquisador mais minucioso poderá acompanhar o funcionamento do Parlamento imperial nos *Anais da Câmara dos Deputados e do Senado*.

A par das instituições políticas, e intimamente ligadas com elas, estão as administrativas e jurídicas. Nesse terreno também, o Império realizou uma grande transformação. Na colônia, quase toda a administração se resumia na pessoa dos governadores; o aparelhamento burocrático era reduzido, e funcionava sob as ordens diretas e imediatas deles. D. João VI, rei de Portugal, transferindo sua corte para o Brasil em 1808, trará consigo todos os órgãos administrativos de Lisboa. Dizia-se jocosamente na época que o rei (aliás apenas regente quando chegou) se limitara a copiar no Rio de Janeiro o *Almanaque de Lisboa* (o *Almanaque* era uma publicação oficial e anual em que figurava a lista de todos os departamentos da administração pública portuguesa). E assim foi efetivamente, com grande dano para o nosso país, que teve de suportar um aparelhamento complexo, altamente dispendioso, inadaptável às condições brasileiras e por isso ineficiente. Coube ao Império a tarefa considerável de transformar estas instituições defeituosas e que não podiam funcionar normalmente no Brasil em uma administração capaz de gerir e dirigir os negócios públicos. O problema foi muito difícil, porque, além das instituições, d. João e sua corte trouxeram também o pessoal, que permaneceu quase todo depois da partida do rei e da Independência do país, perpetuando-se mais tarde através de suas ligações familiares e de amizade. E assim o espírito e a rotina daquele pessoal se transmitirão a seus sucessores do Segundo Reinado, constituindo isso um dos principais motivos por que a administração brasileira funcionou sempre muito mal; o esforço de adaptação a processos mais eficientes encontrou grandes obstáculos na tradição que vinha do passado, e marchou por isso muito lentamente. Ainda hoje nos ressentimos desse mal tão antigo.

Mais brilhantes foram as realizações do Império em matéria de legislação. Entramos no Segundo Reinado já com um código criminal e de processo penal que tinha renovado inteiramente o passado. O Segundo Reinado nos dará um magnífico código de Processo Civil que durara até há poucos anos. O Código Comercial, promulgado em 1850, veio, embora modificado em parte, até hoje, e ainda se encontra, em seus traços essenciais, em vigor. A legislação civil teve uma elaboração mais lenta: somente a República conseguiu codificá-la, e durante o Império mantiveram-se em vigor as velhas Ordenações do Reino de Portugal que datavam de princípios do século XVII. Houve contudo, paralelamente às obsoletas Ordenações, um trabalho legislativo e de juristas considerável; e pode-se dizer que o Império, embora sem codificá-la, chegara no seu termo a elaborar uma nova legislação civil. A República não terá mais que reuni-la em código.

Exatamente como nos demais setores da evolução do Império que vimos analisando, neste da legislação se observará também um esforço nem sempre bem-sucedido de se livrar do passado e inaugurar instituições novas e mais compatíveis com a civilização e vida contemporâneas. No entanto os juristas brasileiros, muito apegados em geral ao passado, olharão demais para ele, sem enxergar muitas vezes as necessidades presentes. Deixar-se-ão também levar excessivamente pelos exemplos e modelos europeus, onde buscavam de preferência seus conhecimentos, sem tomarem na devida conta a diversidade e especificidade das condições do Brasil. Teremos assim, em muitas instâncias, um direito artificial e inaplicável; e muitas situações peculiares ao país deixarão de ter uma devida regulamentação jurídica. O caso mais flagrante delas é talvez o regime de terras, tão importante num país agrícola e na maior parte ainda deserto, e que apesar disto nunca foi devidamente tratado nas leis brasileiras. O que sempre tivemos na matéria foi copiado de legislações europeias, onde naturalmente a situação é inteiramente outra. A única tentativa séria de regulamentação da propriedade fundiária no Brasil (a Lei de Terras de 1850) nunca foi efetivamente executada; e por isso sofremos até hoje da maior balbúrdia na matéria. Somente uma pequena fração do território brasileiro (mesmo considerando apenas sua parte ocupada) encontra-se regularmente inscrita e registrada; e basta para verificá-lo consultar a longa lista de processos e litígios em torno de questões de terras. Esse é apenas um exemplo, entre muitos outros, para ilustrar as falhas da elaboração jurídica do Império. A transformação do direito brasileiro, partindo do velho direito metropolitano, e que o Império em parte realizou, falhou em um sem-número de casos importantes. O historiador terá o maior interesse em analisar e balancear este ativo e passivo de sua obra. Para fazê-lo, não encontrará nenhum trabalho de conjunto; mas poderá utilizar-se da copiosa produção jurídica da segunda metade do século XIX, em que avultam os trabalhos de Teixeira de Freitas e Nabuco de Araújo. Os Anais do Parlamento também fornecerão a respeito importante documentação. É também recomendável o *Livro do centenário dos cursos jurídicos* (Rio de Janeiro, 1928), que inclui um volume sobre a evolução histórica do direito brasileiro, escrito sem critério sociológico, mas útil como súmula e primeira aproximação do assunto.

Enquanto se transformavam assim as instituições brasileiras no curso do Segundo Reinado, o pensamento do país também sofria uma revolução. Portugal nos legara uma formação mental escolástica. As concepções racionalistas e científicas que sobretudo a partir do século XVII transformam a filosofia europeia não penetraram na península Ibérica; especialmente em Portugal, cujo ensino, e em particular o da Universidade de Coimbra, estava sob a orientação dos jesuítas. A grande reforma realizada neste terreno por Pombal viera muito tarde, e quando o Brasil se emancipou, ela não fora ainda capaz de transformar os padrões mentais que vinham do passado. É certo que a filosofia dos enciclopedistas, que exerceu grande influência no Brasil, e em particular por ocasião da Independência, abrira algumas largas brechas na consciência medievalista do país; mas é propriamente na segunda metade do século XIX, e acompanhando as demais reformas políticas, sociais e econômicas da época, que o pensamento brasileiro tomará decididamente novo rumo, embora se perceba ainda muito bem o embaraço de sua herança cultural escolástica. É sob uma forma acentuadamente agnóstica que se dará esse despertar do país para o pensamento moderno; a saber, um certo ceticismo religioso, que, embora sem desprezar a tradição católica, a confinará contudo às matérias estritamente da fé e do culto. Tal é a fisionomia da consciência pensante do país sob o Segundo Reinado. O próprio imperador, grande protetor das letras, e ele mesmo um estudioso, participará desse espírito que preparará a separação da Igreja e do

Estado (realizada logo depois da proclamação da República) e a irreligiosidade predominante na primeira parte do período republicano.

No terreno político, o principal reflexo do novo pensamento será o positivismo. A doutrina de Auguste Comte encontrou no Brasil uma acolhida que não teve em seu próprio país de origem, e embora o número de positivistas ortodoxos tenha sido sempre muito reduzido, a sua influência foi considerável. Pode-se dizer que forma o único corpo de ideias mais ou menos completo e coerente que existiu no Brasil na segunda metade do século XIX. O positivismo tornou-se mesmo em ação política efetiva, sobretudo depois que penetra nas Forças Armadas pela palavra de Benjamim Constant Botelho de Magalhães, positivista convicto que utilizou para a propaganda de suas ideias a cátedra de matemática que ocupava na Escola Militar. Será sob a égide do positivismo que se proclama a República no Brasil, e isto particularmente devido à participação que tiveram nos acontecimentos oficiais militares. A evolução do positivismo não pode por isso escapar à atenção do historiador do Segundo Reinado. A doutrina conta aliás entre nós com uma bibliografia avultada. Organizados no Apostolado Positivista, seus adeptos no Brasil se davam a uma propaganda ativa sob forma de publicações; são particularmente importantes suas *Circulares* anuais. Dois nomes se destacam nesta propaganda, os dos dois grandes mestres do positivismo no Brasil: Miguel Lemos e Teixeira Mendes.

A todas essas transformações, no curso do Segundo Reinado, da estrutura econômica e política do Brasil, bem como de sua feição ideológica, correspondem naturalmente profundas modificações sociais — relações de classe e categorias sociais, sua psicologia e modos de vida. A sociedade brasileira adquire um tom inteiramente novo e bem diverso do que fora na colônia. A elevação do padrão de existência (pelo menos nas classes superiores e em certas camadas médias), fruto do progresso econômico; o desenvolvimento da cultura intelectual; um ritmo de vida mais acorde com o momento internacional; o largo contato com o mundo exterior — coisa que a colônia não conhecera; a grande afluência de imigrantes europeus, tanto das classes inferiores como das médias e mesmo superiores — o que a colônia também não teve, a não ser de portugueses; tudo isso e outros fatores conexos revolucionam completamente a sociedade brasileira no curto espaço de meio século apenas. Mas ao lado dos aspectos desta revolução que se podem considerar progressistas e favoráveis, há que enxergar também as crises de ajustamento a uma nova ordem ainda mal assimilada. Daí os conflitos de toda ordem — econômicos, sociais, políticos e psicológicos — que, mantidos em relativa quietude pelo governo paternal do segundo imperador, e a linha geral conservadora de seu reinado, irromperão com violência sob a República, tornando tão difícil sua estabilização e comprometendo muitas vezes seu desenvolvimento normal. O pesquisador encontrará um bom resumo da evolução social do Segundo Reinado, em seus diferentes aspectos e setores, no pequeno mas tão bem-feito livro de Oliveira Lima, *O Império brasileiro*. Um trabalho mais recente que analisa, embora superficialmente e sem espírito crítico, a vida social das classes superiores do Império é *Salões e damas do Segundo Reinado*, de Wanderley Pinho. O mais será encontrado nos diferentes setores analisados acima, e que fornecem os dados necessários para se concluir sobre o conjunto da profunda transformação social operada sob o Segundo Reinado.

Cipriano Barata (1764-1838)

Cipriano José Barata de Almeida é uma figura pouco lembrada na história revolucionária do Brasil. É no entretanto uma de suas maiores expressões, porque em sua longa vida não teve um momento de descanso, dedicando às lutas populares todas suas energias e seu grande talento. O que sobretudo o caracteriza é que, nascido embora na classe superior da colônia, soube descer até o povo, confundindo-se com ele, e pondo a serviço de suas causas uma notável inteligência e inesgotável capacidade de lutador. Durante quase meio século, vemos Cipriano Barata envolvido em todos os grandes movimentos populares de que aquele período é tão fértil. E nunca esmoreceu nem vacilou. Além disto, não se contentou, como tantos contemporâneos daquela época de revoluções e profundas modificações sociais, em influir do alto e de longe nos destinos do país. Foi diretamente ao povo, compreendendo a força revolucionária que aí se abrigava; e é na agitação popular, sobretudo pela imprensa, que procurou impulsionar os acontecimentos. Daí talvez o relativo desprezo que a história oficial lhe dedica.

Mas esquecido embora, Cipriano Barata ombreia vantajosamente com qualquer das grandes figuras consagradas daqueles anos de lutas que transformaram o Brasil de colônia em nação livre, e deram ao povo brasileiro suas primeiras liberdades.

Nascido na Bahia em 1764, Cipriano Barata diplomou-se em medicina pela Universidade de Coimbra (Portugal). De volta à cidade natal, dedicou-se à sua profissão, e fez-se ao mesmo tempo lavrador de cana, entrando assim em contato com as populações rurais. Disto se serviu para divulgar entre elas seus princípios revolucionários, o que lhe valeu uma denúncia dirigida às autoridades de estar "publicando as suas depravadas paixões entre os rústicos povos". Começa então sua longa carreira de perseguições.

Em 1798 envolveu-se na chamada Conspiração dos Alfaiates. Esta conspiração representa um dos fatos mais profundos e de maior significação social em nossa história. Consistiu numa articulação revolucionária, realizada entre as camadas populares da capital baiana, e em que se envolveram escravos, libertos, soldados e modestos artesãos. O nome que lhe foi dado veio precisamente dos vários alfaiates (uma das principais profissões artesanais da época) que tomaram parte no movimento. Ao lado destes setores populares, aparecem alguns intelectuais. Entre eles, Cipriano Barata.

As notícias desta conspiração chegaram até nós através dos autos do processo que ainda se conservam.[1] Sabemos assim, pelo depoimento dos conspiradores presos e das testemunhas, que o levante projetado tinha grandes objetivos. Além da abolição da escravidão, almejavam os conspiradores a supressão de todos os privilégios sociais existentes, e que eram consideráveis. A sociedade daquele tempo era profundamente dividida. Não só a riqueza, mas o nascimento e a cor formavam barreiras intransponíveis entre as diferentes classes da população. E enquanto às altamente colocadas se reservava um sem-número de privilégios e regalias, tudo ou quase tudo se negava ao povo. Era contra isto que lutavam Cipriano Barata e seus companheiros. O que aspiravam, inspirados no exemplo da Revolução Francesa, era a abolição de todas as desigualdades sociais, e um regime que garantisse a todos os homens liberdade e direitos iguais.

A Conspiração dos Alfaiates não chegou a seu termo. Antes de explodir o movimento projetado, as autoridades tiveram notícia dele, e seus participantes foram presos e processados. Vários foram executados na forca. Cipriano Barata saiu-se com um ano e tanto de prisão, estreia de uma vida de longas e numerosas detenções futuras.

1. Publicados nos *Anais da Biblioteca Nacional*, v. 43-4 e 45.

Em 1817 encontramos Cipriano Barata novamente envolvido em agitações. A Revolução Pernambucana daquele ano, um momento vitoriosa, tinha importantes ramificações na Bahia. E entre seus chefes, figurava aí Cipriano Barata. Mas ele não teve ocasião de agir porque as autoridades, alertadas em tempo, tomaram providências que fizeram abortar o movimento.

Depois de dominada a Revolta Pernambucana, seus participantes foram recolhidos presos à Bahia, e lá conservados até 1821. Durante estes anos, Cipriano Barata trabalhou ativamente em seu favor, promovendo meios para o sustento material dos prisioneiros, e preparando-se, de ligação com eles, para uma nova oportunidade revolucionária.

Esta apareceu em 1821 em consequência da Revolução Constitucionalista em Portugal que tinha por finalidade abolir a monarquia absoluta e substituí-la por um regime constitucional e de representação popular. O exemplo da metrópole portuguesa logo encontrou eco no Brasil e em 10 de fevereiro de 1821 levantou-se o povo baiano. Entre seus chefes estava novamente Cipriano Barata.

A Revolução Constitucional de 1821 foi o passo preliminar, no Brasil, para a Independência e para o estabelecimento dos primeiros direitos e liberdades populares. Nas diferentes capitanias (hoje Estados), os governos locais que representavam o poder absoluto do rei foram sendo depostos, e em seu lugar formaram-se juntas governativas de eleição popular. O rei d. João VI, que se encontrava no Rio de Janeiro, também teve de ceder diante do povo sublevado, e concordou com a convocação de cortes (nome então dado às assembleias de representantes) que deviam promulgar uma constituição para Portugal e seus domínios.

Por ocasião das eleições para as cortes, Cipriano Barata é eleito deputado pela Bahia, e em Lisboa, onde se reuniu a assembleia, se revelaria um dos mais ardentes defensores dos interesses brasileiros e das liberdades públicas. Com a separação do Brasil em 1822, regressa à pátria livre do jugo português, mas ameaçada de um novo regime absoluto. É para isto que se encaminhava o Império constituído no Brasil depois da Independência.

Cipriano Barata lança-se novamente na luta. Não bastava que o Brasil fosse independente; era preciso também que nele se estabelecesse um regime constitucional que garantisse as liberdades e assegurasse as aspirações populares. E se isto em parte se realizou mais tarde, deve-se a homens como Cipriano Barata que não pouparam esforços e sacrifícios na consecução de seus ideais de liberdade e democracia.

Como a Bahia ainda estivesse em mãos dos portugueses, Cipriano Barata, de volta ao Brasil, fixa-se em Pernambuco. E aí começa a sua brilhante carreira de jornalista que só abandonará nos últimos anos de sua vida. Estreou na imprensa pernambucana colaborando na *Gazeta de Pernambuco*. Mas logo funda um jornal próprio cujo título sugestivo encerra seu programa: *Sentinela da Liberdade na Guarita de Pernambuco*.

Cipriano, como jornalista, não se afasta de sua anterior norma de conduta: é para o povo diretamente que se dirige e escreve, usando uma linguagem ardente e sincera, sem artifícios ou rebuços. Combate violentamente os inimigos do povo, denuncia abusos, e sobretudo alerta o país contra as tendências reacionárias do novo governo imperial.

Levado pela pressão popular, o imperador fora obrigado a convocar uma Assembleia Constituinte. Esta Assembleia, embora composta de uma maioria reacionária e antiliberal, embaraçava muito a ação despótica do governo imperial, que, por isso, tramava sua dissolução. Cipriano Barata não se iludia, e pelas colunas de seu jornal denunciava abertamente o projetado golpe.

Esta conduta desassombrada lhe valeu ser preso em novembro de 1823 (embora fosse deputado eleito à Assembleia Constituinte). Mesmo preso, contudo, não interrompeu a luta, e da própria prisão fez editar o seu jornal, que começou a sair com o sugestivo título de *Sentinela da Liberdade na Guarita de Pernambuco atacada e presa na Fortaleza do Brum por ordem da Força Armada e Reunida*. Transferido para o Rio de Janeiro, é aí encarcerado na fortaleza de Santa Cruz.

É de observar-se que neste meio-tempo se dissolvia a Constituinte (12 de novembro de 1823), como Cipriano previra, estabelecendo-se no Brasil o poder absoluto e sem freios do imperador d. Pedro. É de notar a coincidência destes acontecimentos: ao mesmo tempo que as liberdades brasileiras, havia tão pouco conquistadas, sucumbiam diante do golpe reacionário do imperador, o maior defensor daquelas liberdades era arrastado para o cárcere.

A prisão de Cipriano Barata prolongou-se por longos anos, e somente em 1830 ele é posto em liberdade. Regressa então à Bahia, sua terra natal, e, embora quase septuagenário e com a saúde grandemente abalada, recomeça a luta, iniciando a publicação de um novo jornal em cujo título e conteúdo insistia na sua posição de sempre: denominou-o *Sentinela da Liberdade, hoje na Guarita do Quartel-General de Pirajá na Bahia de Todos os Santos.*

Tentou-se nesta ocasião suborná-lo com três contos de réis (quantia avultada na época) e uma roça (sítio) para que não escrevesse mais. A resposta de Cipriano foi denunciar a tentativa de suborno pelo jornal, e desmascarar o seu autor.

Não demoraria que fosse novamente preso. A liberdade de um homem como Cipriano Barata só era possível num regime que verdadeiramente respeitasse os interesses e aspirações populares, porque ele não dava tréguas a governo algum que faltasse a este respeito. Em maio de 1831, poucos meses apenas depois de sua libertação, é detido e encarcerado no forte de São Pedro. Repete aí sua façanha de anos antes em Pernambuco, continuando mesmo preso a editar o seu jornal que passou a chamar-se *Sentinela da Liberdade na Guarita do Forte de S. Pedro na Bahia de Todos os Santos.*

Removido mais uma vez para o Rio de Janeiro, e embora sempre preso, não interrompeu suas publicações, cujo título foi variando de acordo com as peripécias de sua vida de prisioneiro. Encontramos assim sucessivamente: a *Sentinela da Liberdade na Guarita do Quartel-General de Pirajá, hoje presa na Guarita da Ilha das Cobras em o Rio de Janeiro*; *Sentinela da Liberdade na Guarita do Quartel-General de Pirajá, hoje presa na Fortaleza de Ville-Gaignon em o Rio de Janeiro*; *Sentinela da Liberdade na Guarita do Quartel-General de Pirajá, hoje presa na Guarita da Fragata Niterói em o Rio de Janeiro.*

Nesta sua peregrinação pelas prisões do Rio, Cipriano Barata ainda encontrava outras oportunidades para exprimir seu espírito revolucionário intransigente. É assim que na Ilha das Cobras promoveu um levante da guarnição militar aí de guarda (7 de outubro de 1831).

Em 1832, Cipriano Barata é transferido de volta para a Bahia, e sempre preso, faz editar mais uma de suas sentinelas: *Sentinela da Liberdade na Guarita do Quartel-General de Pirajá; mudada despoticamente para o Rio de Janeiro e de lá para o Forte do Mar da Bahia; donde generosamente brada alerta!!!* E finalmente mais uma em que num título quilométrico nos dá conta de suas peregrinações pelas prisões da Bahia: *Sentinela da Liberdade na Guarita do Quartel--General de Pirajá; mudada despoticamente para o Rio de Janeiro, e de lá para o*

Forte do Mar da Bahia, depois para a Presiganga, logo para o Forte do Barbalho, e de novo para o Forte do Mar, e segunda vez para a Presiganga, por fim para o hospital, donde bradou alerta; agora rendida e substituída por um camarada que vigia na cidade e corajosamente brada alerta!!!

Afinal solto (1834), Cipriano Barata, muito perseguido na Bahia, vai fixar-se em Pernambuco. Completara então setenta anos, com cerca de doze de prisões. Mas nem por isso se abatera sua fibra de lutador. Em 1834 e 1835 publica na capital pernambucana sua última sentinela: *Sentinela da Liberdade em sua primeira guarita, a de Pernambuco, onde hoje brada alerta!*

Somente em seus derradeiros anos, velho, alquebrado e sem recursos, teve Barata de abandonar sua longa atividade política e de jornalista, dedicando-se penosamente à luta pela existência. Refugiado em Natal (Rio Grande do Norte), mantém-se com dificuldade lecionando primeiras letras e línguas, clinicando e dedicando-se a farmacêutico. Esta multiplicidade e variedade de ocupações mostra como foram duros os últimos anos do grande jornalista. Mais duro ainda seria para ele ter de viver afastado da política e da imprensa.

Cipriano Barata faleceu em 11 de junho de 1838, deixando o exemplo de uma longa existência de lutas e privações inteiramente dedicada ao povo. Hoje ele é pouco relembrado, injustiça clamorosa que deve e precisa ser corrigida, porque, sem dúvida nenhuma, entre outros títulos, Cipriano Barata merece, sem concorrência, o de maior jornalista do povo que o Brasil se honra de contar entre seus filhos.

Estudos demográficos

Problemas de povoamento e a divisão da propriedade rural*

O povoamento é e sempre foi o capítulo mais importante e fundamental da nossa vida coletiva. Afinal de contas, toda a história do Brasil não é senão a história do povoamento e ocupação de um grande território semideserto. E ainda hoje não saímos deste plano: a maior parte do país está ainda por ocupar; e o que ficou para trás exige modificações profundas. Somos uma população mal distribuída e mal fixada em seu território. Dispersa e móvel. E não podemos contar unicamente com o curso natural e espontâneo dos acontecimentos para uma evolução mais favorável: é necessária uma ação consciente e uma política bem orientada.

Apesar disto, o assunto permanece na atualidade em segundo plano, e raras vezes se trata dele. Ficamos, em matéria de povoamento, em medidas negativas: restrições à imigração. Um programa positivo e geral que abranja os diferentes capítulos de orientação das correntes migratórias externas e internas, localização de povoadores e outros assuntos paralelos, isto não possuímos, e infelizmente nem ainda em elaboração. Satisfazemo-nos por enquanto apenas com fórmulas vagas, como esta famosa "marcha para oeste", que, se soa

---

* Conferência pronunciada sob os auspícios do Instituto de Organização Racional do Trabalho, São Paulo, em dezembro de 1946.

bem, não encerra contudo nada de concreto e que se possa traduzir em normas práticas e fecundas de ação. É de esperar que o período de após-guerra, que trará para o mundo tantas e tão profundas modificações, também traga para o Brasil a solução do seu angustioso problema demográfico.

Explica-se aliás porque nos encontramos no assunto com tantas incertezas. É porque atravessamos na matéria uma fase de transição. Até poucos anos atrás, sempre houve no Brasil uma política de povoamento, bem definida e em ação. E isto desde os primórdios da nossa existência. Na colônia, e ainda por muito tempo depois da Independência, o povoamento brasileiro foi condicionado principalmente por um fator: o tráfico africano. Tratava-se de importar escravos, e localizá-los nos engenhos de açúcar, nas lavouras de tabaco, de algodão, de café, nas minas de ouro e diamantes. Cerca de 10 milhões de negros, segundo os cálculos mais prováveis, se encaminharam assim para o Brasil. Isto durou, como se sabe, até 1850, quando cessa o tráfico. Já antes disto, em frente à iminência de tal desenlace de uma velha questão, cogitara-se de substituir esta corrente povoadora de pretos africanos. Veio em seu lugar, como não se ignora, a imigração europeia. Esta não foi, efetivamente, senão um substituto do africano importado. Como este, destinava-se a servir de mão de obra nos engenhos e fazendas.

A política de povoamento entre nós foi assim sempre condicionada por este fator principal: as exigências de mão de obra nas grandes lavouras e propriedades agrícolas. Com a decadência do café, última das grandes atividades brasileiras, cessou esta necessidade premente de braços importados. Desinteressou-se então a administração pública pela imigração; restringiu-a mesmo ao mínimo. Não havia mais mister encaminhar trabalhadores para a lavoura, nem distribuí-los entre fazendeiros famintos de mão de obra. E desaparece assim qualquer política ativa de povoamento.

O problema se apresenta hoje sob um prisma inteiramente diverso. Trata-se agora de solucionar os graves inconvenientes que resultaram da nossa passada política; corrigir a defeituosa distribuição da população brasileira, que é o reflexo da secularmente desordenada exploração do nosso território. Esta desordem é uma das características principais da nossa história. Cultivou-se primeiro a cana-de-açúcar; escolheu-se para isto o litoral, sobretudo o do Nordeste. Aí se concentrou então o povoamento. Veio a decadência daquela atividade, a população refluiu para as minas. Esgotaram-se o ouro e os diamantes, e o eixo econômico e demográfico do país se deslocou novamente para o litoral; para outros setores dele, contudo, que não eram os mesmos do açúcar, porque agora se procuram terras apropriadas para o algodão que as manufaturas inglesas necessitavam. Não tardou também o declínio da produção algodoeira, sufocada pela concorrência americana desde os primeiros decênios do século XIX. Novo abalo demográfico: vai-se à cata de regiões propícias ao café... E assim, num vaivém contínuo, formou-se esta coletividade caótica que é o nosso país.

Felizmente já tomamos consciência do problema. Todos nós sabemos e sentimos hoje que o passado acumulou um passivo econômico e social considerável. Trata-se agora de compensá-lo, organizando afinal em bases sólidas e seguras a vida do país e a prosperidade de seus habitantes. E isto depende, antes de mais nada, da redistribuição racional e estabilização efetiva da dispersa e desenraizada população brasileira.

De fato, são estes os dois traços que caracterizam na atualidade o povoamento do Brasil: a dispersão e a mobilidade. Os nossos índices demográficos são, em regra, baixíssimos; os vácuos de povoamento, consideráveis. Doutro lado, a mobilidade e instabilidade da população brasileira, tão acentuadas no passado, ainda persistem e fazem sentir seus graves inconvenientes. A par das grandes migrações internas que ainda no momento se observam, como do Nordeste para os seringais do Amazonas ou para São Paulo, estão as de menor raio: assim o deslocamento paulista para oeste, que resulta no despovoamento e abandono das velhas regiões do Estado. Observam-se ainda entre nós movimentos demográficos locais, de menor amplitude, mas não menos graves. São os deslocamentos próximos mas permanentes das populações rurais por ocasião da renovação dos contratos de trabalho, das colheitas etc. Trata-se de verdadeiros movimentos de massa. Multidões de trabalhadores transferem-se de uma para outra fazenda, de uma para outra região, deixando para trás suas casas, suas culturas, suas atividades, para recomeçar tudo noutro lugar. E é por isso que nunca chegam a realizar nada de sólido e definitivo.

Não é preciso insistir muito nos inconvenientes que resultam destes dois caracteres do povoamento brasileiro, que são notórios e estão ao alcance de qualquer observador: a dispersão e a instabilidade. Ninguém ignora o que representa uma baixa densidade demográfica. Não há possibilidade de realizar em zonas pouco povoadas obras de vulto necessárias à subsistência e prosperidade humanas. Isto é particularmente sensível na questão dos meios de transporte. Não se podem construir e manter aí, senão à custa de grandes sacrifícios, estradas de ferro e rodagem. Uma linha ferroviária que atravessa regiões desertas para ir buscar seus fretes na ponta dos trilhos é deficitária, ou então onera desproporcionadamente os transportes. Aliás todo mundo sabe que é isto que efetivamente se dá com a maior parte das estradas brasileiras, e o nosso precário sistema de transportes não tem outra explicação.

Mas além destas consequências de ordem material, há outras de natureza ainda mais grave que resultam da baixa densidade demográfica. É o isolamento dos indivíduos. A personalidade humana e suas expressões culturais somente se desenvolvem através dos contatos, que as distâncias desertas tornam impraticáveis. O típico caboclo brasileiro, com todos seus consideráveis e reconhecidos defeitos, é bem um símbolo da situação demográfica predominante em nosso país. E o caboclo não é um tipo que existe apenas em zonas remotas e indevassadas. Ele é frequente mesmo nos arredores de grandes centros urbanos, como São Paulo.

A instabilidade da população brasileira não tem sido, econômica e socialmente, menos grave. Nada de sólido se faz sem o concurso do tempo, e este não é fator com que pode contar uma coletividade em movimento perpétuo, e incapaz por isso de empreender e terminar qualquer realização de vulto. Os empreendimentos humanos, tanto materiais como culturais, são o resultado de um longo processo de acumulação realizado por gerações sucessivas. É da soma de pequenas contribuições, uma depois da outra, que provém tudo que o homem constituiu de apreciável sobre a terra. E é evidente que um tal processo de acumulação está fora do alcance de uma população nômade como a brasileira. Isto explica suficientemente porque, em 450 anos de existência, nada fizemos ainda de ponderável. Explica também este aspecto de senilidade precoce que apresenta a maior parte do território já ocupado e explorado do Brasil. Com a exceção de algumas aglomerações urbanas, e raríssimas zonas rurais, o resto do país é um triste testemunho de ruínas e de decadência precoce. Resultado necessário e fatal dos nossos efêmeros períodos de prosperidade. Mesmo São Paulo, de cujo progresso costumamos nos orgulhar tanto, não foge à regra.

Mas como enfrentar estes dois problemas tão angustiosos da dispersão e da mobilidade da população brasileira? Cumpre naturalmente começar por procurar-lhes as causas profundas. Algumas destas causas são de natureza histórica remota, e contra elas não há evidentemente mais nada que fazer. Assim por exemplo aqueles grandes fluxos e refluxos passados da população do país, e que foram dispersando através de seu território imenso agrupamentos humanos condenados à estagnação e à miséria. Contra este passivo doloroso de fatos consumados, não temos que esperar senão a ação do tempo. Mas há setores onde uma ação imediata é possível. Existem doutro lado algumas causas de dispersão e mobilidade ainda em ação no presente. Podemos dar-lhes o corretivo necessário.

Dentro destas limitações, vejamos o que há a fazer. Há quem explique sumariamente as baixas densidades demográficas que se observam no Brasil pela extensão desmesurada do seu território. De acordo com uma tal explicação, não é possível concentrar uma população que enxerga diante de si espaços imensos e desocupados. A dispersão seria uma fatalidade geográfica, até o dia em que o Brasil contasse com algumas centenas de milhões de habitantes. O argumento se funda numa premissa que não é verdadeira. Não se pode afirmar que o homem procure instintivamente o isolamento, o afastamento de seus semelhantes. Pelo contrário, a tendência dele é agrupar-se. Podendo fixar-se em aglomerações densas, não lhes preferirá, a não ser compelido por contingências muito fortes, zonas desertas. O pioneiro não é o tipo humano normal e mais frequente. Observamo-lo aliás no Brasil da atualidade, onde a atração dos centros urbanos e algumas das regiões mais povoadas é um fato característico. Assim sendo, se no passado como no presente, o povoamento do Brasil se dispersa em vez de se concentrar uniformemente, isto é devido a causas mais profundas que a livre escolha dos povoadores.

Examinemos um caso concreto e do conhecimento de todos; e que é além disto um caso padrão. Uma das regiões de povoamento mais antigo em São Paulo é a zona chamada do norte, isto é, o Vale do Paraíba e adjacências. Por motivos que não interessam agora, esta região vegetou até o século XIX, quando começa a se povoar intensivamente. Conhece-se a razão: o surto da lavoura cafeeira. Isto durou até o terceiro quartel do século. Quando se fez a abolição da escravidão, um dos principais centros da região, Bananal, era o município que contava maior número de escravos no Brasil: 13 mil. Por aí se avalia a importância do norte. No entretanto, seguiu-se pouco depois a decadência e o despovoamento. O eixo demográfico de São Paulo se deslocara para outros setores; a princípio aqueles que formam as regiões hoje conhecidas por Paulista e Mogiana. E esta nova situação durará até o primeiro decênio do século xx. Daí por diante a Paulista e a Mogiana se estabilizam, e afinal decaem. Tomavam seu lugar na marcha ascendente do progresso e do povoamento paulistas as regiões do oeste.

Este deslocamento não seria todo de lamentar se nas zonas deixadas para trás o ritmo ascensional, embora retardado, se mantivesse assim mesmo. A extensão do povoamento para regiões novas corresponderia então a um transbordamento perfeitamente normal. Mas não foi isto que se deu. Até pelo contrário, em alguns casos não há nas velhas zonas nem ao menos conservação de valores. O que se observa em muitos setores do Vale do Paraíba, por exemplo, é sintomático e doloroso: a decadência na extensão da palavra. Bananal, que citei acima com 13 mil escravos em 1888, não tinha em 1940 mais que um total de 11700 habitantes. No outro dia, o professor Monbeig apresentou em sua conferência um mapa comparativo do movimento da população paulista no período compreendido entre os recenseamentos de 1934 e 1940. E todos pudemos constatar o declínio da população em muitas regiões do Estado; e a estagnação na maior parte delas.

A explicação do fato tem sido dada muitas vezes, e é notório: a decadência da lavoura cafeeira pelo esgotamento das terras e ocorrências de pragas. Mas não é alarmante a explicação? Será admissível que as terras mais férteis do Brasil se esgotem assim em poucos decênios, obrigando a população nelas fixada a abandoná-las, para recomeçar tudo de novo em outro lugar? Se isto fosse fatal, então o Brasil estaria definitivamente condenado a perecer. Não é possível realizar nada de ponderável neste vaivém contínuo.

Infelizmente, nossa história parece confirmar a suposição. O ciclo de aproveitamento da terra no Brasil é conhecido, e vem-se repetindo invariavelmente numa região depois da outra. Derrubada a mata, que dá os melhores solos, e é por isso logo procurada, instalam-se as culturas; os rendimentos são a princípio muito elevados; na lavoura do café, por exemplo, safras de trezentas e mais arrobas por mil pés são comuns em terras frescas. Logo depois, aquele rendimento começa a cair. Variando de zona para zona, o decréscimo é mais ou menos acelerado; mas invariável. Hoje, na maior parte das antigas zonas cafeeiras, safras de trinta a quarenta arrobas por mil pés já representam volumes apreciáveis. Nesta marcha, chega-se logo a um nível que torna a cultura antieconômica. Abandonam-se algumas plantações mais pobres; começa o despovoamento. Na maior parte das velhas fazendas paulistas (velhas de algumas dezenas de anos), casas de trabalhadores abandonadas e em ruínas indicam claramente a marcha do despovoamento.

Às vezes, a um ciclo acrescenta-se providencialmente um outro. É o que se deu em São Paulo com o algodão. A política protecionista norte-americana e os altos preços do produto ofereceram nova oportunidade à agricultura de São Paulo. Derrubou-se o café, plantando em seu lugar algodão. As terras desprotegidas ainda perderam mais depressa suas qualidades. Acabamos, ou estamos acabando por transformar terras de cultura em pastos, isto é, reduzindo ao mínimo o rendimento do sol. Isto já se deu, de um modo geral, no norte do Estado. Mas o fenômeno atinge mesmo zonas de grande produtividade num passado muito recente: assim, Ribeirão Preto, cuja história ultrapassa apenas meio século. É cerca de 1880 que se começa a plantar café nas férteis terras do rio Mogi. Hoje, decorrido pouco mais de meio século, os cafezais da região, que há alguns lustros ainda produziam o melhor e mais abundante café do Brasil, e talvez do mundo, estão sendo progressivamente transformados em pastos. E por cúmulo da ironia, o acontecimento é saudado como um grande sucesso. Ainda há pouco, os jornais noticiavam a realização em Ribeirão Preto de uma feira de gado zebu, e se enchiam de satisfação com os grandes negócios realizados: bois vendidos por centenas de contos. Esqueciam-se que cada um daqueles bois deslocara talvez uma família de colonos, contribuindo assim para o despovoamento da região. Verifica-se pois que a instabilidade da população rural brasileira é devida, em primeiro lugar, à imprópria utilização da terra; a um sistema de agricultura que esgota rapidamente as reservas naturais do solo. Isto pode, até certo ponto, ser explicado pelo nosso clima tropical. O professor Monbeig referiu-se a isto em sua conferência. Mas os inconvenientes do clima tropical podem ser corrigidos pelo esforço humano. Aí estão, para prová-lo, muitas regiões tropicais, como as da Ásia, onde encontramos populações densas e fixas dedicadas há séculos à agricultura.

A solução parece portanto, à primeira vista, a difusão maior de conhecimentos agronômicos. A terra seria então melhor tratada, conservaria suas qualidades, e permitiria manter indefinidamente a população nela instalada. Este é sem dúvida um dos meios recomendáveis para se chegar à agricultura racional que ainda não existe no Brasil. Não é contudo suficiente; é mesmo um meio apenas acessório. De nada serve pregar no deserto; e a isto corresponde mais ou menos, na atualidade, difundir conhecimentos agronômicos entre nós. Eles não são ouvidos, e ainda menos aplicados. Vejamos uma prova: possuímos em São Paulo, desde 1901, uma notável escola agrícola. A sua frequência, no entretanto, é mínima. A turma formada este ano, por exemplo, a maior que jamais passou pela escola, foi de 62 alunos. Lembremos que a população paulista que vive diretamente da agricultura anda por volta de 4 milhões de pessoas, e as atividades rurais representam a maior parcela da riqueza do Estado. Por que este desinteresse pelos estudos de agronomia? A profissão de agrônomo não é entre nós atraente, e isto porque raros, raríssimos serão os lavradores dispostos a pagar os serviços de um técnico. A maior parte dos nossos agrônomos, quando não tem recursos para se estabelecer por conta própria, ou não se torna simples agrimensor, precisa contentar-se com os modestos vencimentos de um cargo público. Os seus serviços aí, não há dúvida, têm sido consideráveis. Mas qualquer um poderá testemunhar quão limitada é a sua ação no sentido de trazer modificações de vulto nos defeituosos métodos agrícolas vigentes. Além disto, é um fato ao alcance da observação de qualquer pessoa que os melhoramentos agrícolas, na maior parte dos casos, não são aplicados não por ignorância dos lavradores; raro será o agricultor que desconheça a necessidade de adubar suas terras, de as proteger contra a erosão, de cuidar com desvelo de suas plantações. Se não age assim, é porque não lhe convém, economicamente, fazê-lo. De nada adianta ir pregar-lhe noções de agronomia.

Não parece pois suficiente, para enfrentar o problema do nosso defeituoso sistema de agricultura, a simples difusão de conhecimentos científicos. A questão é mais profunda; a instabilidade da população rural, que é a resultante indireta e última daquele sistema, deve ser estudada em outros aspectos: econômicos, e sobretudo sociais. Façamos esta análise. Mas antes de ir adiante quero advertir que minhas considerações se referem sobretudo a São Paulo. O Brasil é um país muito grande e complexo para caber integralmente numa simples palestra. Além disto, o caso paulista é naturalmente mais conhecido de nós todos; e é natural portanto que nos ocupemos especialmente com ele. Mas de um modo geral, as considerações que vou fazer se aplicam também, com algumas variantes secundárias, a todo o país.

Examinemos pois a estrutura social do nosso campo, para encontrar nela os fatores de instabilidade da população rural. A primeira categoria desta população, e que ocupa nela posição diretora e principal, é a dos fazendeiros, isto é, dos grandes proprietários de terra. O fazendeiro, que todos nós conhecemos muito bem, é muito menos um *agricultor*, no sentido restrito da palavra, que um capitalista, o que não é absolutamente a mesma coisa. A agricultura é para o fazendeiro um negócio, uma especulação, como seria outra atividade qualquer, comercial ou financeira. Inverte seus capitais numa fazenda com o mesmo espírito que o faria na indústria ou no comércio. É esta a razão por que não se liga à terra, identificando-se com ela, fazendo de sua propriedade função exclusiva de sua existência. O verdadeiro agricultor, no sentido que estou dando a esta palavra, é aquele para quem a terra possuída é o centro único de suas atenções; e não com vistas apenas a um momento de sua vida, ou mesmo de sua vida toda; mas visando também a série interminável de sucessores que virão depois dele. O nosso fazendeiro típico não é nada disto. A sua fazenda é para ele um negócio em que está porque o considera bom, ou porque não pode sair dele. A prova está na facilidade com que se desfaz dela, a desleixa ou mesmo abandona quando outros negócios lhe sorriem mais. Raro será o fazendeiro que não tenha tido sucessivamente várias fazendas, em zonas completamente distintas. E não raro aquele que muda de ocupação, aplicando seus capitais em negócios completamente estranhos à lavoura.

Estas mutações sucessivas dos fazendeiros paulistas se tornam particularmente ativas nos períodos áureos da agricultura, quando as transações com fazendas e terras se fazem fáceis. Aí então é um trocar de posições ininterrupto. Estamos ainda muito próximos de um momento em que se faziam negócios com fazendas como se fossem títulos ao portador; refiro-me aos anos que precederam a crise de 1929. E a atual geração ainda viva assistiu ao grande rush para oeste, para as zonas da Alta Sorocabana, Alta Paulista, Noroeste, Paraná. Os fazendeiros que vamos encontrar nestas novas regiões são quase todos antigos proprietários nas zonas velhas; ou então seus sucessores imediatos. Nenhum deles hesitou em abandonar suas antigas propriedades para ir em demanda dos solos virgens do oeste.

E ninguém poderá criticá-los por isso. Como negociantes que são, é justo que procurem aplicar seus capitais lá onde lhes tragam rendimentos mais elevados. O mal não está neles, mas num sistema econômico que faz da agricultura uma ocupação especulativa, um negócio.

A agricultura não é isto; não deve sê-lo, ao menos. A terra não é uma máquina; ela exige cuidados que não são devolvidos sob a forma de juros comerciais. Uma agricultura racional pede inversões consideráveis que se levam exclusivamente às contas de conservação e restauração; contas estas que não frutificam senão decorridos lapsos de tempo consideráveis e que abrangem muitas vidas sucessivas. O fazendeiro, com seu espírito e suas finalidades essencialmente mercantis e imediatistas, não pode cogitar disto.

Tendo estas considerações em vista, começamos a compreender porque a agricultura brasileira se encontra no pé em que a vemos. Uma das consequências mais graves que resulta do espírito que domina na agricultura brasileira é o fato de não se aplicarem os grandes rendimentos da lavoura, quando ocorrem, nas mesmas propriedades que os produziram. Empregam-se, em regra, ou para abrir novas fazendas, ou em inversões urbanas: prediais, comerciais, industriais; assim, depois de 1925, quando a política de valorização do café, algumas safras abundantes e exportações volumosas produziram rendimentos consideráveis. Houve casos, como é sabido, de fazendas compradas num ano produzirem no seguinte o preço de compra. Em que se aplicaram estes rendimentos fabulosos? Parte deles na abertura de novas fazendas; a outra em prédios na capital, em títulos industriais ou outras inversões da mesma natureza. Raríssima terá sido a fazenda beneficiada com uma parcela apreciável do seu rendimento nestes anos de fartura.

Nestas condições, é evidente que não se podem esperar grandes progressos da agricultura; nem ao menos conservação de valores, como a experiência tem demonstrado. E começa-se a compreender porque a população rural é entre nós instável. Isto deriva do próprio sistema de organização agrária que é a fazenda, que, como especulação que é, não se radica na terra, é instável por natureza. Mas antes de concluir, vejamos as demais classes rurais brasileiras, para ver se encontramos nelas a mesma instabilidade do fazendeiro.

Logo depois deste, vem naturalmente o trabalhador assalariado — colono ou camarada —, que com ele completa o sistema da fazenda. O assalariado rural não é mais estável, é até menos que seu empregador. Trata-se de um elemento inteiramente dissociado da terra, a que não o liga mais que um trabalho esporádico e precário. A instabilidade do trabalhador agrícola é um fato do conhecimento de todo mundo a par da vida rural. Constitui aliás um dos principais motivos de queixa dos fazendeiros, que se veem constantemente às voltas com problemas de mão de obra. A razão de uma tal instabilidade é óbvia: nada prende o trabalhador a uma fazenda senão o salário que percebe; qualquer melhoria de remuneração portanto, em outra propriedade ou região, o faz mudar-se imediatamente. O efeito de zonas novas é então considerável, exercendo sobre ele o mesmo atrativo que sobre o fazendeiro. Não somente os salários são aí mais elevados, mas as terras frescas remuneram melhor suas culturas próprias de cereais. Quando se começou a abrir o oeste de São Paulo, na esteira dos fazendeiros seguiram levas e mais levas de trabalhadores antes radicados nas zonas velhas. Este deslocamento continua aliás em pleno vigor.

A consequência disto, para a agricultura, é funesta. O salariado, se não tem, do ponto de vista em que nos colocamos aqui, inconvenientes particulares quando se trata de indústria, é altamente danoso na agricultura, cujo trabalho não é puramente mecânico e controlável como em outras atividades. Exige iniciativa própria e espontânea do trabalhador; uma atenção especial que dificilmente se obtém de um simples assalariado. Mais grave ainda é que o assalariado, perfeitamente ciente de sua situação, que pode modificar-se com a entrada do novo ano agrícola, não realiza nada que não lhe seja de proveito imediato. As culturas próprias a que se dedica são unicamente anuais; não dá atenção alguma aos problemas fundamentais da agricultura, que são os da conservação e proteção do solo, bem como aos demais que ultrapassam o curto lapso de um ano que é tudo quanto o preocupa. É certamente esta a causa principal do aspecto desolador que oferecem as colônias e aglomerações de trabalhadores das fazendas: habitações malcuidadas, instalações anexas — como galinheiros, estrebarias, chiqueiros etc. — de construção precária e tosca; ausência de árvores frutíferas, hortas ou jardins que requerem atenções especiais e prolongadas. Tudo tem caráter provisório. Falta por completo aquele cunho de apego ao solo que faz a beleza e o pitoresco das zonas rurais. Que faz a sua verdadeira riqueza também. A tristeza e desolamento do campo brasileiro em geral contrastam vivamente com o que se observa em outros lugares onde a população é fixa e permanente. E isto não é uma questão de raça ou nacionalidade, porque existem em São Paulo e outros Estados aglomerações de trabalhadores de pura origem europeia que em nada superam as brasileiras.

Vice-versa, nas poucas regiões brasileiras em que há estabilidade, o quadro é inteiramente diverso do das fazendas.

A instabilidade do trabalhador, com todas suas funestas consequências, acrescenta-se assim à do fazendeiro para caracterizar a extrema mobilidade do sistema de organização agrária que é a fazenda, a que ambos pertencem, e em conjunto completam. Isto nos leva a uma terceira categoria da população do campo, e que não pertence aos quadros da fazenda: o pequeno proprietário. É difícil caracterizar estatisticamente o pequeno proprietário, isto é, com dados numéricos fundados em área apropriada ou volume de produção. As condições entre nós variam consideravelmente de uma para outra região, de um gênero de cultura para outro. Mas de uma forma geral, podemos considerar pequeno proprietário — e é neste sentido que o tomo aqui — o lavrador de pequenas posses, que trabalha ele mesmo na sua propriedade, ajudado pela família e quando muito por um ou dois auxiliares que socialmente não pertencem a uma categoria muito diversa da dele.

O pequeno proprietário, ao inverso das outras classes extremas da população rural — o fazendeiro e o assalariado —, é um elemento demograficamente estável. Podemos observá-lo com facilidade naquelas regiões, embora poucas, onde entre nós predomina a pequena propriedade. Uma vez localizada num ponto, é quase certo que o lavrador modesto aí permanecerá pelo resto de seus dias; e os sucessores que virão depois dele, filhos ou parentes, lhe tomarão o lugar em continuação. A razão da estabilidade do pequeno proprietário é que ele chega a esta situação, em regra, no termo de sua evolução pelo campo. Começa como assalariado, e quando consegue juntar algum pecúlio, vai-se estabelecer por conta própria, o que é para ele sempre um ideal. Inverterá então na compra e aparelhamento do seu sítio todos os recursos de que dispõe, todo o esforço que pode fornecer. A propriedade não é para ele, como para o fazendeiro, um negócio: é a sua habitação, o seu lar, a sua fonte de subsistência. Sua e dos filhos que o sucederão. É assim muito difícil este homem abandonar sua terra, o que só fará por circunstâncias especiais e muito fortes. E mesmo quando isto se dá, a menos que seja por causa de uma calamidade da natureza que lhe arruíne a propriedade, seu sucessor continuará, exatamente como ele, a tarefa empreendida. No conjunto, nada será modificado.

É certo que também encontramos, às vezes, a mobilidade em pequenos sitiantes. O professor Monbeig citou outro dia o exemplo de um grupo deles que resolvera deixar Araraquara em demanda das zonas do Paraná. Mas não creio que este e outros casos semelhantes sejam muito frequentes. Em todo caso explicam-se mais por circunstâncias particulares. A atração de zonas novas sobre agricultores modestos resulta do fato de encontrarem lá maiores facilidades para se estabelecerem. Se não lhes faltasse nas zonas velhas o amparo necessário, por certo não emigrariam. O exemplo de São Paulo, neste assunto, é sempre suspeito, porque a pequena propriedade ainda é excepcional em nosso Estado, e sofre a concorrência próxima e poderosa da fazenda vizinha. Para fixar os caracteres próprios e profundos da pequena propriedade, é preciso analisá-la sobretudo onde predomina e encontra ambiente propício. Assim, na zona chamada colonial do Rio Grande do Sul, encontramos uma população de pequenos e médios proprietários solidamente radicada na terra; a instabilidade que se observa em regiões predominantemente de fazendas, como São Paulo, é aí inexistente. De modo que me parece certo afirmar que a pequena propriedade é um fator de estabilidade rural; muito superior neste sentido, em todo caso, que a fazenda.

E sendo assim, não poderíamos nos servir deste elemento único de estabilidade que se encontra no campo brasileiro para tentarmos com ele a solução do problema que nos propusemos, isto é, a fixação da população rural? Em vez de recorrer a especulações e planos teóricos, que poderiam ou não dar resultado na prática, não será mais racional partir de um elemento que já existe na estrutura social e econômica do nosso campo, embora ainda embrionário? Numa palavra, procurar a transformação da organização agrária do Brasil na base da substituição atual do sistema dominante da fazenda e do grande domínio pelo da pequena propriedade?

Antes de responder definitivamente, cumpre analisar certos aspectos importantes da questão, e que só incidentemente abordei acima. Além de estável, o que não sofre dúvidas, representará a pequena propriedade um fator de progresso? Será capaz de enfrentar os demais problemas da vida agrícola, isto é, o melhor aproveitamento do solo?

Bem sabemos que há nesta matéria grandes divergências. O pequeno proprietário, o camponês, é geralmente apresentado como um elemento rotineiro, atrasado. E justamente porque é pequeno, humilde e dispondo de poucos recursos, tanto materiais como de cultura, incapaz de promover o desenvolvimento agrícola. Há alguns anos, um secretário da Agricultura de São Paulo lamentava o retalhamento das fazendas, que, embora em escala tão modesta, ele constatava. E assinalava os inconvenientes da pequena propriedade, a incultura e o atraso de seus possuidores. Tudo isto, até certo ponto, é exato. Afirma-se mais, argumentando agora com uma lei econômica, incontestável noutros setores, a da concentração da produção, que é precisamente o crescimento das unidades produtoras que corresponde ao progresso econômico. Uma manufatura, por exemplo, representa sobre o artesão um progresso indiscutível. Não se poderia aplicar a mesma ideia na agricultura?

Examinemos estas questões. Em primeiro lugar a do atraso e rotina do pequeno proprietário. Parece-me que a afirmação, posta assim em termos gerais, é falsa. É certo que o camponês, e isto se aplica sobretudo à Europa, não representa em regra um elemento progressista. Mas não é em termos absolutos que se pode colocar a questão. Trata-se de saber se no Brasil, nas condições próprias do país, e no momento atual que atravessamos, a pequena propriedade é capaz de dar conta, de uma forma progressista, das tarefas que atualmente lhe podem incumbir. A resposta está naquilo que a pequena propriedade já realizou e está realizando entre nós. Não precisamos ir longe para constatá-lo. Percorram-se os arredores da capital; encontra-se aí um número considerável de chacareiros e pequenos sitiantes dedicados ao cultivo de hortaliças, flores, árvores frutíferas. Muitos deles dariam bons conselhos aos mais consagrados agrônomos; e de uma forma geral, não se pode dizer que não conduzam suas atividades do melhor modo possível. A prova aí está nas feiras e nas nossas mesas de refeição. Todas as hortaliças e outros gêneros consumidos em São Paulo provêm, quase sem exceção, como se sabe, de pequenas propriedades.

Poderá dizer-se que isto constitui exceção. Mas não é tanto. Quase a totalidade da nossa produção de uvas e outras frutas de largo consumo provém de pequenas propriedades. Saia-se do Estado: no Paraná, em Santa Catarina, no Rio Grande do Sul, observar-se-á coisa semelhante. Em Minas Gerais, embora mais raras, encontramos regiões de propriedade rural bastante subdividida onde não há nada que denote particular atraso ou rotina, sobretudo quando as confrontamos com outras onde predominam fazendas e grandes domínios. Assim nas proximidades de Juiz de Fora; também em Barbacena; e a mesma coisa num município quase ignorado do sul de Minas, Paraguaçu, que se diz ser o maior produtor de alho do Brasil.

Estes são apenas exemplos colhidos ao acaso. Poderiam ser multiplicados, mostrando que não é exato afirmar-se que a pequena propriedade é entre nós sinônimo de atraso. Até pelo contrário, numa comparação de conjunto e em bloco, a pequena propriedade apresenta um nível técnico e produtivo superior ao da fazenda. Há casos flagrantes em que a pequena propriedade se mostrou nitidamente mais capaz que o grande domínio. Assim, tomando um exemplo bem próximo, temos as terras de Cotia nos arredores da capital, que sempre se consideraram muito más e imprestáveis para a agricultura. Recordo-me pessoalmente de ter ouvido esta referência muitas vezes. Há cerca de vinte anos, começaram a ser exploradas por pequenos lavradores. Hoje, elas se acham cobertas de culturas; e culturas complexas e trabalhosas, como de hortaliças. Em consequência, uma área quase deserta tornou-se densamente povoada.

No entretanto, não exageremos; existe também o reverso da medalha. Há pequenas lavouras entre nós, e em grande número, que nada têm de brilhantes. O exemplo típico do caboclo é bem conhecido. Mas não me parece que isto possa ser atribuído simplesmente à extensão da propriedade; noutras palavras, não é somente por serem pequenas que as lavouras deste tipo se apresentam assim deficientes. Há outras circunstâncias que precisam ser consideradas. Em primeiro lugar, a qualidade do solo. Quase sempre, a pequena propriedade ficou relegada para zonas de menor fertilidade natural. Ela veio depois da fazenda, do grande domínio; resulta quase sempre do fracionamento deste. São portanto áreas por um outro motivo desprezadas pela fazenda, que lhe cabem. Terras em geral cansadas, se não esgotadas. Observe-se a distribuição da pequena propriedade em São Paulo. A sua predominância é em regra nas zonas já devastadas pela grande lavoura. Não posso estender-me aqui suficientemente sobre matéria que exigiria análise estatística minuciosa. Há alguns anos estudei o assunto com pormenores na revista *Geografia*; e parece-me que a conclusão se impõe: na distribuição dos solos paulistas, o que pertence à pequena propriedade é geralmente de qualidade inferior. A vantagem das fazendas é neste terreno considerável; e em tais condições, não é de admirar que a pequena propriedade apresente muitas vezes uma produtividade pequena. Não é aliás apenas na questão do solo que a fazenda supera a pequena lavoura. O mesmo se dá na localização com relação aos mercados e transportes. Regiões onde predominam fazendas são em geral melhor servidas; não seja senão pelo motivo das fazendas terem mais recursos para construir e manter bons caminhos vicinais. Nas regiões de pequenas propriedades, onde a tarefa precisa ser executada unicamente pelos poderes públicos, a regra é encontrarmos estradas de má qualidade. Mesmo nos arredores da capital, uma boa parte das pequenas lavouras aí existentes é obrigada a servir-se de caminhos de péssima qualidade, praticamente intransitáveis nas chuvas.

Pode-se analisar a questão sob outro aspecto: o da origem da população rural brasileira. Uma parte dela provém, em sucessão direta, da escravidão. Não é preciso mais para explicar seu baixo nível e incapacidade relativa no manejo de propriedades rurais. É preciso dar-lhe a oportunidade de uma certa experiência, antes de exigir dela grandes feitos. Experiência e amparo, fatores que até hoje têm faltado. Assim mesmo, encontramos pelo menos um exemplo de vulto em que tais sucessores diretos dos escravos conseguiram organizar uma comunidade agrícola de valor apreciável: refiro-me à Bahia. Nos arredores da cidade do Salvador desenvolveu-se depois da abolição da escravidão, e sobre as ruínas dos engenhos de açúcar, uma região de pequenas propriedades que, se não são modelos, representam contudo um progresso muito nítido, mesmo do ponto de vista exclusivamente técnico, sobre as antigas propriedades açucareiras que vieram substituir.

A outra parte da população rural brasileira — e este é o caso particular de São Paulo — é a que provém da imigração europeia do século xix e do xx. Também esta não contou, força é reconhecê-lo, com grandes vantagens para se estabelecer com pequenas propriedades. O desconhecimento da terra, a qualidade de estrangeiro, a falta de amparo são outros tantos obstáculos opostos ao progresso dela. No entretanto, o que já realizou, e que ninguém ignora, é uma demonstração cabal de suas possibilidades.

Por todos estes motivos, não me parece acertado atribuir o atraso e baixo nível da agricultura em uma parte das pequenas propriedades brasileiras simplesmente ao fato de serem pequenas. O argumento é aliás perigoso para os adversários da pequena propriedade, porque pode ser com muito mais razão, talvez, aplicado às fazendas. Estas nada têm, em conjunto, de modelos.

Vejamos a segunda objeção que lhe é feita, a saber: se a concentração da produção representa um progresso, inversamente a sua dispersão em pequenas unidades significa um recuo. Este argumento é puramente teórico, e portanto de pouco valor. Lembro-o apenas porque é às vezes citado, e porque permite abordar certos aspectos interessantes da questão da pequena propriedade.

A concentração da produção é um fenômeno sobretudo industrial. Resulta, como se sabe, do desenvolvimento da técnica, que obriga à produção em larga escala. O emprego de grandes maquinismos, a especialização das funções e consequente divisão do trabalho, que são as exigências da indústria moderna, somente são possíveis nas grandes unidades produtoras. Daí a concentração.

Isto se verifica também, às vezes, na agricultura. O preparo do terreno em grandes áreas unidas se faz muito mais economicamente com maquinaria de vulto: tratores e arados complexos. Coisa semelhante se dá na sementeira e colheita de certos gêneros, como alguns cereais. Nestes casos, a concentração da produção é uma exigência técnica; a pequena produção isolada é antieconômica.

Mas isto está longe de constituir uma regra geral; até pelo contrário, é a exceção. A agricultura se encontra, em confronto com a indústria, num nível técnico muito baixo. O que é quase regra absoluta e invariável nas manufaturas, só excepcionalmente se dá no cultivo da terra. O emprego de máquinas é aí raro; as de grande vulto, então, raríssimo. Este é sobretudo o caso do Brasil. Em primeiro lugar porque, em boa parte das terras ocupadas e exploradas do nosso país, são poucas as áreas de grande extensão e relevo unido onde seja possível o emprego de máquinas de vulto. Além disto, em quase todas as principais lavouras brasileiras o emprego de máquinas é dispensável. É o caso, em particular, da principal delas, o café. Na cultura cafeeira não são utilizadas máquinas, que não existem. Aliás, examinando-se a organização de uma fazenda de café, verifica-se que a cultura desta planta não é realizada coletivamente, exigindo portanto grandes unidades produtoras. Os cafezais são divididos em parcelas, e cada qual entregue aos cuidados exclusivos de um determinado trabalhador e sua família, que fazem todo o serviço isoladamente: carpas, colheita etc. Não há divisão de trabalho nem especializações. Uma fazenda de café não é na realidade senão a soma de muitas pequenas unidades, reunidas sob a direção de um único proprietário.

Onde existe necessidade de concentração da produção é nas indústrias agrícolas primárias de transformação: o beneficiamento do café, o descaroçamento e enfardamento do algodão, a embalagem de frutas cítricas etc. Mas trata-se de atividades diferentes da cultura propriamente, e não estão necessariamente unidas a ela na mesma propriedade. No algodão, por exemplo, a separação é mais ou menos completa: a lavoura é uma coisa, o descaroçamento e a prensagem, outra; são atividades que pertencem a produtores distintos. Nas frutas cítricas dá-se mais ou menos a mesma coisa. No açúcar, embora nem sempre seja este o caso, ele é contudo frequente: usina e plantadores são entidades diferentes muitas vezes. Aliás, a tendência da legislação atual é para forçar esta separação na lavoura açucareira. Somente no café o beneficiamento ainda é, em regra, uma atividade anexa à cultura. Assim mesmo já existem, em grande número, empresas autônomas que adquirem dos lavradores o café em coco, preparando-o em seguida e o vendendo por conta própria. Este sistema parece, aliás, recomendável, pois uma grande empresa central, capaz de reunir e beneficiar uma quantidade considerável de café, está muito mais em condições de efetuar um serviço conveniente que uma simples fazenda, cuja produção, por maior que seja, é sempre relativamente reduzida e sujeita a oscilações de um ano para outro; as suas instalações de beneficiamento não podem por isso ser tão perfeitas como as de uma grande empresa autônoma.

O que se verifica, portanto, é que em regra a grande produção concentrada não constitui entre nós uma necessidade técnica. Nada impede, pois, que nas condições atuais se realize a transformação da grande em pequena propriedade. Existe mesmo, em todos os setores da nossa agricultura, a produção em pequena escala. Há pequenas lavouras de café, de cana-de-açúcar, de algodão etc. E, tomadas em conjunto, elas não são inferiores às fazendas. As deficiências que porventura possam apresentar devem-se antes a condições gerais desfavoráveis que oneram o pequeno produtor em confronto com o grande. Além daquelas que já assinalei, há ainda a falta de amparo, e sobretudo ausência quase completa de crédito; assunto em que a fazenda, apesar de tudo que se diz, tem sido privilegiada. Mas tudo isto é fácil de corrigir com uma política de decidido apoio à pequena propriedade; e não constitui obstáculo intransponível.

Aliás a pequena propriedade não exclui colaboração naquelas tarefas que exigem esforços conjugados. Isto se realiza facilmente pelas cooperativas, organizações largamente difundidas em muitos países, e, embora em pequena escala, também entre nós. Há inúmeras tarefas agrícolas, inclusive o beneficiamento dos produtos, que podem ser realizadas por cooperativas dos próprios produtores. O emprego de máquinas, por exemplo, como tratores, grandes arados etc., que seria inacessível ao pequeno produtor isolado, é perfeitamente viável através de cooperativas. Não estou aqui argumentando com hipóteses, mas com sistemas que existem e funcionam muito bem noutros países. E mesmo no Brasil, encontramo-los por exemplo entre os pequenos proprietários japoneses.

Toda esta defesa que estou fazendo da pequena propriedade é quase inútil. Em que pese aos argumentos que ainda se ouvem, o fato é que a prática tem demonstrado cabalmente que, nas condições atuais do Brasil, a pequena propriedade representa, sobre a grande, um progresso sensível. Tanto em matéria de aproveitamento do solo, de intensificação e aperfeiçoamento da produção, como na de elevação do padrão de vida dos trabalhadores — coisa tão importante num momento em que nossa indústria está urgentemente precisando de mercados —, a pequena propriedade sobreleva de muito a fazenda. Em média, uma fazenda de cem trabalhadores, por exemplo, representa um patrimônio, um acervo econômico inferior ao dos mesmos cem trabalhadores transformados em pequenos proprietários autônomos.

Nestas condições, parece-me que não há argumentos que se possam considerar sérios contra a pequena propriedade. E uma vez que ela resolve, como vimos antes, o problema fundamental do povoamento, e que é talvez o mais grave do Brasil (refiro-me à estabilização e fixação da população rural do país), parece-me que a conclusão se impõe: trata-se simplesmente de substituir a grande propriedade, a fazenda, pela pequena. Digo "simplesmente" porque de fato não há aí propriamente inovação. A pequena propriedade já existe entre nós; em certos setores é mesmo um elemento muito importante da nossa estrutura agrária; preconizar a difusão dela não constitui pois plano teórico e abstrato, uma especulação sem base na realidade. É uma ideia que surge da observação direta dos fatos. Num sentido contudo, terá de haver inovação. É na adoção de uma política deliberada, consciente e de larga projeção que faça do processo de desenvolvimento da pequena propriedade, de um fenômeno espontâneo, caótico e cheio de falhas, como se está dando atualmente, numa evolução organizada, planejada, e sobretudo amparada e estimulada.

A pequena propriedade tem no Brasil uma história recente. Como se sabe, a ação pioneira na agricultura coube entre nós, quase invariavelmente, ao grande domínio, à fazenda. É esta que em regra se instala primeiro, que "abre zonas", como se diz. A pequena lavoura vem quase sempre do retalhamento de antigas fazendas. Daí as dificuldades com que lutou e luta para se desenvolver. O aspirante a pequeno proprietário é por definição um indivíduo com poucos recursos. Sobretudo no Brasil, onde a massa da população rural é de nível econômico muito baixo. Quem quer ser proprietário é obrigado a comprar, e a muito bom preço, a terra de que necessita. Argumenta-se contra isto, muitas vezes, que há muita terra barata no Brasil, e, lá no fundo dos sertões, até de graça. Mas evidentemente isto não interessa à grande maioria dos pretendentes a pequenas propriedades. Eles precisam de terras boas, bem localizadas, com bons transportes. E isto interessa não só a eles, mas ao país em conjunto, pois nada lhe adiantariam milhares de pequenos agricultores miseráveis e vegetando no isolamento. Sem crédito, sem auxílio, sem estímulo, e pobre como é, como pode a massa dos trabalhadores rurais adquirir propriedades convenientes? Esses são obrigados a esperar longamente, gastar seus melhores anos acumulando um pequeno pecúlio suficiente para a aquisição. Quantos chegarão até aí? Necessariamente muito poucos.

Note-se que isto é um caso quase único em países de grandes extensões territoriais desertas como o nosso. Nos Estados Unidos, na Austrália, na Nova Zelândia, mais recentemente na Argélia, na Tunísia, no Canadá, bem como em outras partes, os poderes públicos sempre facilitaram o mais possível a aquisição de propriedades fundiárias. Entre nós, seja na Colônia, no Império como na República, o Estado nunca se preocupou em dividir equitativamente a terra. Desbaratou-a inconscientemente, doando-a em grandes extensões a protegidos e favorecidos. Ou então fechou os olhos a toda sorte de abusos que se praticavam com a ocupação sumária e indevida das terras públicas. Enquistou-se assim nas mãos de uma minoria de afortunados e ousados praticamente toda a riqueza fundiária do país.

Numa situação como esta, o lavrador modesto encontra evidentemente a maior dificuldade em se estabelecer por conta própria. Observe-se o que se passou em São Paulo. Depois da substituição do trabalho escravo pelo livre, isto é, quando surge a primeira oportunidade de vulto oferecida ao desenvolvimento da pequena propriedade, encontramos, de um lado, todas as terras aproveitáveis ocupadas por fazendas de café, ou em caminho para isto; doutro, uma massa de trabalhadores rurais composta de antigos escravos ou imigrantes completamente destituídos de recursos. A lavoura cafeeira estava em plena prosperidade; qual era o proprietário que iria ceder suas terras se não a muito bom preço? Além disto, podia vendê-las em bloco: raramente em parcelas. Finalmente, com que probabilidades contaria a pequena propriedade em concorrência com a fazenda todo-poderosa? Os transportes, o crédito, o comércio, todo o aparelhamento econômico-financeiro do Estado se organizara em função da grande lavoura. E não havia mesmo o menor interesse, pelo contrário, em favorecer o pequeno proprietário: para a classe então incontrastavelmente dominante, os fazendeiros, o que convinha eram simples assalariados.

Nos primeiros anos do século XX, cogitou-se de organizar, em escala apreciável, núcleos agrícolas de pequenos proprietários. A razão foi que, nesta ocasião, começaram a surgir protestos nos países de origem da imigração para o Brasil, em particular na Itália, contra o tratamento aqui dispensado aos imigrantes. Lançou-se-lhes então, entre outras "iscas", esta das colônias agrícolas. E tanto não passavam de "iscas" que, tendo serenado os protestos, e restabelecendo-se a corrente imigratória, abandonou-se a ideia completamente. Um presidente de São Paulo, e um dos seus políticos mais influentes até 1930, combaterá abertamente o plano de núcleos coloniais, alegando que não convinha de forma alguma desviar braços das fazendas necessitadas da mão de obra.

A pequena propriedade desenvolveu-se efetivamente em São Paulo em consequência das crises do café. O esgotamento do solo, a queda de preços, as dificuldades de exportação; estes são os verdadeiros fatores que contam. É deles que provém a ruína das fazendas e grandes domínios, e, em consequência, seu retalhamento, último recurso para sair das dificuldades. Podemos acompanhar nas estatísticas este processo de decomposição da fazenda em consequência das crises, e sua substituição pela pequena propriedade. É sobretudo depois da grande crise de 1929 que o processo de retalhamento das fazendas se precipita. E este processo foi facilitado pela prosperidade do período anterior, que permitira a uma parte dos trabalhadores rurais melhor aquinhoados pela sorte reunir pecúlio suficiente para recolher a sucessão das fazendas arruinadas.

Mas apesar destes progressos da pequena propriedade, estamos ainda muito longe de um abalo sequer no sistema predominante da fazenda. Em que pese aos que, com motivos políticos evidentes, já alardeiam que o grande domínio cedeu o passo às pequenas lavouras, o fato é que estas ainda representam uma parcela reduzida da riqueza fundiária paulista. Segundo os últimos dados publicados, e que se referem a 1940, a distribuição das propriedades rurais em São Paulo é a seguinte: até dez alqueires, ocupam em números redondos 7,5% da área agrícola do Estado; de dez até cinquenta alqueires, 23%; acima de cinquenta alqueires, 70%. E a isto é preciso acrescentar que para um total de 170 mil propriedades, há cerca de 700 mil trabalhadores sem terra, e que são simples assalariados. Índices mais claros da concentração da propriedade fundiária não são possíveis.

Estamos pois ainda muito longe de um verdadeiro e largo retalhamento da propriedade rural. Assim mesmo, contudo, poderá alegar-se que marchamos em tal sentido, e portanto é só deixar correrem as coisas. Não há necessidade nem de medidas específicas, nem de uma política deliberada. É fácil responder. Em primeiro lugar, o retalhamento, pela forma desordenada com que se está realizando, tem graves inconvenientes. Está na dependência das finanças particulares deste ou daquele fazendeiro, que, arruinado, resolve lotear suas terras; ou então de especuladores à procura de bons negócios. Não há um processo sistemático: os núcleos de pequenas propriedades surgem aqui ou acolá, sem atenção a circunstâncias que no futuro tornem estes núcleos viáveis, a saber, boas condições de transporte, acesso aos mercados etc. Os adquirentes nem sempre estão em situação de julgar se a compra convém. Na ânsia de se tornarem proprietários, olham mais para os preços e facilidades de pagamento. Os loteamentos tornaram-se, em muitos casos, simples especulações só vantajosas para os vendedores. Não é isto evidentemente que se quer.

Doutro lado, o processo de divisão da propriedade rural a que assistimos hoje é resultado sobretudo, como referi, da crise agrícola que com intermitências se prolonga há catorze anos. Qualquer folga interromperia instantaneamente o retalhamento das fazendas. Bastará que uma conjuntura favorável restaure a prosperidade agrícola para que assistamos a um fenômeno inverso do atual: uma nova concentração da propriedade rural. O surto recente da lavoura algodoeira já produziu isto em muitos lugares; e tivesse ele se prolongado mais algum tempo, e o fato com certeza se generalizaria. Portanto o processo da subdivisão dos grandes domínios não é um fato consumado e fatal. Pode ser interrompido a qualquer momento, e involuir mesmo em sentido contrário. De qualquer forma, fazer depender um acontecimento, que é incontestavelmente vantajoso, das contingências de um período de crise não me parece opinião aceitável.

Finalmente, não devemos exagerar a atual marcha da divisão das propriedades. Ela é, apesar de tudo, lentíssima. O número de propriedades rurais paulistas, que em 1930 era de 163 765, subiu em 1940 para 180 472 apenas. Um aumento, em dez anos, de menos de 7 mil, ou seja, menos de 5%. E não foi tomado aí em consideração nem o aumento da população, nem o da área explorada do Estado, que neste decênio cresceu bastante. Uma parte daquelas 7 mil propriedades de aumento é formada de novas fazendas.

Numa tal marcha, levaríamos séculos para chegar a uma transformação real da nossa estrutura agrária, se é que jamais chegaríamos até lá. Será isto conveniente? Precisamos considerar que estamos almejando a subdivisão da propriedade rural e o retalhamento das fazendas com um objetivo muito preciso: estabilizar e concentrar o povoamento, que no atual sistema é essencialmente móvel, instável, disperso. Trata-se pois, para chegar a resultados apreciáveis, de promover uma reforma em larga escala e mais ou menos rápida; fazer destas centenas de milhares de trabalhadores rurais, que perambulam como nômades de uma para outra região do Estado, povoadores fixos. É esta a única forma de tornar a população rural estável e realizar com ela uma efetiva exploração racional, sólida e construtiva das nossas terras. E isto não é possível com a atual marcha retardada que seguem os acontecimentos.

Mas em que condições é possível realizar uma tal reforma agrária? Aqui também devemos inspirar-nos nos exemplos e ensinamentos do passado, embora adaptando-os naturalmente às condições do presente. Existe entre nós, desde longa data, um sistema de povoamento a que se deu o nome de colonização, e que consiste na formação de núcleos agrícolas de pequenas propriedades agrupadas e cedidas em condições vantajosas a modestos lavradores. É assim que, ainda no século XVIII, se povoou a Ilha de Santa Catarina, e uma parte do Rio Grande do Sul. Mais tarde, quando a Corte portuguesa se transferiu para o Brasil, procedeu-se da mesma forma em diferentes regiões do Espírito Santo, do Rio de Janeiro e de São Paulo. Sob o Império, e depois, sob a República, continuou-se com o sistema. Referi aliás acima, incidentemente, o que se fez em São Paulo nos primeiros anos do século XX.

Este sistema deu em muitos casos resultados excelentes. Houve também fracassos: mas estes se deveram invariavelmente a erros palpáveis e fáceis de evitar. Um dos mais frequentes foi a localização dos núcleos. Escolheram-se muitas vezes lugares impróprios pela distância em que ficavam de transportes convenientes ou mercados para seus produtos. Isolados em zonas dificilmente acessíveis, os colonos estavam de antemão condenados ao insucesso. O que se deu por exemplo em certas regiões do Paraná em fins do século passado é muito ilustrativo.

Outro erro cometido com relação aos núcleos agrícolas foi o de povoá-los unicamente com imigrantes recém-chegados. Alheios ao país, ignorando por completo o meio em que vinham trabalhar, não sendo muitas vezes nem ao menos lavradores de profissão, é evidente que não podiam prosperar. Mesmo quando se tratava de legítimos camponeses europeus, imagine-se como se portariam estes habitantes de terras ocupadas e exploradas há séculos em frente à mata virgem e agreste dos trópicos. A maior parte não teria talvez derrubado em sua vida uma única árvore: tratava-se agora de arrasar florestas!

Apesar de todos estes erros, a colonização deu em muitos lugares resultados esplêndidos. Basta ver o que se passou no Rio Grande do Sul, por exemplo. A área mais povoada, mais rica e próspera daquele Estado é sem dúvida a zona colonial. O Vale do Itajaí, em Santa Catarina, é outro exemplo que nos pode servir. Nestas condições, o problema consiste apenas em ampliar o nosso velho sistema de colonização. Há contudo uma diferença: já não se trata mais, como no passado, de localizar simplesmente algumas centenas de imigrantes, nem de organizar esporadicamente alguns núcleos agrícolas. O que se fez no passado serve apenas de modelo. Hoje a questão é refundir a nossa estrutura agrária. Algumas considerações a respeito são portanto necessárias.

Em primeiro lugar, a escolha das regiões a serem colonizadas. Ao contrário do que sempre, em regra, se fez, a nova colonização já não deve ter por objetivo povoar territórios desertos. É precisamente para corrigir as falhas do povoamento já existentes que ela se inaugura. Devem por isso ser escolhidas regiões já ocupadas e habitadas. Isto vai de encontro a uma palavra de ordem hoje muito em voga, e que se repete o mais das vezes sem maior reflexão: a famosa "marcha para oeste". Parece lógico que antes de ir adiante, devassando sertões meio inacessíveis, se deva tratar do que ficou para trás. Há muito que fazer aí. A "marcha para oeste", preconizada assim como uma política de estímulo à penetração do interior, é evidentemente reincidir no nosso erro de séculos: a dispersão e instabilidade do povoamento. Os territórios ainda desocupados do Brasil, e os meio ocupados apenas, devem esperar e servir unicamente como reservas futuras a serem oportuna e progressivamente aproveitadas. Quando o crescimento vegetativo da população brasileira e o afluxo de novas e grandes correntes imigratórias elevarem as regiões já ocupadas a um ponto de efetiva saturação, então será ocasião oportuna de nos estendermos para áreas indevassadas. Por enquanto, cuidemos do que já existe de feito, recolonizando estas áreas apenas meio exploradas, parcamente habitadas e cheias de vácuos que tantos transtornos causam à nossa vida econômica e social; procuremos fixar aí uma população densa e estável, capaz de aproveitar todos os recursos da terra e viver uma vida digna da espécie humana. Precisamos encerrar definitivamente a nossa secular e tão onerosa caça ao húmus.

Localizando-se em zonas velhas, a colonização gozará desde logo de todas as vantagens consideráveis que elas proporcionam: sistemas de transporte já estabelecidos; aparelhamento urbano desenvolvido; indústria e comércio organizados; mercados próximos e facilmente acessíveis. Mas pergunta-se: haverá nestas regiões velhas sobras de boas terras utilizáveis? Não se trata contudo de sobras; o problema consiste em redistribuir as próprias terras já ocupadas e exploradas com o retalhamento das grandes propriedades e fazendas. É justamente disso que se trata, e que vai ao encontro, como vimos, dos mais altos interesses de nosso país e de seu povo. Trata-se assim, de uma ou outra maneira (o que as circunstâncias do momento determinarão), de forçar a transferência da propriedade agrária para as mãos das centenas de milhares, se não milhões (se considerarmos o Brasil em conjunto), de trabalhadores agrícolas que constituem a massa da população rural. Realizada essa transferência, propor-se-á então a tarefa de reorganizar em tais novas bases a estrutura de nossa economia agrária, isto é, enfrentar os problemas não só da distribuição e aquinhoamento dos lavradores de maneira a satisfazer os interesses dos novos proprietários e as conveniências da produção agrícola, como ainda de dar aos produtores necessário amparo e estímulo. Em outras palavras, os problemas de colonização propriamente, em que nos valeremos da secular experiência de que dispõe o nosso país no assunto, e que, convenientemente adequada às circunstâncias e necessidades presentes, será utilizada para reestruturar a economia agrária brasileira em novos moldes capazes de darem conta dos imperativos de nosso progresso como nação e país verdadeiramente livre das fortes sobrevivências coloniais que ainda pesam sobre nós.

Não nos seria evidentemente possível, e muito menos aqui, traçar desde logo um plano geral e completo de colonização. O assunto é excessivamente complexo para se satisfazer com soluções puramente teóricas, e os ensinamentos da prática são indispensáveis. Mas fixada a linha geral de ação, precisado o fim que se tem em vista, e iniciada a realização da ideia, os pormenores virão aos poucos, ditados pela experiência e os imprevistos que se revelarem na prática. É de toda conveniência insistir bem neste ponto, porque existe entre nós, em qualquer assunto público, o mau hábito de pedir e estabelecer de início planos completos e teoricamente perfeitos. O fracasso de muita ideia fecunda provém daí. Para começar, os planos devem ser muito simples, e sobretudo flexíveis e facilmente transformáveis. Somente com o decurso do tempo, e com os ensinamentos da experiência, se poderá chegar a qualquer coisa de geral e completo.

Um aspecto contudo deve ser abordado inicialmente, porque é fundamental: o das cooperativas. O cooperativismo terá necessariamente no assunto duas funções essenciais: em primeiro lugar, tornará possível a conjugação de esforços dos futuros colonos e pequenos proprietários, que, isolados, perderiam muito das suas possibilidades. Já lembrei acima que muitas tarefas não poderão ser realizadas pelo pequeno proprietário isolado: assim o preparo da terra em certas áreas e culturas que exigem emprego de maquinismos complexos; assim também os serviços de extinção de formigas, combate às pragas etc. As cooperativas deverão tomar a si estas tarefas. A outra função delas será suprir e, à medida que for correndo o tempo, substituir o mais possível a ação do Estado. A maior parte dos serviços, inclusive a distribuição e repartição das terras, poderá passar para elas depois de algum tempo. Alivia-se com isto o trabalho do Estado, e evita-se o inconveniente da burocracia centralizada, esterilizadora e rotineira.

E desta forma, poderá chegar-se através das cooperativas a corrigir todos os inconvenientes que à primeira vista possa apresentar a pequena propriedade; e ao mesmo tempo que se estabiliza com ela a população rural, e se eleva o seu padrão de vida, se contornam aqueles defeitos que social, econômica e tecnicamente se podem nela assinalar.

E acima de tudo, pode-se chegar ao fim principal que temos aqui em vista: corrigir a secular instabilidade e dispersão do povoamento brasileiro.

A imigração brasileira no passado e no futuro*

Ao falar da imigração no Brasil, é preciso antes definir o que se entende pela palavra. Em rigor, pode-se considerar toda a história brasileira como um fenômeno de imigração. Efetivamente, o que é nossa história senão um processo de povoamento, ainda hoje longe de seu termo, de um grande território que os navegantes europeus dos séculos xv e xvi encontraram quase deserto e que em levas sucessivas se foi povoando? Uma pequena parcela das populações que entraram para a formação do Brasil é autóctone, isto é, aqui já se encontrava quando propriamente começa a história brasileira. Refiro-me aos indígenas. Mas estes indígenas representam uma minoria, e sua influência na formação do país é relativamente insignificante. A grande massa da nossa população se constituiu de europeus e africanos que afluíram no curso destes quatro séculos da evolução brasileira. E assim, em rigor, somos todos que hoje habitamos o Brasil, imigrantes ou descendentes de imigrantes. A diferença é de cronologia, de data de chegada das diferentes levas imigratórias que em épocas sucessivas se fixaram no território brasileiro e dele fizeram sua pátria.

Mas a diferença está também nas circunstâncias históricas em que tal fixação se realizou. É neste sentido que podemos falar da imigração do século

---

* Conferência pronunciada na Biblioteca Municipal de São Paulo em 1946.

XIX, continuada no XX, como duma categoria à parte. De fato, a imigração europeia do século XIX representa para o Brasil um tipo original de corrente povoadora. Até então, o povoamento brasileiro se realizara quase exclusivamente graças ao concurso de três elementos: pelo afluxo espontâneo de colonos brancos, portugueses na sua grande maioria e quase totalidade; em segundo lugar, pelo tráfico africano fornecedor de escravos; e finalmente pela incorporação de indígenas. Este último fator, como já referi, teve uma participação relativamente pequena.

A partir de princípios do século XIX, mais precisamente desde a transferência para o Brasil da Corte e do governo portugueses, entra em cena um novo fator que contribuirá consideravelmente não só para o povoamento do Brasil, mas para grandes transformações de ordem econômica e social. É a corrente imigratória europeia cujo afluxo e fixação no país são provocados e estimulados deliberadamente, ou por uma política oficial de povoamento, ou por iniciativa de interesses particulares. É desta corrente povoadora, que modificaria tão profundamente o aspecto e as condições de vida de algumas das mais importantes regiões do Brasil, que me ocuparei aqui.

A transferência da Corte portuguesa para o Brasil teve em todos os terrenos, como se sabe, consequências muito profundas. Na base de todas as modificações então sofridas está o fato, profundamente revolucionário, da súbita transformação da antiga colônia, dominada e explorada por uma metrópole longínqua, em sede da monarquia e do governo português. O Brasil passava a ser dirigido soberanamente por um governo estabelecido em seu território. E não só isso: é dele que seria governado o Império português, cujas possessões se estendiam pelas cinco partes do mundo. De colônia, o Brasil se transformara subitamente em centro dirigente e administrativo de uma grande monarquia.

Tratava-se, é certo, de uma contingência provisória, que devia durar apenas enquanto a situação na Europa não se normalizasse. Mas foi suficiente para determinar transformações que, embora muitas vezes se considerassem momentâneas, acabaram por se tornar definitivas. Foi este, entre outros, o caso de diferentes medidas de caráter econômico, e que, embora muitas vezes não visassem deliberadamente tal fim, romperam muitas das principais conexões coloniais do Brasil. Assim, por exemplo, a liberdade comercial e a abertura dos portos à navegação de todos os países. Isto é, a abolição do monopólio e privilégio do comércio exterior brasileiro que constituíra até então a trave mestra do regime colonial.

Coisa semelhante se dará com relação à política de povoamento. As fronteiras do Brasil, dantes fechadas, são abertas aos estrangeiros; são-lhes concedidos vários direitos, como o de adquirirem propriedades imóveis. E o afluxo de novos povoadores começa a ser estimulado e amparado. Como se explica esta nova atitude do governo português com relação à imigração, e que marcaria o início de uma era completamente nova na história do povoamento do Brasil? É que se compreendera que o sistema de povoamento até então seguido aqui, isto é, aquele que, a par de uma débil corrente de colonos brancos, trazia para o país a massa volumosa de escravos africanos, se tal sistema convinha a uma simples colônia destinada a fornecer gêneros tropicais e metais preciosos ao comércio da metrópole, já não se enquadrava nas exigências de uma nação. A heterogeneidade que resultava de um tal sistema, heterogeneidade tanto racial como cultural e social, era situação por demais imprópria para um país que se tornara sede de uma monarquia europeia. Considere-se esta ideia certa ou errada (não vou aqui discutir o assunto), ela estava bem presente no pensamento dos administradores portugueses durante sua permanência no Brasil. Impressionaram-nos profundamente as condições que encontraram aqui ao instalarem o trono e o governo nacionais. E vistas as coisas do ângulo particular de seus interesses, não resta dúvida que tinham alguma razão.

Num caso particular e concreto eles tiveram logo a medida das dificuldades com que esbarravam para reorganizarem no Brasil a monarquia portuguesa privada de sua base europeia. Era preciso reconstituir as Forças Armadas da nação, desbaratadas e praticamente destruídas em consequência das Guerras Napoleônicas. Este assunto era tanto mais importante num momento como aquele de graves dificuldades internacionais. O território metropolitano estava ocupado pelo inimigo, sérias ameaças pesavam sobre os demais domínios lusitanos; as rotas marítimas vitais para o comércio português encontravam-se parcialmente interrompidas; a própria soberania da nação achava-se na dependência de um poder estranho como a Grã-Bretanha que auxiliara o rei na sua fuga para o Brasil.

A reconstituição da força armada da nação era o primeiro passo necessário para o restabelecimento da plena soberania e da personalidade internacional da monarquia portuguesa, tão gravemente comprometida e afetada. Acresce que as questões com os países vizinhos do rio da Prata, e que surgem logo após a chegada do soberano ao Brasil, envolvem o país em novos conflitos muito sérios.

Impõe-se assim o problema de como organizar no Brasil uma força armada eficiente, contando para isto apenas com uma população dispersa e rarefeita, composta de quase 50% de escravos, e outra grande parcela de elementos heterogêneos e mal assimilados. Nunca foi possível resolver devidamente este problema, e o soberano português teve de se contentar até o fim de sua permanência no Brasil com a boa vontade de seu aliado inglês; e para sua ação no Prata, foi obrigado a recorrer a tropas recrutadas em Portugal depois da expulsão dos invasores franceses. Mas a existência do problema serviu de forte estímulo para reformas da política de povoamento do país.

Coisa semelhante se passará com relação à segurança interna. O soberano, a Corte, seu séquito numeroso de fidalgos e funcionários, ligados ao reduzido núcleo da classe dominante de colonos brancos que vieram encontrar aqui, nunca se sentirão suficientemente seguros e tranquilos em meio desta massa de escravos, libertos e similares que formavam o corpo da população do país, e entre os quais, na falta de outros, tinham de recrutar suas Forças Armadas e de polícia. As tropas nativas terão que continuar sendo enquadradas, como sempre foram no passado, por forças portuguesas, em particular por uma oficialidade quase toda europeia. Este problema aliás subsistirá mesmo depois da Independência, e se apelarão então para tropas mercenárias alemãs e irlandesas.

Tais são, entre outras semelhantes, as circunstâncias que tornaram indispensável uma nova política de povoamento, capaz de transformar este aglomerado heterogêneo de populações mal assimiladas entre si que então constituíam o país numa base segura para o trono português e para sede de uma monarquia europeia. Não é de esquecer também que sobre o tráfico africano, que representava então a principal corrente povoadora deste território semideserto, pesava uma ameaça latente fatal: a sua extinção num prazo mais ou menos remoto, mas já então reconhecido como certo porque pela abolição do comércio humano se empenhavam poderosas forças internacionais, em particular a Grã-Bretanha. Ora, esta extinção do tráfico africano dizia muito de perto com os interesses dominantes dos grandes proprietários rurais necessitados de braços para suas lavouras. Os mais previdentes já enxergavam o futuro problema, quando desaparecesse o tráfico; e procuravam dar-lhe uma solução.

A formação de novas correntes demográficas constituía assim uma necessidade inadiável, e a ela aplicou-se à administração portuguesa. Lançará mão, para isto, do sistema que já se aplicara anteriormente no Brasil, mas em escala insignificante. Isto é, estimulando e atraindo povoadores pela constituição no Brasil de núcleos coloniais cujas terras se distribuíam gratuitamente, em pequenos lotes, aos imigrantes que seriam ainda auxiliados com recursos suficientes para empreenderem a exploração de suas propriedades.

Mas como em todas as iniciativas em que se meteu o governo português durante sua permanência no Brasil, sua ação será fraca e dúbia. De um lado estavam suas deficiências orgânicas. Desde séculos a administração portuguesa se caracterizava por uma burocracia rotineira e incapaz. Além disto, influía no caso a posição incerta em que ela se encontrava no Brasil, deslocada num ambiente estranho e hesitante na linha política a seguir com relação à colônia. E finalmente, tratava-se de um começo. Nestas condições, a contribuição do governo português na questão do povoamento se limitará ao estabelecimento de um punhado de núcleos coloniais, formados com imigrantes açorianos, alemães e suíços, e distribuídos no Espírito Santo, Rio de Janeiro e, em menor escala, em Santa Catarina.

Os governos que se seguem depois da partida do rei (governos de um Brasil já independente) continuarão a tarefa empreendida. As agitações políticas do momento, e as graves dificuldades financeiras em que se debatem, não darão contudo oportunidade para uma ação mais eficaz. Lembremos ainda as dificuldades que então apresentava o problema imigratório para o Brasil. Contra a imigração europeia atuavam vários fatores: o clima tropical, ainda considerado desfavorável a colonos europeus; a organização social e econômica pouco atraente que o país oferecia, com sua grande população escrava e o preconceito daí derivado contra qualquer forma de trabalho manual. Havia ainda o regime político vigente, em que, embora sob a capa de instituições parlamentares, a liberdade mesmo civil era inexistente para a massa da população. Acrescentem-se as restrições de ordem religiosa que punham sério embaraço à imigração proveniente dos países protestantes da Europa, que eram justamente aqueles que forneciam então os maiores contingentes emigratórios. A Alemanha em particular.

Tudo isto que representava o pesado ônus que nos vinha da colônia embaraçava fortemente o afluxo da imigração europeia. E aproveitemos a ocasião para lembrar aqui que, inversamente, aquele afluxo, que apesar de tudo se realizará em proporções crescentes, terá um efeito decisivo no sentido de ir varrendo do Brasil aqueles remanescentes coloniais, e reestruturando as instituições do país sobre novas bases mais de acordo com o espírito e as condições da época. O imigrante europeu foi um dos principais fatores de modernização do Brasil; e as instituições liberais e democráticas, que se foram aos poucos estabelecendo entre nós em substituição ao velho sistema social e político da colônia, se devem em boa parte à influência exercida pela imigração que nos veio da Europa no curso do século xix e xx.

Por muito tempo contudo, depois da Independência, a corrente imigratória será muito fraca. Aos fatores assinalados se acrescenta mais uma circunstância que conspirará contra ela. É que a imigração não tinha no momento grande interesse econômico imediato. O tráfico africano continuava a despejar anualmente no país algumas dezenas de milhares de indivíduos que supriam abundantemente as necessidades de mão de obra. Longe de se confirmarem as previsões pessimistas que haviam sido feitas, e que a atitude intransigente da Grã-Bretanha parecia à primeira vista corroborar, a importação de escravos achava-se como nunca florescente. Será somente com a iminência da sua extinção (lá por volta de 1840 e tantos), e sua efetiva interrupção depois de 1850, que a questão da imigração europeia e da colonização volta a ocupar um primeiro plano das cogitações brasileiras.

Reativa-se então a política de povoamento; mas a par das colônias oficiais ou mesmo particulares, organizadas segundo o sistema tradicional que consistia em distribuir aos colonos pequenos lotes de terra agrupados em núcleos, aparece um novo tipo de colonização e povoamento: a fixação dos colonos nas próprias fazendas e grandes lavouras, trabalhando como subordinados e num regime de parceria.

Trata-se de um sistema que reflete muito claramente o interesse dos grandes proprietários rurais necessitados de trabalhadores. O problema geral do povoamento era substituído pelo específico da carência de braços. Isto significava uma orientação nova, e é muito importante observá-la. Não se tratava mais apenas de povoar o país, desenvolver e aperfeiçoar sua reduzida população, reestruturá-la em novas bases, mas sim proporcionar trabalhadores para fazendeiros. A partir de meados do século XIX, a política imigratória brasileira se subordinará cada vez mais a esta simples questão dos fornecimentos de mão de obra para a grande lavoura. Precisamos tomar nota disto, porque este caráter da imigração brasileira se irá acentuando com o tempo, e se torna mesmo exclusivo.

O idealizador do novo sistema imigratório foi um grande proprietário de São Paulo, lavrador de café e figura prestigiosa na política do país: o senador Nicolau de Campos Vergueiro. Introduziu ele na sua fazenda de Ibicaba, em Limeira, entre 1847 e 1857, quase duzentas famílias de colonos alemães, suíços, portugueses e belgas. O transporte dos imigrantes era adiantado pelo proprietário, e pago depois, em prestações, pelo interessado. A remuneração do trabalhador se fazia pela divisão do produto em partes iguais. Era o regime da parceria, que mais vulgarmente se conhece hoje por meação.

O exemplo do senador Vergueiro foi imitado por muitos outros lavradores de café da então província de São Paulo; e, em menor escala, noutros lugares. Os resultados do sistema foram a princípio bons, e São Paulo chegou a contar com cerca de setenta destas colônias. Mas aos poucos foram-se evidenciando seus inconvenientes. Os proprietários, habituados a lidarem exclusivamente com escravos, e que continuavam a conservar muitos deles trabalhando ao lado dos colonos, não tinham para com estes a consideração devida à sua qualidade de trabalhadores livres. Os contratos de trabalho que os imigrantes assinavam antes de embarcarem na Europa, e desconhecendo ainda completamente o meio e as condições do país onde se engajavam, eram muito frequentemente redigidos em proveito exclusivo do empregador, e não raro com acentuada má-fé. Além disto, a coexistência nas fazendas, lado a lado, de escravos que ainda formavam a grande massa dos trabalhadores e de europeus livres fazendo o mesmo serviço que eles não podia ser muito atraente para estes últimos, e representava uma fonte de constantes atritos e indisposições.

Doutro lado, o recrutamento de colonos na Europa se fazia sem maior cuidado; os agentes incumbidos de angariar imigrantes agiam sem fiscalização alguma, e não tinham outra preocupação que o número, pois por ele se calculava sua remuneração. Aceitavam por isso qualquer candidato, sem indagarem da sua prestabilidade para o trabalho agrícola, e sobretudo para o pesado esforço exigido por uma agricultura tropical de desbravamento como era a nossa na época. Não raro chegavam a emigrar para o Brasil até enfermos e velhos inválidos. Pode-se imaginar o desapontamento e a indisposição dos fazendeiros para com seus colonos quando, depois de longa e ansiosa espera, recebiam destas turmas de trabalhadores imprestáveis a que se tinham prendido por contratos que eram obrigados agora a cumprir!

Nestas condições, não é para admirar que de parte a parte começassem a surgir descontentamentos. Os proprietários vão perdendo o interesse por um sistema tão cheio de percalços e dificuldades. Doutro lado, alarma-se a opinião pública na Europa, em particular na Alemanha e em Portugal, donde provinha então a maior parte da imigração para o Brasil, com a sorte aqui reservada aos seus compatriotas emigrados. Sucedem-se os inquéritos oficiais. Quase sempre eles são desfavoráveis ao nosso país, e concluem desaconselhando a emigração. Desencadeia-se então contra a emigração para o Brasil uma forte campanha, e ela chega a ser proibida na Prússia em 1859. A corrente de imigrantes alemães torna-se depois de 1862 quase nula; quanto à portuguesa, diminuirá de mais de 50%.

Ainda um outro fator contribuirá para o desestímulo à emigração. É que surgira uma nova circunstância que em parte resolvia o problema da mão de obra das fazendas. De forma aguda, este problema somente se sentia em São Paulo, nas suas novas regiões do oeste para onde se estendia rapidamente a cultura do café. Ora, precisamente neste momento, começava a decadência ou estabilização em outras regiões de exploração mais antiga, como por exemplo o vale do rio Paraíba. Reduzia-se assim a concorrência no mercado de mão de obra. Além disto, das províncias do Norte do Brasil, em franco retrocesso econômico, afluíam escravos vendidos para o Sul, onde graças à boa situação da lavoura cafeeira eram pagos a bons preços. Tudo isto fazia com que não se sentisse tão intensamente a premência da falta de mão de obra.

A situação voltará a tornar-se aguda em 1870. As plantações de café se estendiam aceleradamente. Abriam-se novas regiões de terras fertilíssimas (a chamada "terra roxa") alinhadas ao longo do eixo hoje percorrido pelas estradas de ferro Mogiana e Paulista. Desenvolvia-se o sistema de transporte com a construção e prolongamento das ferrovias de penetração, o que tornava possível o escoamento de grandes volumes de produção. Ao mesmo tempo, as perspectivas do mercado internacional para o café se mostravam cada vez mais favoráveis, o que estimulava permanentemente as novas iniciativas de desbravamento do interior e instalação de mais lavouras.

Mas para isto o que faltavam eram braços. A interrupção do tráfico africano, que se dera como vimos em 1850, começava a fazer sentir vivamente seus efeitos, e cada ano se tornava mais escassa a disponibilidade de escravos que a importação do norte do país não podia suprir indefinidamente na proporção necessária.

Depois de uma malograda tentativa de importação de trabalhadores orientais (coolies chineses), o recurso único torna-se a imigração europeia. E devido à premência do assunto, a política imigratória adquire então plenamente o sentido que já encontramos anteriormente em seus primeiros passos, isto é, o fornecimento direto de trabalhadores para as fazendas, para os grandes proprietários necessitados de braços. A tradicional política de povoamento e colonização vai sendo desprezada, e logo abandonada completamente em benefício do objetivo restrito e unilateral da simples importação de trabalhadores assalariados para as fazendas de café.

Isto se realizará pelo sistema da "imigração subvencionada", semelhante ao que já vimos anteriormente e que fora criado pelo senador Vergueiro, com a diferença que se torna um serviço público, regulado em lei e executado pela administração. Organiza-se na Europa um amplo aparelhamento oficial de propaganda da emigração para o Brasil, com agentes recrutadores espalhados pelos principais centros emigratórios; particularmente, depois de 1880, na Itália. A viagem dos imigrantes era paga até o seu lugar de destino. Havia além disto um serviço de distribuição dos trabalhadores pelas fazendas e proprietários necessitados de mão de obra.

A imigração subvencionada oficializava o que na realidade não passava de uma compra de trabalhadores, um processo de recrutar mão de obra que tem muitos pontos de semelhança com o antigo e extinto tráfico africano que ele viera substituir. Alguns pormenores do sistema são interessantes, porque nos mostram bem claramente o seu verdadeiro caráter. Vamos analisar o caso de São Paulo, onde ele mais se aperfeiçoou, e onde aliás se receberam acima de 50% de todos os imigrantes desembarcados no Brasil neste período que nos interessa.

Os imigrantes, que chegavam em grupos numerosos, eram, depois de desembarcados em Santos, imediatamente fechados e trancados nos vagões da estrada de ferro. O trem que os conduzia para São Paulo (e do qual tinham a oportunidade de "admirar as belezas naturais da Serra do Mar", como afirma um depoimento apologético da imigração subvencionada) depositava-os diretamente no pátio da Hospedaria dos Imigrantes, que pensadamente se localizara à margem dos trilhos da S.P.R., hoje Estrada de Ferro Santos-Jundiaí.

Durante sua permanência na capital, os imigrantes alojados na Hospedaria não podiam afastar-se dela, e aí permaneciam como numa verdadeira prisão. Contou-me certa vez um velho italiano, imigrante de 1886, que conhecera a cidade de São Paulo somente um quarto de século depois de sua chegada ao Brasil, pois apesar de ter transitado por ela, e nela demorado quase um mês, apenas a vislumbrara através das janelas do trem e da Hospedaria dos Imigrantes.

Uma vez fixado o destino do imigrante, a fazenda para a qual fora designado (assunto em que não era consultado), era novamente embarcado na própria estação da Hospedaria; e mais uma vez, sob estreita vigilância, transportado para a estação mais próxima daquela fazenda, onde já o aguardava o fazendeiro ou seu preposto para receber e tomar posse de seu novo trabalhador.

Estes são pormenores que dizem muita coisa sobre o sistema de imigração que prevaleceu no Brasil, e particularmente em São Paulo, desde o último quartel do século XIX. Que significava, socialmente, este sistema? Nada mais que um processo forçado e artificial de recrutar não verdadeiros povoadores, novos membros de uma comunidade humana, mas simplesmente instrumentos de trabalho para a grande lavoura cafeeira. Deixava-se de lado todo o aspecto social e mesmo humano do problema do povoamento pela imigração, que se sacrificava em benefício exclusivo do interesse unilateral e imediatista dos fazendeiros de café.

Já sem falar no que tal sistema continha de desumano, basta considerar os seus aspectos econômicos e sociais para verificar os grandes inconvenientes que apresentava. Inconvenientes aliás que já eram apontados e discutidos na época. O imigrante, trazido assim para o Brasil como simples força de trabalho, e aqui localizado como assalariado nas fazendas de café, muito pouco tinha de um verdadeiro povoador destinado a fixar-se solidamente, e identificar-se com o país e sua população. Constituía um elemento flutuante, que não se enraizava em nenhum lugar, e apenas terminado o prazo de seu contrato de trabalho, mudava-se para outro ponto; e mesmo frequentemente reemigrava, retornando à pátria, ou procurando outros países onde esperava encontrar melhores condições de vida e perspectivas mais sedutoras. A Argentina, por exemplo, recebeu muitas dezenas de milhares de imigrantes que tinham antes passado temporariamente pelo Brasil.

Mas o prejuízo não era apenas destes imigrantes que abandonavam o país, privando-o do benefício que lhe poderiam trazer. É que se formava aqui uma coletividade de organização altamente inconveniente, constituída na sua grande maioria de uma população flutuante e instável, de vida incerta e precária. Era aliás a continuação, sob nova forma, do velho sistema econômico e social brasileiro herdado da colônia, isto é, uma organização mercantil que, para o fim de produzir alguns gêneros tropicais de grande valor no mercado internacional, congregara aqui, ao lado de uma minoria de dirigentes desta exploração comercial do território brasileiro, a massa de trabalhadores destinados a fornecer o esforço físico necessário à produção. Agora, neste momento que nos ocupa, para se produzir café, como no passado se produzira açúcar, apelava-se para a imigração europeia como dantes se recorria ao tráfico africano. O sistema permanecia fundamentalmente o mesmo, e se perpetuava nos novos territórios abertos para a cultura do café, pela substituição do tráfico pela imigração, do escravo africano pelo imigrante europeu.

Ao sistema da imigração subvencionada e da importação de trabalhadores assalariados para as fazendas de café opuseram-se desde o início, como já notei, numerosas opiniões. Aqueles que não se colocavam, ao analisarem o problema, no ponto de vista exclusivo dos interesses da grande lavoura e dos fazendeiros, encaravam a imigração, em primeiro lugar, como um dos elementos fundamentais da política de povoamento e de colonização do país. E viam nela um poderoso instrumento de transformação no sentido de corrigir a secular dispersão, rarefação e sobretudo instabilidade da população brasileira. Mesmo tomando em consideração os interesses da lavoura cafeeira, que representava então a maior e quase única fonte apreciável de riqueza do país, subordinavam este interesse à consideração mais ampla da estruturação demográfica e social do Brasil em bases sólidas e seguras. E propugnavam pela continuação e incentivo do antigo sistema de colonização, isto é, no sentido de facilitar aos imigrantes a aquisição da propriedade rural, e procurando com isto oferecer-lhes oportunidades amplas de progresso material e moral. Visar-se-ia com isto a constituição de uma verdadeira nação, social e demograficamente bem estruturada, sobrepondo desta forma um fim geral e amplo ao interesse imediatista da simples exploração comercial do território brasileiro.

Mas estas opiniões foram completamente abafadas pela voz poderosa dos fazendeiros e os interesses incontrastáveis da grande lavoura do café. Depois de 1885 é completamente abandonada a colonização. Não se fundam novos núcleos, e os já existentes se deixam em grande parte ao desamparo. Somente num curto período, já no século xx, em 1905, se recomeça a cuidar da colonização. Não porque a administração pública se compenetrasse do erro que vinha cometendo e procurasse seriamente corrigi-lo; mas simplesmente porque a imigração subvencionada, pela forma que se praticava, e por sorte miserável que reservava aos imigrantes, tinha despertado violenta oposição nos países europeus donde provinha a imigração brasileira. Este foi o caso, em particular, da Itália, que desde os últimos vinte anos do século xix fornecia o maior contingente de imigrantes recebidos pelo Brasil.

A oposição da opinião pública na Itália contra a imigração subvencionada atinge nos primeiros anos do século xx tamanho vulto que o governo daquele país adota com relação a ela uma providência radical: em 1902 é terminantemente proibida a imigração para o Brasil com viagem gratuita para os emigrantes.

Depois desta proibição, a imigração italiana decresce consideravelmente, baixando da média anual anterior de cerca de 50 mil indivíduos para menos de 30 mil. Além disto, cresce a reemigração, isto é, a saída de imigrantes, que chega a superar muitas vezes a entrada.

Este decréscimo da imigração alarma a administração paulista, que recorre então ao sistema da colonização a fim de atrair novamente com ela as volumosas correntes imigratórias do passado. Mas não se tratava de nenhuma reforma radical da política imigratória de curtas vistas até então seguida. Era um simples expediente oportunista destinado unicamente a servir de isca para os emigrantes. E por isso, os projetos de colonização então executados, apesar da boa-fé e bons propósitos de alguns de seus realizadores (como por exemplo o então secretário da Agricultura de São Paulo, Carlos Botelho), não passaram de tímidos ensaios sem alcance prático apreciável. O sistema da imigração subvencionada e de simples importação de trabalhadores assalariados para as fazendas de café continuará como dantes até 1927, quando é afinal abolido porque a situação se modificara muito. Cessara fazia muito a antiga e rápida expansão da lavoura cafeeira, dispensando-se assim as grandes correntes imigratórias do passado. E depois de 1930, quando ocorre a grande crise de superprodução de café, adota-se com relação ao problema imigratório uma política inversa, isto é, de restrições drásticas que perdurarão até os nossos dias.

* * *

Esta rápida súmula da evolução da política imigratória brasileira teve o objetivo de esclarecer a posição do problema em nossos dias, em que se volta novamente a ventilar a necessidade da imigração, argumentando muitas vezes com a falta de braços para a lavoura. O exemplo do passado nos mostra o que significa, em última análise, tal argumento. Está-se evidentemente tentando ressuscitar um sistema e uma situação que devemos considerar encerrados para sempre. O tráfico de escravos africanos foi abolido em 1850; o tráfico de imigrantes encerrou-se em 1927. Não se pode admitir seu restabelecimento; e contra ele se devem precaver não somente os possíveis imigrantes do futuro, como igualmente os brasileiros que se colocam ao lado dos verdadeiros interesses de seu país. Se não representa nada de atraente para as populações da Europa que hoje querem emigrar a perspectiva de se tornarem no Brasil simples trabalhadores assalariados na dura, opressiva e mal remunerada tarefa das fazendas brasileiras; também não visa os verdadeiros interesses do nosso país este afluxo de novos contingentes demográficos que serão, como aqueles que os precederam, igualmente instáveis, de problemática fixação e de vida precária e incerta.

Não há dúvida que o Brasil necessita de novos povoadores; somos um território ainda semideserto, e o aproveitamento dos nossos recursos naturais, tanto em benefício do próprio país como de toda a humanidade, necessita do concurso de uma população muito mais numerosa e densa que a atual. E a imigração representa a única solução deste problema em prazo razoável. Não podemos contar unicamente com o crescimento vegetativo da população brasileira, que, ao contrário do que muitas vezes se pensa, é relativamente lento. Doutro lado, como detentores de um grande território ainda tão mal ocupado e valorizado, nós, brasileiros, não temos o direito, penso eu, de cerrar as portas do país e furtá-lo ao melhor aproveitamento da humanidade em conjunto. O que aliás reverteria em última instância em grave prejuízo de nós próprios e do progresso do Brasil.

Mas precisamos considerar também que não é em função de interesses mesquinhos e imediatistas que havemos de conduzir a nossa política imigratória. A incorporação de novos contingentes demográficos recebidos pela imigração se deve processar dentro do plano geral, que hoje se propõe, da reconstrução da nação brasileira; enquadrar-se nas grandes reformas internas que na atualidade se apresentam ao país em sua marcha para o progresso.

Seria estender por demais os limites desta palestra, e sair mesmo do seu assunto principal, aventurarmo-nos aqui na análise detalhada daquelas reformas. Mas não são precisas muitas palavras para lembrar o que constitui hoje o objetivo fundamental das forças progressistas brasileiras e o problema máximo da nossa presente conjuntura econômica e social. Refiro-me à transformação do nosso tradicional sistema agrário, herdado da colônia, e fundado no velho e decadente sistema de fazenda; isto é, na grande propriedade monocultora e de exploração extensiva. É este regime que precisamos hoje superar com novas formas técnica e socialmente mais desenvolvidas de exploração agrária.

É sobretudo a esta questão agrária que se deve subordinar a nova política imigratória a ser adotada de hoje para o futuro. A imigração aliás, longe de embaraçar o desenvolvimento de tal questão, pode representar, se bem orientada, um poderoso instrumento, e mesmo, a meu ver, um fator decisivo no sentido da transformação projetada.

Não será necessário para isto senão a volta à mais antiga política de povoamento aplicada no Brasil, e que já referi anteriormente; isto é, o sistema de colonização que tão esplêndidos resultados produziu em tantos casos quando bem orientado e inteligentemente aplicado. A diferença está apenas em que agora não se tratará mais da organização esporádica e excepcional de alguns núcleos coloniais destinados mais a servirem de isca para as correntes imigratórias que transformarem efetivamente a estrutura agrária do país. É sobretudo esta transformação que se deve ter em vista, através de um plano amplo e sistematicamente executado, que vise o progressivo retalhamento da grande propriedade rural brasileira, isto é, da fazenda, e sua substituição pela média e pequena propriedades intensivamente exploradas.

Este programa não representa nenhuma idealização romântica da pequena propriedade. Conhecemos suas limitações e os estreitos horizontes do pequeno camponês. Mas no caso brasileiro da atualidade, o retalhamento dos grandes domínios agrários representa a única forma de mobilizar a terra, o único meio de torná-la acessível à grande massa camponesa e permitir sua utilização de modo mais eficiente e intensivo que no passado e no momento atual.

Os fazendeiros e grandes proprietários não estão, em regra, em condições de aproveitarem convenientemente suas propriedades. E a prova está em que a maior parte de suas terras, mesmo em regiões importantes e economicamente mais desenvolvidas, como em São Paulo, se encontra num abandono parcial e muitas vezes tão grande que quase se poderia dizer total. Mesmo quando cultivadas, o seu aproveitamento é mínimo, pois a maior parte das culturas das fazendas brasileiras representa, pela forma como são praticadas, uma utilização em proporções muito pequenas das verdadeiras possibilidades do solo.

E ao mesmo tempo que aproveitam tão mal as suas terras, as fazendas e grandes propriedades, englobando áreas consideráveis, têm o efeito de um verdadeiro monopólio que valoriza especulativamente os terrenos, tornando-os inacessíveis à iniciativa de muitos pretendentes que estariam em condições de uma exploração agrícola mais produtiva. Além disto, o próprio vulto das fazendas torna-as privilégio de muito poucos, excluindo a participação e o concurso da esmagadora maioria da população rural.

Somente pelo retalhamento forçado se quebraria este monopólio, tornando possível uma renovação da nossa agricultura peada e presa num círculo de ferro. E doutro lado, o fracionamento da propriedade agrária abriria perspectivas e oportunidades para a grande massa camponesa, obrigada hoje a suportar as duras condições de vida que encontra nas fazendas, e a que não se pode furtar; a não ser pelo êxodo urbano cujos malefícios já começamos a sentir.

A reforma agrária pelo retalhamento forçado dos grandes domínios representa assim a linha progressista da evolução econômica e social do campo brasileiro, e se destina a varrer as últimas sobrevivências da herança colonial e escravista que ainda pesa sobre nós. A imigração estrangeira, bem orientada e dirigida, lhe poderá trazer um concurso inestimável, e em muitos casos até insubstituível. Ela traria a iniciativa e as qualidades superiores de agricultores europeus; e assim permitiria, ou pelo menos facilitaria consideravelmente a transição do nosso atual e tradicional regime agrário de monocultura extensiva para uma agricultura diversificada e intensiva.

Tal deveria ser o principal papel da futura imigração; e é nestes termos que se deve colocar, em primeiro e principal lugar, o problema imigratório brasileiro.

Fora disto, não vejo nem ao menos como receber, e aqui assimilar convenientemente novos contingentes imigratórios de vulto. O Brasil se encontra num ponto morto de sua evolução econômica. Não nos podemos iludir com estes últimos anos de prosperidade fictícia de guerra; e além disto, prosperidade restrita a pequenos setores da população brasileira. Uma análise profunda da atual conjuntura econômica do Brasil nos revela que estão praticamente estancadas as grandes fontes de riqueza que até ultimamente alimentaram a nossa vida econômica. Desde sempre, a economia brasileira se fundou na exportação de alguns gêneros alimentares e matérias-primas. Assim foi sucessivamente, desde o início da colonização, nos passados ciclos econômicos do pau-brasil, do açúcar, dos metais preciosos, do algodão, da borracha, do cacau e finalmente do café. Produtos todos destinados à exportação e aos mercados externos, e que serviram, cada qual por seu turno, de base em que assentou no passado a vida econômica do Brasil e de suas várias regiões.

Hoje não é difícil observar que as perspectivas do nosso país em matéria de exportações são reduzidas. Não quero com isto dizer que não teremos mais o que exportar; mas é evidente que não será possível manter indefinidamente a vida dos 40 milhões de habitantes deste país, e promover o seu progresso, fundado unicamente, como foi até hoje, na exportação de matérias-primas e gêneros alimentares. E como não podemos seriamente considerar a eventualidade da exportação regular e crescente de produtos manufaturados, verificamos que o tradicional sistema econômico brasileiro, baseado precipuamente na exportação, não se pode mais manter sem sacrifícios consideráveis para a grande maioria da população brasileira.

Aliás não é difícil constatar que nossas atividades produtivas procuram voltar-se crescentemente para as necessidades internas do país. Esta substituição do mercado externo pelo interno como objetivo essencial da produção brasileira representa sem dúvida um grande progresso em nossa evolução econômica. Mas isto por enquanto é apenas um início, e até mesmo, em rigor, uma simples tendência. O desenvolvimento econômico brasileiro consistirá precisamente, de hoje para o futuro, em acentuar esta tendência, e superar definitivamente o nosso longo passado de simples colônia fornecedora de produtos demandados pelo comércio internacional. Isto é, constituir e desenvolver aqui uma economia verdadeiramente nacional, que tenha por objetivo precípuo a satisfação das necessidades próprias do país e de seus habitantes.

Mas esta grande transformação do regime econômico brasileiro precisa, para realizar-se plenamente, e não ficar no estágio rudimentar em que se encontra, precisa encontrar desobstruído o caminho que tem a percorrer. E é isto que visam as reformas estruturais que hoje se impõem em nosso país.

Este assunto tem uma relação estreita e imediata com o problema da imigração. O Brasil, na situação em que se encontra, é incapaz de absorver e assimilar novos e grandes contingentes imigratórios. Isto que foi possível na segunda metade do século XIX, e princípios deste, graças à considerável e rápida expansão da lavoura cafeeira, tornou-se hoje impraticável sem medidas preliminares que são em primeiro lugar as reformas apontadas. Qualquer afluxo anormal neste momento, e nas presentes condições, de novas correntes imigratórias, traria profundas perturbações da vida social e econômica do país. Isto porque no estado atual de inércia econômica em que nos encontramos, faltariam aos novos povoadores meios normais e suficientes de subsistência. E de duas, uma: ou abririam concorrência e luta com a população já estabelecida no país, procurando desalojá-la de seus lugares e posições; ou teriam de se resignar a uma existência vegetativa, precária e sem horizontes.

Uma tal alternativa só poderá ser evitada com grandes modificações do nosso regime econômico; modificações capazes de proporcionar ao Brasil um novo ponto de partida, que lhe falta, no sentido do progresso e desenvolvimento de suas forças produtivas. É assim em função estreita com reformas internas que se deve propor e resolver o problema imigratório brasileiro. Não quero dizer com isto que é necessária uma precedência daquelas reformas. Mesmo porque, como já notei, a imigração pode trazer, para a realização delas, um grande concurso. Mas o que não é possível é propor o problema imigratório isoladamente. Ele tem de ser incluído no grande plano de transformação econômica do Brasil, e resolvido em função deste conjunto.

E em primeiro lugar, propõe-se desde logo a reforma agrária que apontei. Uma tal reforma não somente abriria amplas perspectivas para as atividades agrícolas (que num país como o Brasil, de imensa extensão territorial, serão sempre, necessariamente, fundamentais); mas ainda permitiria um efetivo e largo desenvolvimento industrial, pela grande base que então se ofereceria às futuras indústrias, tanto no sentido do fornecimento das matérias-primas e gêneros alimentares necessários, como sobretudo no de proporcionar à produção manufatureira um grande mercado interno.

É neste novo Brasil, economicamente revitalizado, e preparado para um largo crescimento de sua população, que caberão, praticamente sem limites, quaisquer novos contingentes demográficos que lhe venham pela imigração.

Ao mesmo tempo (e aqui tocamos ainda mais diretamente o problema imigratório), é unicamente pela reforma agrária que se tornaria possível uma fixação e distribuição convenientes dos novos povoadores afluídos do estrangeiro. Não resta dúvida que a maior parte da próxima imigração só pode ser de agricultores; e é para o campo que ela terá de se escoar. Ora, somente pela reforma agrária se poderá preparar convenientemente o campo brasileiro para a recepção destes novos povoadores. Doutra forma, eles encontrariam condições altamente desfavoráveis, e iria repetir-se a experiência do passado cujos malefícios já apontei, e que agora se reproduziriam em escala muito ampliada. Os imigrantes do século xix e princípios do xx ainda encontraram aqui uma atividade agrícola próspera; e isto, que não se dá mais hoje, atenuou em parte os inconvenientes da sua situação. Não resta aliás dúvida que os novos imigrantes, ao contrário de seus antecessores, não suportariam muito tempo a condição de simples assalariados das fazendas e grandes propriedades: refluiriam logo para os grandes centros em busca de situações melhores. E iriam agravar o já angustioso problema do centripetismo urbano que vimos sentindo nestes últimos anos, criando novos e complexos problemas de competição, de falta de ocupações suficientes e de pauperismo em formas extremas.

Quanto ao argumento da extensão do nosso território, e da sobra de espaço que nele se encontra sem necessidade de tocar nas regiões já ocupadas, é preciso lembrar que espaços aproveitáveis não se criam artificialmente e não surgem por encanto do deserto. No passado fizeram-se algumas experiências fracassadas de colonização em rincões longínquos e afastados dos centros de civilização. Ninguém de bom senso aconselharia a repetição destas experiências. Uma comunidade humana, para se manter e prosperar, necessita de intercâmbio, de contatos estreitos com centros civilizados facilmente acessíveis. Isto é mais que uma necessidade econômica; é social e também humana. O Brasil é imenso, não há dúvida, mas a parte do seu território, aproveitável desde logo, e sobretudo por imigrantes recém-vindos, não ultrapassa muito os setores já povoados, explorados e efetivamente valorizados. Qualquer projeto de colonização, para contar com probabilidades de sucesso, tem de ser realizado nestes setores, e não num longínquo interior isolado e inacessível.

Sem entrar em mais pormenores, parece-me que já estamos em condições de concluir. E é esta conclusão que quero deixar aqui expressa. Não considero possível uma solução conveniente verdadeiramente progressista do problema da imigração brasileira, solução que atenda simultaneamente aos interesses do nosso país e das futuras correntes imigratórias que pretendam se dirigir para cá, senão cogitando preliminarmente das reformas estruturais do nosso atual regime agrário, no sentido que apontei. Ou o Brasil, ou antes, seus dirigentes, se dispõe a enfrentar decisivamente esta questão, ou então não vejo como proporcionar à imigração condições favoráveis, e aos futuros imigrantes perspectivas de real prosperidade.

Mas não quero terminar com palavras que pareçam de pessimismo. Longe de mim a ideia de que a imigração deva ser embaraçada, como foi nestes últimos anos. A restrição imposta ao afluxo de imigrantes não passou de uma solução simplista; e além disto, ditada por um espírito conservador se não reacionário, que, a resolver um problema, prefere ladeá-lo em proveito da situação estabelecida e consagrada em que se teme tocar. Ao contrário disto, como já afirmei anteriormente, penso que o Brasil precisa neste momento, como sempre precisou, de grandes e fortes correntes imigratórias. Necessitamos de gente, de muitos novos povoadores. Isto por motivos, além de geográficos, também econômicos e sociais. Sem entrar em pormenores de um assunto excessivamente complexo e longo, sou de opinião que a formação social e o desenvolvimento histórico do Brasil foram altamente defeituosos e inconvenientes do ponto de vista dos modernos padrões e necessidades. Para nos colocarmos hoje no nível da civilização contemporânea e adquirirmos o ritmo das grandes nações da atualidade, precisamos, além de outras reformas profundas do nosso sistema econômico e social, do concurso de novos contingentes demográficos capazes de estimular o levantamento dos nossos padrões culturais.

E é precisamente por isso que vejo na imigração estrangeira não apenas uma simples questão imediata, um problema de momento a ser resolvido em função de contingências próximas, mas um elemento ou uma parte essencial neste plano de reformas substanciais que a nossa estrutura econômica e social da atualidade está exigindo, e do qual surgirá um novo Brasil bem diferente deste de hoje. E é somente colocado neste terreno amplo que o problema imigratório poderá ser satisfatoriamente resolvido.

Não tenho a pretensão de ter indicado esta solução; e apenas procurei apontar um de seus aspectos que me parece o mais importante e fundamental.

Entrevista

Antonio Candido

O senhor poderia falar de sua relação com Caio Prado Jr.? Como o conheceu e como era o seu convívio com ele?

Conheci Caio Prado Jr. creio que no começo de 1940, depois que ele voltou do exílio. Fui levado à casa dele por Paulo Emílio Salles Gomes, que fora seu companheiro de prisão depois do levante de 1935. Paulo fugiu com outros no começo de 1937, mas Caio não quis participar da fuga. Durante a Macedada, fase de maior tolerância, quando era ministro da Justiça José Carlos de Macedo Soares, ele pôde sair e foi para a Europa. Depois daquela visita, da qual lembro apenas que ele se queixou da falta de crítica científica no Brasil, nos vimos poucas vezes.

Tornei a encontrá-lo com mais vagar uns três anos depois. Ele fazia parte então de um grupo de comunistas dissidentes, que não concordavam com a decisão partidária (tomada na clandestinidade) de apoiar o governo do Estado Novo depois que o Brasil entrou na guerra em 1942, tornando-se teoricamente aliado da União Soviética. Paulo Emílio e eu atuávamos num grupo de estudantes e recém-formados contrários à ditadura, a Frente de Resistência, e tivemos encontros com Caio e alguns de seus companheiros dissidentes, com vistas a uma eventual ação conjunta. O projeto não foi adiante, mas Caio e eu nos aproximamos mais.

Ele tinha fundado a Editora Brasiliense, cujo escritório na rua Dom José de Barros frequentei. No fim de 1944 estivemos juntos em reuniões preparatórias do I Congresso Brasileiro de Escritores, e depois neste, realizado em São Paulo no mês de janeiro de 1945. Ele foi um dos autores do manifesto, que pedia a restauração das liberdades democráticas e não pôde ser publicado na imprensa devido à censura, mas se difundiu por meio de volantes. Em fevereiro a censura veio abaixo depois da entrevista histórica de José Américo de Almeida e as oposições começaram a se articular para a luta final contra o abalado regime. Caio participou de gestões para a fundação de uma frente ampla reunindo várias tendências, que ele propôs, segundo me contou, denominar União Democrática Nacional (UDN), o que de fato se deu. Mas ele se afastou logo, ao ver para onde a coisa ia indo. Quis então realinhar-se com o Partido Comunista, mas para isso teve de fazer autocrítica, que foi divulgada pelos jornais, como as de outros na mesma situação. A partir de então os nossos encontros foram raros e ocasionais.

Em 1949 eu era presidente da seção paulista da Associação Brasileira de Escritores (ABDE), e ele se candidatou à minha sucessão com uma chapa composta por associados contrários à hegemonia exercida na entidade por nós, do Partido Socialista. Mas o seu móvel verdadeiro era uma palavra de ordem do Partido Comunista: conquistar o controle do maior número possível de associações de classe, com vistas ao Congresso da Paz de Wroclaw, em fase de preparo no mundo inteiro. Ele perdeu a eleição para Sérgio Milliet. Durante a campanha houve momentos bem tensos, mas as nossas relações, sempre cordiais, não foram afetadas.

Pouco depois tive uma prova da sua independência e retidão. A revista comunista *Fundamentos*, num artigo anônimo contra o Partido Socialista, me atacou de maneira desabrida, levando-me a cortar relações com os membros que conhecia do conselho editorial. Um primo e correligionário de Caio, Elias Chaves Neto, me procurou então com um recado dele: não podia vir pessoalmente porque estava naquele dia saindo para a Europa, mas queria manifestar a sua reprovação do artigo. Mais tarde me convidou para escrever na sua *Revista Brasiliense*, excelente publicação onde colaboravam autores de vários matizes ideológicos, o que, segundo soube, provocava reações dos dirigentes comunistas. Em 1957 saiu nela um artigo meu sobre literatura colonial.

As nossas relações seguiram espaçadas e cordiais, até que se tornaram uma grande amizade a partir de sua prisão depois do AI-5. Fui visitá-lo duas vezes no quartel da Força Pública onde estava confinado, e quando saiu ele passou a frequentar assiduamente a nossa casa, até adoecer, poucos anos antes da morte em 1990.

Era muito afetuoso e tinha delicadezas cativantes. Como as pequenas coisas podem ser reveladoras, conto uma.

Em nossa casa conservou-se o velho hábito português do chá à noite, e sendo presença frequente Caio dele participava. Certa ocasião minha mulher se desculpou por servir o leite numa xícara de café, explicando que a leiteirinha quebrara e ela não conseguia encontrar uma igual. Na próxima visita ele lhe trouxe de presente outra muito parecida, explicando com bom humor que percorrera muitas lojas até encontrá-la, pois se lembrava como era a quebrada...

O senhor e Caio Prado Jr. militaram em diferentes campos políticos. O senhor na Esquerda Democrática, que depois se converteu no Partido Socialista, e Caio Prado Jr. no Partido Comunista. Muito do convívio entre os dois se deu nos anos não muito tolerantes do stalinismo. Mesmo assim Caio Prado Jr. não deixou de ter relações com o senhor e até com trotskistas. Como explica essa abertura num período não muito propício para uma atitude como essa?

Para começar, convém esclarecer: não há termo de comparação entre a militância constante e intensa de Caio, que era de fato um político e chegou a ser deputado, e a minha, sempre lateral em relação às atividades principais.

As relações entre comunistas e socialistas eram em geral tensas e por vezes agressivas. Nós éramos alvo de ataques quase sempre duros, devido às nossas críticas também duras ao stalinismo, mas entre Caio e mim nunca houve problemas, inclusive porque nos víamos pouco e nunca falávamos de política. Quando começou a nossa intimidade ele já não era militante, embora continuasse integralmente fiel à sua ideologia. E tinha havido o XX Congresso do Partido Comunista da União Soviética, na qual Kruchov revelou muita coisa que confirmava as nossas críticas. O que eu disse em resposta à pergunta anterior esclarece a sua maneira de agir em relação aos que não pensavam como ele, e certa vez, nos anos 1970, disse, jantando em nossa casa, que era muito tolerante com as ideias alheias. Sei que se afastou de seu partido, mas nunca o ouvi criticá-lo apesar das discordâncias evidentes em seus escritos. Isso fazia parte da sua invariável correção. Caio era um homem que se podia admirar integralmente.

Poderia falar do impacto da leitura de Evolução política do Brasil *sobre o senhor e a sua geração? Pensando no contexto intelectual e político da década de 1930, quais aspectos do livro destacaria como relevantes para estabelecer novas possibilidades na análise e na investigação a respeito do Brasil?*

Posso falar apenas do meu caso pessoal, com referência ao momento da leitura, que para mim foi uma revelação. Eu morava em Poços de Caldas e estava no quinto ano do ginásio quando, no começo de 1935, li *Evolução política do Brasil*, que é de 1933 e foi com certeza impresso à custa do autor, como ainda era frequente, pois não há menção de editor, mas apenas da tipografia: Empresa Gráfica da Revista dos Tribunais.

Eu estava começando a me interessar pelo socialismo e tinha lido, além de um resumo de *O capital*, por Gabriel Deville, a que foi para mim a decisiva *História do socialismo e das lutas sociais*, dois volumes de Max Beer editados pela Livraria Cultura Brasileira, que fez muito naquela altura pela difusão das ideias de esquerda.

O livro de Caio me deu a impressão de estar revendo o Brasil de um ângulo novo. Eu já tinha algumas leituras históricas e lera no ano anterior com grande apreço *Populações meridionais do Brasil*, de Oliveira Vianna. A visão de Caio me abalou, inclusive pela sobriedade e o tom convicto da exposição. Depois de tanto tempo eu não saberia pormenorizar as impressões. Lembro do impacto causado pela utilização do conceito de luta de classes desde a Colônia, sobretudo na análise das rebeliões do tempo da Regência e começo do Segundo Reinado, que nos meus compêndios eram tratados como meros episódios de desordem.

Eu tinha um colega de classe que veio de São Paulo morar em Poços, de família simpática ao comunismo. Ele contou que Caio, ou Caíto, como dizia, conhecido de um de seus tios, também preso no fim do ano, era um rapaz muito rico que se tornara comunista, abandonara a "vida social", não ia mais a festas e ficava estudando marxismo na edícula de sua casa, onde tinha o escritório. E o livro ganhou atrativo com essa versão, de certo meio lendária, sobre esse moço de classe alta adepto de uma ideologia revolucionária...

ENTREVISTA

É sugestivo que o senhor tenha intitulado "A força do concreto" o seu artigo em História e ideal, *livro publicado em homenagem a Caio Prado Jr. Dessa maneira, chama a atenção como a história que o interessava estava aberta ao real, indo além das referências (historiografia) tradicionais. Como tal perspectiva se liga à formação dele como geógrafo, seguindo na USP o curso que nos anos de 1930 era de história e geografia?*

Creio que Caio se interessava sobretudo pelos fatos diretamente observados, daí a curiosidade insaciável pelo que se pode denominar o "corpo físico do Brasil", base da sua reflexão histórica e econômica. Por isso, no curso a que se refere (no qual foi o inscrito nº 1), aplicou-se muito como aluno do eminente geógrafo Pierre Deffontaines, da missão de professores franceses, que, segundo me disse mais de uma vez, lhe ensinou a "ver" a natureza em excursões dominicais pelos arredores de São Paulo.

Ele era dos que não se satisfazem com a informação, por isso buscava a experiência vivida. Em 1934, e até o fim de 1935, quando foi preso, teve papel fundamental na Associação dos Geógrafos Brasileiros, cuja revista animava. Viajou sempre muito pelo país e pode-se dizer que o conheceu a fundo. Era infatigável sob este aspecto, e uma vez me convidou para ir com ele ao Piauí, ver a obra social de um padre. Eu recuei e ele foi só, guiando o seu automóvel. Esse tipo de conhecimento era fundamental para as suas concepções, pois como historiador se interessava pelos fatos básicos e bem pouco pela crônica. Uma vez me disse rindo que nada sabia sobre as dinastias, guerras, acontecimentos. O seu objetivo era o fundamento econômico e institucional, e isso era verdade também com relação ao presente. Dava atenção cuidadosa ao noticiário cotidiano e costumava ir bem cedo ao Ibirapuera, onde lia o jornal, sobretudo na parte econômica, enquanto caminhava. Comentava de maneira sempre esclarecedora as coisas do momento e não tem conta o que aprendi com ele nas conversas.

Posfácio

Paulo Henrique Martinez

A primeira edição de *Evolução política do Brasil e outros estudos*, ocorrida em 1953, é o texto definitivo, estabelecido pelo autor, para o ensaio que dá título ao volume, que foi acrescido de nove outros escritos. Anteriormente, *Evolução política do Brasil* conhecera duas edições, em 1933 e 1947. Cabe notar, no entanto, que houve uma modificação nos subtítulos: Ensaio de interpretação materialista da história brasileira, na primeira, e Ensaio de interpretação dialética da história brasileira, na segunda. A substituição da expressão "materialista" para "dialética" denuncia os interesses intelectuais de Caio Prado Jr., predominantes entre as décadas de 1940 e 1950: a fundamentação filosófica e a lógica dialética.[1] Houve um deslocamento do enfoque no método histórico, na edição de 1933, para a epistemologia, na edição de 1947. A ênfase no método e na interpretação teórica perseverou afastando evocações de cunho partidário e doutrinário.

A edição de 1953, por sua vez, suprimiu os subtítulos e agregou a expressão "outros estudos" ao título principal. A nova edição e os textos conjugados ao volume sugerem a busca, habitual em Caio Prado, de participar ativamente do

[1]. Caio Prado publicou duas obras de estudos filosóficos: *Dialética do conhecimento* (1952) e *Notas introdutórias à lógica dialética* (1959).

debate político também com a publicação de análises, pesquisas, artigos, prefácios, conferências, entrevistas e polêmicas, fosse como editor e fundador da Editora Brasiliense, em 1943, ou colaborador de jornais e revistas — *A Platea, Geografia, A Classe Operária* e *Fundamentos* foram algumas delas —, voltados à interpretação da realidade histórica, social e econômica do Brasil. Digo *também* com a publicação, pois a militância política que desenvolveu foi constante, desde a década de 1920, nos tempos de estudante na Faculdade de Direito, integrando comissões, entidades e partidos, disputando eleições, assumindo posições de liderança, cargos de direção política, partidária e mesmo como parlamentar atuante na Assembleia Constituinte paulista em 1947.[2]

O ensaio *Evolução política do Brasil* foi redigido no contexto da Revolução de 1930 e da contestação política e armada paulista de 1932. Esses episódios políticos animaram a reflexão desenvolvida pelo autor sobre as experiências revolucionárias no Brasil, sobretudo aquelas em que houve reconhecida participação popular, ocorridas na primeira metade do século xix: Balaiada, Cabanada e a Praieira.[3] A reanimação do movimento social e operário na década de 1950, como as campanhas nacionalistas em defesa do petróleo e as greves de 1953, em São Paulo e no Rio de Janeiro, recolocavam a pertinência da indagação sobre a participação popular na vida política brasileira. Em 1953, nos "outros estudos", esse testemunho ganha renovada e maior visibilidade, conforme procuro demonstrar adiante. Os artigos que em conjunto compõem a segunda parte deste volume procuram oferecer uma variada base de conhecimentos, fundada em pesquisas empíricas, documentos e interpretação histórica sobre a sociedade brasileira. Os diferentes estudos estão agrupados em três seções distintas: geografia, história e demografia.

O primeiro bloco contém os dois artigos sobre a geografia e a história da cidade de São Paulo. Eles foram publicados em 1935 e 1941, respectivamente, gestados no âmbito do empenho dos geógrafos profissionais e iniciantes aglutinados na então recente Associação dos Geógrafos Brasileiros (AGB), da qual Caio Prado foi fundador e secretário, em fins de 1934. Os artigos abordam a

---

2. Ver o livro *Caio Prado Júnior: Parlamentar paulista*. São Paulo: Assembleia Legislativa do Estado de São Paulo, 2003 (Coordenação Dainis Karepovs).
3. Procurei realizar um exame detido deste livro no segundo capítulo de *A dinâmica de um pensamento crítico: Caio Prado Júnior (1928-1935)*. São Paulo: Edusp/ Fapesp, 2008.

estrutura espacial, o centro hidrográfico e terrestre que representava e a história da dinâmica urbana paulistana. Esses textos são emblemáticos da abordagem da geografia possibilista francesa, balizada na obra de Paul Vidal de La Blache, e disseminada com o início das atividades do curso de história e geografia na Universidade de São Paulo, inaugurada naquele mesmo ano. Eles permitem conhecer o desenho da cidade antes do processo de industrialização acelerado durante a década de 1950 e dos traçados rodoviários que cortariam o Estado nos anos seguintes. O instável e mal ordenado processo de ocupação do solo ali apontado perpetuou-se com o adensamento populacional e econômico da segunda metade do século xx. As mudanças nas paisagens do núcleo urbano e de seus arredores capturaram o olhar atento de Caio Prado, antes que a definitiva "monotonia do grande centro moderno" se instalasse nos campos de Piratininga.

Os contrastes, as descontinuidades, inércias e as repentinas transformações inscritas nos territórios moldados pelo desenvolvimento da capital paulista, identificados pelo autor, simultaneamente, como grande centro urbano, povoado de roça e zona de sertão, seduziram igualmente os jovens professores franceses que davam a partida em suas carreiras profissionais enquanto colaboravam na implantação da universidade em São Paulo. Claude Lévi-Strauss, etnólogo, legou-nos um acervo fotográfico com registros da cidade na década de 1930.[4] Pierre Monbeig, ele mesmo geógrafo, obteria o seu doutoramento, na França, estudando a expansão e a projeção da cidade nas zonas pioneiras do interior paulista e além: Goiás, Mato Grosso, Minas Gerais e Paraná.[5] O historiador Fernand Braudel colheu farta matéria-prima para burilar suas observações sobre a dialética do tempo histórico, como atestaria posteriormente.[6] Essa fecundidade intelectual do ambiente social e urbano paulista da década de 1930, extraída e observável nos artigos de Caio Prado Jr., é a mesma que comparece no plano estético, da pesquisa de campo ou na reflexão teórica daqueles professores franceses.

4. Claude Lévi-Strauss, *Saudades de São Paulo*. 5ª ed. Trad. P. Neves. São Paulo: Companhia das Letras, 1996.
5. Pierre Monbeig, *Pioneiros e plantadores de São Paulo*. Trad. A. França e R. A. Silva. São Paulo: Hucitec/ Pólis, 1984.
6. Fernand Braudel, *Escritos sobre a história*. São Paulo: Perspectiva, 1978.

A incorporação dos artigos sobre a geografia da cidade ao volume de 1953 vinculava-se, certamente, aos debates em torno dos preparativos das comemorações oficiais e extraoficiais do IV centenário da cidade de São Paulo, em janeiro de 1954. A celebração paulistana anunciava-se ostensivamente glorificadora da burguesia paulista e de seus próceres políticos, simbólicos e ideológicos.[7] Um momento da história propício para a reaparição do espírito que motivara a redação de *Evolução política do Brasil*, vinte anos antes, quando "os heróis e os grandes feitos não são heróis e grandes senão na medida em que acordam com os interesses das classes dirigentes, em cujo benefício se faz a história oficial...".[8]

No segundo bloco estão enfeixados os estudos históricos. São cinco escritos pontuais e de caráter introdutório, orientadores da leitura e do estudo da história do Brasil, sob a condição colonial e o Império, documentação, biografias e bibliografia específica. Eles promovem, ajustando-se ao título principal do livro, a progressiva rotação do foco de análise da formação histórica e territorial para as transformações sociais e políticas, da geopolítica colonial na bacia platina e na porção meridional do continente sul-americano à biografia do ativo e dirigente rebelde contra a dominação colonial e o despotismo político, Cipriano Barata. A atenção aos aspectos que o autor considerava negligenciados pela historiografia confere aos textos agrupados nessa seção um sentido de desmascaramento e de compreensão em profundidade da história, substituindo o que aponta como superficialidade dos fatos e da ação dos indivíduos pelo exame da ação conjugada de diversos fatores históricos, geográficos, demográficos e econômicos. Esses fatores responderiam por causas mais gerais e permitem o acesso à "verdadeira história que se elabora na intimidade da vida social". Os estudos foram redigidos ou sofreram módicas alterações na primeira metade da década de 1940, e os encontramos em sintonia com as proposições para o conhecimento histórico presentes em *Evolução política do Brasil* e ordenadoras do ensaio.[9]

Os artigos "Formação dos limites meridionais do Brasil" e o que está dedicado à obra de Aires de Casal e sua *Corografia brasílica* aproximam-se daque-

---

7. Ver Silvio Luiz Lofego, *IV centenário da cidade de São Paulo*. São Paulo: Annablume, 2004.
8. Ver p. 10 nesta edição.
9. O artigo sobre Cipriano Barata é o único que não registra data de publicação ou de exposição pública.

les que os precedem no estudo da geografia. Eles põem em evidência os fatos históricos e geográficos, a penetração e a circulação no interior do território colonial, seu significado e interesse para os historiadores. No âmbito do conhecimento histórico e da obra de Caio Prado Jr., o primeiro artigo aproxima-se de *Evolução política do Brasil* na percepção e interpretação de sentidos explicativos outros que não a ação dos governantes, diplomatas e militares. Já o segundo artigo remete o leitor para o momento das disputas às vésperas da independência do Brasil, articulando-se às discussões e abordagens contidas em *Formação do Brasil contemporâneo*, que o autor publicara em 1942.[10]

O terceiro estudo político é dedicado ao jornal *Tamoio*, porta-voz do pensamento e da política de José Bonifácio na conjuntura de sua saída do ministério e do desfecho dos trabalhos constituintes, em 1823. Nele o procedimento analítico é o mesmo adotado no capítulo "A revolução" de *Evolução política do Brasil*, podendo mesmo ser lido em paralelo e complementarmente a ele. Escrito como introdução à coleção fac-similar daquele jornal, em 1944, o artigo é o mais estreito e direto ponto de aproximação e de comunicação dos outros estudos com o ensaio principal do volume de 1953. O canal de comunicação reside na interpretação da conjuntura política e na compreensão do andamento do processo revolucionário da Independência, demarcadas pela teoria da revolução de Karl Marx e Friedrich Engels presentes em folhetos políticos como o *Manifesto comunista* e *O Dezoito Brumário de Luis Bonaparte*.[11]

É pelo binômio da revolução e da reação, no momento da dissolução da Assembleia Constituinte, da organização do Estado e do governo do Império do Brasil, que o autor examina os equívocos das condutas políticas e do comportamento político dos conservadores que, mesmo em sua composição social heterogênea e contraditória, unem-se na liquidação dos revolucionários e democratas. O programa político da Independência esfarelou-se rapidamente sob o conflito de classes e entre os grupos econômicos circunstancialmente aglutinados em torno dele ante os rumos da revolução em Portugal. Na interpretação que Caio Prado Jr. elaborou desse momento político, em duas vezes,

---

10. São Paulo: Martins. Em nova edição (São Paulo: Companhia das Letras, 2011), ilustrada e comentada, foram recuperadas algumas características da edição original.
11. Ver Michael Löwy, *A teoria da revolução no jovem Marx*. Trad. A. Gonçalves. Petrópolis: Vozes, 2002.

pelo menos, nos deparamos com a teoria da revolução dos escritos de Marx e Engels. A primeira está visível na alusão à fantasmagoria na análise da política e da dinâmica do avanço e do recuo da revolução, na aparição do assustador espectro da contrarrevolução e seu tenebroso séquito de repressão, morte, perseguição, exílios e prisões. A segunda é o monitoramento da retomada dos conflitos de classes após o bloqueio dos desfechos revolucionários pela reação — os realistas, os monarquistas constitucionais, o partido brasileiro e o próprio imperador — passado o tufão constitucional no reino português.

A breve biografia de Cipriano Barata vincula-se ao conjunto do volume pelo destaque que o autor confere à participação popular e dos revolucionários na história e na vida política do Brasil. Ela fornece em tom didático informações e lições de pedagogia e de ação política. Primeiro a do engajamento dos homens de letras — a ação de Barata na imprensa — na defesa da igualdade, das liberdades e dos anseios populares. Segundo, o perfil do líder revolucionário que se distingue pela devoção às causas do povo, o sacrifício pessoal, a perseverança política, a coragem, o esforço incondicional, a perseguição e a prisão. Terceiro, a atenção e a participação em todas as oportunidades revolucionárias, não deixando espaço para a reação e o conservadorismo político, como revela a vida de Cipriano Barata diante dos episódios de 1798, 1817 e 1821.

A leitura do quinto e último estudo, sobre a historiografia do segundo reinado, torna cristalina a charneira política que esse momento político representou na passagem da colônia para a nação. O segundo reinado adquiria plena atualidade em 1943, de um lado, pela modernização material que a sociedade brasileira conhecera, de outro, dada a incompleta transição no afastamento social do passado colonial. Era o que pareciam atestar tanto a persistência do "regime neosservil" nas relações de trabalho, particularmente no campo, quanto o limitado alcance da Lei de Terras, de 1850, e seus efeitos: "sofremos até hoje da maior balbúrdia na matéria". Aqui, uma vez mais, a história e a política encontram-se para demandar o conhecimento crítico sobre o passado e o "conhecimento atual do país". É ilustrativa a convocação que Caio Prado Jr. faz para a realização de estudos sobre a ação e o comportamento rebelde dos escravos na crise do escravismo e no movimento abolicionista no Brasil.

Os estudos demográficos talvez sejam os mais conjunturais e desembocam no presente do autor, em 1946. São análises que contêm propostas práticas e transformadoras da realidade social examinada por Caio Prado. Seus propósitos e argumentos perdiam força e apelo na entrada da década de 1980, embora os planos de colonização da Amazônia a partir da década de 1970, já sob a ditadura militar, pudessem acender o interesse em termos comparativos e analíticos. Essa situação ajuda a entender o esquartejamento do volume em 1983. O livro de 1933 ganhara edição avulsa e receberá novo subtítulo: Colônia e Império. Os dois artigos sobre São Paulo, amputados os seus mapas, ingressaram na coleção Tudo é História, lançada pela Editora Brasiliense, com o título *A cidade de São Paulo*: geografia e história.[12] Os estudos históricos e demográficos foram preteridos e ficaram confinados em suas publicações originais e nas doze edições que o volume *Evolução política do Brasil e outros estudos* conheceu entre 1953 e 1983. Hoje, decorridos quase trinta anos mais, a presente reedição proporciona conhecer este conjunto articulado de escritos.

Os estudos demográficos abordam as políticas de povoamento e mão de obra no Brasil, sobretudo após 1850, até a década de 1940. Ao examinar a exploração desordenada do território nacional, os dois artigos dialogam com os outros, da seção anterior: os limites meridionais do Brasil e a obra de Aires de Casal. Em "Problemas de povoamento e a divisão da propriedade rural", o primeiro estudo, Caio Prado Jr. demonstra argúcia intelectual e política para fundamentar e propor a reforma agrária apontando a ação do Estado na distribuição equitativa da terra, na política de amparo ao produtor rural e a organização cooperativa como forma de assegurar estabilização, a autonomia e a eficiência econômica da produção rural. A energia pessoal reformadora, a militância política e a intervenção social do historiador combinam-se aqui, prenúncio do parlamentar atuante na Assembleia Constituinte estadual, reunida em 1947.

As análises compunham a conferência que o autor realizou no Instituto de Organização Racional do Trabalho, em dezembro de 1946. Nela apontou caminhos para a eliminação do "angustiante problema demográfico", identificado na dispersão, instabilidade do povoamento e no vaivém das populações rurais no território brasileiro. Instabilidade e dispersão decorrentes da própria organização agrária do país, diz, tangida pela expansão incessante das fazendas e do deslocamento na posse e na ocupação do solo pela população rural, alimentando um moto contínuo na estrutura agrária do Brasil: a "caça ao húmus" dos solos brasileiros, um reiterativo processo de exploração e de abandono da

---

12. São Paulo: Brasiliense, 1983, v. 78.

terra. O fracionamento desordenado da grande propriedade agrícola, particularmente em São Paulo, após a crise de 1929, oferecia, na avaliação de Caio Prado, a oportunidade para "refundar a nossa estrutura agrária" e alcançar a estabilização e a concentração do povoamento com a criação de núcleos coloniais. Daí a insistente crítica ao projeto político da "Marcha para oeste", anunciado no início da década de 1940, e que reproduzia o passado na ocupação desordenada do interior do país.

O segundo estudo, "A imigração brasileira no passado e no futuro", pode ser lido como capítulo adicional em *Formação do Brasil contemporâneo*. A primeira parte desse livro, intitulada "Povoamento", encontra nesse texto a sua continuação analítica e interpretativa. Nele são abordados os problemas do povoamento no século XIX, até o momento da sua redação, em 1946. Os estudos demográficos conferem conteúdo político ao livro de 1942 e engatam a reflexão de Caio Prado Jr. aos debates sobre a questão agrária já na década de 1930. Eles não são o simples anúncio da predisposição e da sua participação nos debates que emergem na década de 1950 e 1960. As reformas estruturais perseguidas para a "reconstrução da nação", após o término da ditadura do Estado Novo e pela reunião da Assembleia Constituinte, em 1946, estão visíveis nos títulos da coleção Problemas Brasileiros, publicada pela Editora Brasiliense naquele momento, e que contemplava os temas da política externa, alimentar, agrária, legislação trabalhista, economia e higiene rural.[13]

Os estudos demográficos, juntamente com as iniciativas editoriais e a publicação de outros livros e artigos de Caio Prado Jr., testemunham a condição econômica e social que, em seu entender, tornava o nosso século XIX contemporâneo aos brasileiros na década de 1940 e indicam os gargalos políticos da continuidade e da mudança histórica na organização da nação. Nas políticas do povoamento, de mão de obra e de uso da terra tratava-se de dar fim "ao interesse imediatista da simples exploração comercial do território brasileiro".

A leitura dos outros estudos do volume editado em 1953 permite ao leitor acompanhar a passagem do "sentido da colonização", que moldou as relações de produção e a ordem social na colônia, prolongando-se no tempo e nos es-

---

13. Aguinaldo Costa foi o autor do quinto volume dessa coleção: *Apontamentos para uma reforma agrária*. São Paulo: Brasiliense, 1945.

paços regionais brasileiros, tal como referido em *Formação do Brasil contemporâneo*, para o "sentido da transformação projetada", enunciado nesse segundo estudo demográfico. Evidencia-se com maior clareza e nitidez o projeto político de Caio Prado Jr. Um projeto político fecundado e conduzido pelos estudos da história e das demais ciências sociais pelas quais demonstrou interesse constante: geografia, economia, filosofia, sociologia e política. Esse projeto haveria de bater-se com a realidade social e política do Brasil da primeira metade da década de 1950. Os desafios não eram poucos, nem sequer pequenos.

A edição de *Evolução política do Brasil e outros estudos*, em 1953, surgiu num momento em que o Partido Comunista do Brasil (PCB), ao qual Caio Prado Jr. estava vinculado desde 1931, agia na ilegalidade, desde que tivera cassado o registro eleitoral, em janeiro de 1948. Havia intensa campanha ideológica anticomunista e a repressão sistemática aos seus militantes, líderes, movimentos, jornais e publicidade, desfechada a partir dos poderes de Estado. Os meios de comunicação, a Igreja católica e as entidades patronais reverberavam ostensivamente essa retórica anticomunista. A perseguição contribuiu para o isolamento do partido e de suas propostas políticas. Estas passaram a ser formuladas com elementos políticos e culturais alheios à vida cotidiana nacional, distantes das reivindicações operárias e populares. A promoção da insurreição popular foi proclamada e buscada com avidez pelos comunistas brasileiros.

A estratégia política do PCB estava indicada no Manifesto que o partido emitira em agosto de 1950. Ali era recomendado o combate radical e frontal àqueles setores e líderes considerados agentes do feudalismo e do imperialismo no Brasil. No registro das memórias e depoimentos de integrantes do PCB a atuação política no período é vista em cores vivas. Na lembrança de Elias Chaves Neto, jornalista próximo de Caio Prado Jr., o PCB entendia que "o povo era por definição revolucionário" e cabia aos militantes comunistas insuflar a revolta.[14] No movimento sindical essa orientação assumiu proporções de coerção aberta. O líder sindical Hércules Correa afirmou: "Todos nós tínhamos que cumprir muitas tarefas terríveis. Por exemplo: fazer greves em fábricas na

---

14. Elias Chaves Neto, *Minha vida e as lutas do meu tempo*. São Paulo: Alfa Ômega, 1977, p. 126.

base de dar tiros. Era a greve pela greve".[15] Já Moisés Vinhas, dirigente partidário nessa mesma época, informa que a partir de 1952 houve uma mudança, intuitiva até, na atividade dos comunistas junto ao movimento sindical. O PCB procurou assegurar presença no movimento operário e nos sindicatos oficiais, estabelecer alianças com outros grupos políticos, principalmente o Partido Trabalhista Brasileiro, de orientação governista e varguista. Foi essa orientação prática que sustentou a eficácia política dos comunistas na condução da Greve dos 300 mil, ocorrida em São Paulo, entre março e abril de 1953. Em situação de alta do custo de vida, defasagem salarial e crescimento da produção industrial, o movimento grevista obteve aumento salarial de 32% para todas as categorias, o pagamento dos dias parados, a liberdade para os operários presos e o direito de greve.[16]

A Greve dos 300 mil pôs em evidência a enorme dissonância entre os fatos da vida concreta e as diretrizes políticas proclamadas pelas palavras de ordem, as lideranças e a direção do PCB. Tudo indicava ser possível e necessário rever e repensar a orientação do programa do partido, sua organização, as alianças e a propaganda ideológica. Primeiro, a greve expunha causas mais gerais e profundas do movimento social e que, em segundo lugar, transcendiam a vontade dos homens, mesmo aquela escorada na crença ideológica e política das resoluções e da direção central do PCB.[17] A percepção desses fatos pela teoria da revolução permitia capturá-los na teia do fluxo e do refluxo dos movimentos revolucionários. Os dois procedimentos analíticos estabelecidos nos escritos de Marx e Engels foram esgrimidos nas páginas de *Evolução política do Brasil e outros estudos*. Nas décadas seguintes o pensamento histórico e sociológico retomaria essa perspectiva interpretativa em obras como *Revoluções do Brasil contemporâneo*, de Edgard Carone, e *Brasil, em compasso de espera*, de Florestan Fernandes. Os títulos são sugestivos do caráter cíclico e ininterrupto que os autores atribuem aos conflitos entre as classes sociais.[18]

---

15. Hércules Correa, *A classe operária e seu partido*. Rio de Janeiro: Civilização Brasileira, 1980, p. 63.
16. Moisés Vinhas, *O Partidão: A luta por um partido de massas (1922-1974)*. São Paulo: Hucitec, 1982, pp. 128-39.
17. A greve foi estudada por José Álvaro Moisés, *Greve de massa e crise política*. São Paulo: Pólis, 1978.
18. São Paulo: Buriti, 1965; e São Paulo: Hucitec, 1980, respectivamente. Liev Trótski desenvolveu a reflexão sobre a teoria da revolução de Marx e Engels em *La révolution permanente (1928-1931)*.

Nos escritos de Marx e Engels sobre as revoluções de 1848, na Europa, as evocações, o legado e os empréstimos políticos de uma época à outra são referidos pela fantasmagoria e as referências teatrais na linguagem e no vocabulário das análises. Na historiografia política recente, a experiência francesa foi examinada por Maurice Agulhon, no livro *1848, o aprendizado da República*.[19] As décadas de 1930 e 1950, no Brasil, têm sido examinadas com recorrência em nossa historiografia. Observadas e guardadas as devidas e respectivas proporções, há situações de continuidade entre esses dois períodos da história política brasileira. A dura e constante repressão aos movimentos operários e aos comunistas, a ascensão da mobilização social e popular nos debates nacionais, a ação do Estado na construção da infraestrutura econômica nacional, com investimentos em energia, transportes, indústrias, acesso ao crédito e empréstimos governamentais. O emblema mais cintilante dessa continuidade histórica estava encarnado no governante do país: Getúlio Vargas.[20] As mudanças também não eram pequenas: crescimento demográfico, urbanização, aumento da participação da indústria na economia brasileira, que dobrou entre 1946 e 1954, e o funcionamento do regime democrático representativo, com liberdades públicas, partidos políticos, eleições periódicas, atividade parlamentar e do Poder Judiciário.[21]

Em 1950, as eleições ocorridas no aniversário de vinte anos da revolução de outubro de 1930 trouxeram a profecia do jornalista Samuel Wainer para dentro do Palácio do Catete, no Rio de Janeiro, sede do governo nacional: "Ele voltará". Getúlio Vargas foi eleito para a presidência da República, obtendo 48,7% dos votos. O PCB optara pela abstenção do voto na eleição do Executivo

---

Paris: Gallimard, 1972. Florestan Fernandes elaborou a noção de "contrarrevolução permanente" para explicar a instauração da ditadura militar em 1964, sua crise e metamorfoses políticas. Ver *Brasil, em compasso de espera* e *Nova República?*. Rio de Janeiro: Jorge Zahar, 1986.
19. Trad. M. I. Rolim. Rio de Janeiro: Paz e Terra, 1991.
20. *Uma das coisas esquecidas*, de R. S. Rose, aponta a violência do controle social como traço de continuidade entre 1930 e 1954. Trad. A. O. B. Barreto. São Paulo: Companhia das Letras, 2001. Boris Fausto fez síntese recente em *Getúlio Vargas: O poder e o sorriso*. São Paulo: Companhia das Letras, 2006.
21. A novidade e a precariedade destes elementos institucionais e jurídicos responderiam também pela fragilidade e pela instabilidade da vida política nacional entre 1946 e 1964. Ver Boris Fausto, *Getúlio Vargas*; Maria Celina Soares d'Araújo, *O segundo governo Vargas*, 2ª ed. São Paulo: Ática, 1992; Glaucio Ary Dillon Soares, *Sociedade e política no Brasil*. São Paulo: Difel, 1973.

brasileiro e atacava a dominação de classe no país, conclamando a insurreição popular ao longo do mandato presidencial de Vargas. Nesse governo a ação estatal foi orientada para a promoção do crescimento econômico. Para tanto teve que administrar, de um lado, as disputas sobre a participação do capital estrangeiro na economia brasileira e, de outro, a coação das reivindicações dos trabalhadores, urbanos e rurais, com o recurso à repressão direta e concessões governamentais, como reajustes do salário mínimo e o controle dos sindicatos. Essa conduta política tornara-se patente já em 1951 em dois embates de classes contra o Estado.

A greve dos portuários do Rio de Janeiro, em agosto de 1951, reclamava o pagamento de maiores salários e de horas extras. Os trabalhadores enfrentaram prisões, espancamentos, transferências e demissões. O governo concedeu um pequeno aumento no salário mínimo no Natal daquele ano.[22] Em 1954 os salários alcançariam o patamar mais baixo em todo o período de 1946 a 1963.[23] Em 1951, a violência policial foi a solução que prevaleceu durante os conflitos envolvendo posseiros contra grileiros de terras, fazendeiros, pistoleiros e decisões judiciais tendenciosas, em Porecatu, no Paraná. Nesse episódio, uma vez mais, os dirigentes comunistas procuraram correr atrás de fatos consumados e tentavam acoplar-lhes a linha política da luta revolucionária e da rebelião popular pregadas nas diretrizes do partido.[24] Esses acontecimentos ratificavam o alcance restrito da democracia no Brasil. A ausência do povo na mudança política e a sua insistente reaparição na história eram lembradas pela intolerância diante de greves, confrontos de classe e ainda nas atividades da campanha de massas pelo controle nacional na exploração do petróleo no Brasil.

A emergência dos setores populares na vida social e política, a incompreensão e os equívocos na condução do movimento sindical e das lutas sociais pelos dirigentes do PCB, os desafios na definição dos rumos da sociedade brasileira tornavam o ambiente intelectual propício à edição de *Evolução política do Brasil e outros estudos*. A reflexão, as informações e opiniões sobre o passado e o presente do país, contidas no livro, também eram oportunas para que Caio Prado Jr. participasse nos debates da primeira metade da década de 1950,

22. Ver R. S. Rose, *Uma das coisas esquecidas*, p. 203.
23. Ver Robert M. Levine, *Pai dos pobres?: O Brasil e a era Vargas*. Trad. A. O. B. Barreto. São Paulo: Companhia das Letras, 2001, p. 123.
24. Ver Ângelo Priori, *O levante dos posseiros*. Maringá: Eduem, 2011.

como a campanha do petróleo. O Brasil importava combustíveis e derivados do petróleo, como asfalto, fertilizantes e lubrificantes. Tratava-se de garantir o alicerce para o desenvolvimento industrial em face dos interesses e atuação de empresas estrangeiras no setor. No cerne do debate estavam o atendimento da demanda interna, a manutenção e a expansão das atividades econômicas, a segurança e a soberania nacional sobre os recursos naturais. Uma política nacional para a exploração estatal do petróleo tornava-se estratégica para favorecer e acelerar a constituição da sociedade urbana e industrial no Brasil, possibilitando romper a secular condição agroexportadora da economia e o mandonismo social e político, sobretudo entre a população rural brasileira.[25]

As mobilizações populares na campanha do petróleo reuniram segmentos sociais diversificados, das classes médias aos trabalhadores urbanos, estudantes, militares, jornalistas e parlamentares. O nacionalismo econômico ganhava as ruas e embaralhava as cartas dos confrontos ideológicos da Guerra Fria, facilitando a participação dos comunistas em campanhas e atividades políticas variadas como conferências, publicações, comícios, artigos e entrevistas. As bases da suposta aliança de dominação feudal e imperialista poderiam ser confrontadas e os comunistas estavam ávidos por essas oportunidades.

A interpretação e a transformação das condições sociais e políticas após a Segunda Guerra Mundial representavam desafios novos aos pensadores marxistas e às lideranças políticas do movimento comunista em todo o mundo. Esses empreendimentos intelectuais e políticos foram construídos progressivamente, buscando contornar, de um lado, o referencial teórico monolítico e o predomínio da orientação política, senão a exclusividade, do Partido Comunista da União Soviética. A descolonização, as revoluções e a disposição de soberania nos Estados nacionais na África, Ásia e na América Latina, de outro lado, lançavam novos problemas interpretativos, de estratégia política, programas de ação e de intervenção concreta nas disputas pela organização dessas sociedades e definição de caminhos próprios para o socialismo. A morte do dirigente soviético Stálin, em maio de 1953, contribuiu para o descongelamento cultural e ideológico no âmbito do pensamento e das formulações políticas do marxismo.

---

25. Essas disputas foram estudadas por Gabriel Cohn, *Petróleo e nacionalismo*. São Paulo: Difel, 1968.

Na década de 1950 os métodos explicativos do materialismo histórico e a dialética materialista puderam desenvolver-se em múltiplas direções, alimentando-se do diálogo com outras correntes de pensamento e situações sociais e políticas extraeuropeias. A teoria da revolução social permaneceu central nas interpretações desenvolvidas pelos distintos autores marxistas.[26] Ela foi objeto de reflexão e de debates em avaliações promovidas no centenário da publicação do Manifesto Comunista, em 1948, e depois. As convicções em sua pertinência, a busca de alternativas ao modelo soviético, que somente em 1956 conheceria abalos mais comprometedores, pelas denúncias do xx Congresso do Partido Comunista da União Soviética, e a experiência da revolução na China, em outubro de 1949, irão suscitar exames em pormenores das obras e teorias de Marx e Engels.[27] O historiador Eric Hobsbawm lembra que essa década conheceu a expansão dos sistemas de ensino e do público estudantil nos cursos secundários e universitários, alargando também a oferta editorial dos títulos e de autores do marxismo.[28] Essas mudanças no cenário mundial devem ser atinadas quando da leitura de *Evolução política do Brasil e outros estudos*.

Cabe indagar os significados desse livro em nossa historiografia. A sua vinculação ao enfrentamento dos problemas brasileiros e o argumento de que o passado e o presente estão irmanados na reprodução da organização econômica, na dominação social e no exercício do poder no Brasil permitiram que Caio Prado Jr. estabelecesse, em suas páginas e demais livros que publicou, uma compreensão da presença do latifúndio e das relações sociais no campo brasileiro que o afastaram dos argumentos e das interpretações do "feudalismo" em nosso país. É no exame da condição colonial em que foi constituída a sociedade brasileira que ele vai buscar os nexos causais daquelas relações sociais

---

26. Ver Eric Hobsbawm, *Como mudar o mundo*: Marx e o marxismo, 1840-2011. Trad. D. M. Garschagen. São Paulo: Companhia das Letras, 2011, pp. 311-45.
27. Ver Paul M. Sweezy, "O Manifesto Comunista, cem anos depois" (1949), em *Ensaios sobre o capitalismo e o socialismo*. Trad. A. Blacheyre. Rio de Janeiro: Zahar, 1965; Harold J. Laski, *O Manifesto Comunista de Marx e Engels*. 3ª ed. Trad. C. Fonseca. Rio de Janeiro: Zahar, 1982 (1ª ed., 1947). Na edição brasileira há o artigo de Joseph A. Schumpeter, "A significação do Manifesto Comunista na sociologia e na economia", de 1949. Ver ainda Cornelius Castoriadis, *Socialismo ou barbárie*: O conteúdo do socialismo. Trad. M. M. Nascimento e M. G. S. Nascimento. São Paulo: Brasiliense, 1983; e Isaac Deutscher, *Marxismo, guerras e revoluções*. Trad. R. Aguiar. São Paulo: Ática, 1991.
28. Eric Hobsbawm, *Como mudar o mundo*, p. 315.

POSFÁCIO

e indicar a posição do Brasil no mercado mundial na era do imperialismo, caracterizada como a etapa superior do capitalismo pelo movimento comunista. Para além de uma aliança entre dois modos de produção, do passado e do presente, são as ações políticas deliberadas que reproduzem ou transformam as sociedades ao longo do tempo. O seu alcance e eficácia dependeriam da compreensão das especificidades históricas, geográficas, demográficas e econômicas envolvidas nos projetos de mudança ou na continuidade dos interesses das diferentes classes em conflito, aberto ou dissimulado, ao longo do tempo e no espaço territorial brasileiro.

Nos anos seguintes a pesquisa histórica conferiu atenção aos movimentos e rebeliões de grupos econômicos e entre diferentes classes sociais.[29] Essa preocupação mobilizara os estudos de Caio Prado Jr. sobre a história brasileira e, antes dele, no Peru, o esforço intelectual de José Carlos Mariátegui.[30] As peculiaridades da sociedade de classes seriam examinadas também na Inglaterra, como demonstrado nas obras do historiador britânico E. P. Thompson.[31] Eric Hobsbawm observou que uma tendência na historiografia pós-1945 foi a concentração de interesses no exame da transição do modo de produção feudal para o capitalista, procurando identificar na história a gênese dessa economia, do colonialismo e do desenvolvimento econômico.[32] No Brasil, até a década de 1980, o tema da revolução recebeu atenção frequente na agenda dos historiadores e a explicação dos modos de produção, das relações de poder e da dominação política continuaram movendo estudos e análises históricas entre nós.[33]

29. Em 1959, Eric Hobsbawm publicou *Rebeldes primitivos*. Trad. W. Dutra. Rio de Janeiro: Zahar, 1978.
30. José Carlos Mariátegui, *Sete ensaios de interpretação da realidade peruana*. Trad. S. O. Freitas e C. Lagrasta. São Paulo: Alfa Ômega, 1975.
31. E. P. Thompson, *A formação da classe operária inglesa*. 3 vols. Trad. D. Bottmann. Rio de Janeiro: Paz e Terra, 1987.
32. Eric Hobsbawm, *Como mudar o mundo*, pp. 319-23; e Eduardo Barros Mariutti, *Balanço do debate: A transição do feudalismo ao capitalismo*. São Paulo: Hucitec, 2004.
33. Destaco: Nelson Werneck Sodré, *Introdução à revolução brasileira*. Rio de Janeiro: José Olympio, 1958; Edgard Carone, *Revoluções do Brasil contemporâneo*. São Paulo: Buriti, 1965; Amaro Quintas, *O sentido social da revolução Praieira*. Rio de Janeiro: Civilização Brasileira, 1967; Boris Fausto, *A revolução de 1930*. São Paulo: Brasiliense, 1970; Carlos Guilherme Mota, *Ideia de revolução no Brasil (1789-1801)*. Petrópolis: Vozes, 1979; Fernando Antonio Novais, *Portugal e Brasil na crise do antigo sistema colonial*. São Paulo: Hucitec, 1979; Edgar Salvadori De Decca, *1930, o silêncio dos vencidos*. São Paulo: Brasiliense, 1981.

Nas obras de Caio Prado Jr., eles foram apreendidos pelos movimentos sociais e a dinâmica política da revolução e da contrarrevolução na história do Brasil. Esta edição permite o encontro de *Evolução política do Brasil e outros estudos* com novos leitores e aguça a imaginação de todos aqueles interessados na compreensão do Brasil no século XXI.

Assis, 14 de maio de 2012

Sobre o autor

CAIO DA SILVA PRADO JR. nasceu em São Paulo no dia 11 de fevereiro de 1907, filho de Caio da Silva Prado e Antonieta Penteado da Silva Prado. Sua família pertencia à mais alta aristocracia cafeeira local — seu avô, Martinho da Silva Prado Jr. (Martinico), foi o maior produtor de café do mundo, colonizador da região de Ribeirão Preto —, e rendeu ainda muitos políticos na República Velha. CPJ fez os estudos primários em casa, com professores particulares. Cursou o secundário em colégio jesuítico, o São Luís, em São Paulo. Durante um ano estudou na Inglaterra, em Eastbourne. De volta ao Brasil, matriculou-se na Faculdade de Direito do Largo de São Francisco, onde começou sua atuação política. Filiou-se em 1928 ao Partido Democrático — agremiação fundada pelo seu tio-avô, o conselheiro Antonio Prado, que se opunha à política clientelista do Partido Republicando Paulista — e nele foi figura atuante. Nas eleições presidenciais de 1930, seu partido apoiou Getúlio Vargas contra Júlio Prestes, e CPJ envolveu-se com afinco na campanha. Eleito Prestes, teve papel importante na coordenação das forças revolucionárias em São Paulo. Vitorioso o movimento que levou Vargas ao poder, CPJ trabalhou em comitês de inquérito no interior do Estado, para apurar desvios cometidos nos governos anteriores. Logo desiludido com o regime varguista, e em período de radicalização de suas ideias políticas, filiou-se, em 1931, ao Partido Comunista Brasileiro (PCB), que ainda contava com pouca expressão no cenário político nacional. No novo partido, dedicou-se ao trabalho de organização do proletariado. Militando na esquerda, posicionou-se contrariamente à Revolução Constitucionalista de 1932, em clara oposição à sua classe, a alta burguesia local, que aderira maciçamente ao movimento. Nessa época escreveu o pequeno ensaio *Evolução política do Brasil* (1932), talvez a primeira análise materialista da história brasileira, que rompia com a historiografia descritiva até então praticada. A partir desse momento iniciou-se seu dissenso com a agenda do PCB, que preconizava a existência do feudalismo no Brasil colonial, tese combatida por Prado Jr. (essa posição seria aprofundada em *Formação do Brasil contemporâneo*). Em 1933 viajou à União Soviética — que registrou em belas fotos, expostas em conferências sobre o país ministradas no Clube dos Artistas Modernos (CAM), em São Paulo, as quais hoje estão no acervo do Instituto de Estudos Brasileiros da Universidade de São Paulo (IEB/USP) —, o que lhe inspirou a escrever, em 1934, *URSS, um novo mundo*, cuja segunda edição, no ano seguinte, acabaria sendo apreendida pela polícia. Ainda no começo dos anos 1930 participou do movimento que culminaria na criação da Aliança Nacional Libertadora (ANL), presidida por Luís Carlos Prestes, e estudou história e geografia na recém-fundada Universidade de São Paulo — onde teve contato com os professores da missão francesa, em especial com o geógrafo Pierre Deffontaines —, mas não concluiu o curso. Em 1934, participou da fundação da Associação dos Geógrafos do Brasil, tornando-se em seguida colaborador da revista *Geografia*, publicada pela entidade. Como vice-presidente da ANL em São Paulo (seu primeiro cargo público de relevo), e com o recrudescimento da repressão depois da tentativa de levante armado que a entidade organizou no Nordeste — a chamada Intentona Comunista —, foi preso em 1935. Conseguiu dois anos depois a libertação e se exilou na Europa. Lá se juntou aos grupos que trabalhavam na fronteira entre França e Espanha, promovendo a passagem de voluntários que queriam participar da luta antifascista. Depois de um período em Mégève, nos Alpes franceses, voltou ao Brasil, em 1939. Num ambiente político mais arejado, propiciado pela adesão brasileira ao esforço de guerra dos Aliados, lançou *Formação do Brasil contemporâneo*, em setembro de 1942, pela Livraria Martins Editora, de São Paulo. Em 1943, com uma herança recebida da avó paterna, fundou a livraria e editora Brasiliense e a gráfica Urupês. Em 1945 publicou *História econômica do Brasil*. Com a queda de Vargas neste mesmo ano, o PCB voltou à legalidade e, dois anos depois, CPJ elegeu-se deputado estadual por São Paulo. Sua passagem na Assembleia Legislativa foi curta, pois em 1948 o PCB voltou a ser proscrito. Nos próximos anos dedicou-se à edição da *Revista Brasiliense*, ao lado do primo Elias Chave Neto. Nesse periódico se concentraria a maior parte de sua produção intelectual dos anos seguintes. Em 1954 concorreu à cátedra de economia política da Faculdade de Direito da USP. Para o concurso escreveu a tese *Diretrizes para uma política econômica brasileira*. Não foi integrado ao corpo docente, em virtude do perfil então conservador da instituição, mas recebeu o título de livre-docente, que lhe foi cassado em 1968. A partir de 1964 voltou a visitar as prisões — foi interrogado e detido várias vezes, mas já afastado da militância cotidiana ganhou por fim a liberdade. Com a aposentadoria de Sérgio Buarque de Holanda da cátedra de história do Brasil da USP, apresentou-se para concorrer ao posto, ocasião para a qual escreveu *História e desenvolvimento*, mas no ambiente fortemente repressor de então o concurso não chegou a ser realizado. Casou-se em primeiras núpcias, em 1929, com Hermínia Ferreira Cerquinho (Baby), com quem teve dois filhos: Yolanda (1929) e Caio Graco (1931-92). Em segundas núpcias, no ano de 1942, casou-se com Helena Maria Nioac (Nena), com quem teve o terceiro filho, Roberto (1945-70). Teve também um terceiro casamento com Maria Cecília Naclério Homem. Publicou ainda *Dialética do conhecimento* (1952); *Esboço dos fundamentos da teoria econômica* (1957); *Introdução à lógica dialética* (1959); *O mundo do socialismo* (1962); *A revolução brasileira* (1966); *Estruturalismo de Lévi-Strauss — O marxismo de Louis Althusser* (1971); *A questão agrária no Brasil* (1979); *O que é liberdade* (1980); *O que é filosofia* (1981) e *A cidade de São Paulo* (1983). Faleceu em São Paulo, em 1990.

BIBLIOGRAFIA SELECIONADA SOBRE CAIO PRADO JR.

D'INCAO, Maria Angela (org.). *História e ideal: Ensaios sobre Caio Prado Junior*. São Paulo: Brasiliense, 1989.
IUMATTI, Paulo Teixeira. *Caio Prado Jr.: Uma trajetória intelectual*. São Paulo: Brasiliense, 2007.
NOVAIS, Fernando. "Introdução a *Formação do Brasil contemporâneo*", em SANTIAGO, Silviano (org.). *Intérpretes do Brasil*, v. 3. Rio de Janeiro: Nova Aguilar, 2000.
RICUPERO, Bernardo. *Caio Prado Jr. e a nacionalização do marxismo no Brasil*. São Paulo: Editora 34, 2000.
SECCO, Lincoln. *Caio Prado Jr.: O sentido da revolução*. São Paulo: Boitempo, 2008.

Índice remissivo

ABDE (Associação Brasileira de Escritores), 276
Abertura dos Portos, 47
Abolição da escravidão, 92, 96, 210, 211, 221, 233, 244
Abolição, A (Duque-Estrada), 93
Abreu, Capistrano de, 14*n*, 193
Abreu, Henrique Limpo de, 95*n*
açúcar, 19, 21, 24, 29, 39, 78, 86, 116, 119, 164, 213, 230, 231, 244, 246, 265, 270
Acuña, Rodrigo de, 160
administração colonial, 30, 31, 42, 46
África, 13, 14, 25, 34, 86, 87, 90, 190, 293
agricultura, 16, 18-21, 29-30-8, 39, 59, 78, 88, 92, 102, 105*n*, 118, 123, 127, 130, 149-50, 173, 216, 235, 236, 237, 238, 239, 241-7, 249-50, 253, 261, 269, 272, 288
agronomia, 236
aguardente, 22, 32
Agulhon, Maurice, 291
AI-5, 277
Aires de Casal, Manuel, 174, 175, 176, 177, 182, 183, 185, 186, 188, 190, 191, 192, 193, 284
Alagoas, 68, 175, 189
Alemanha, 195, 259, 262
alfândega, 47

algodão, 20, 22, 32, 37, 148, 213, 230, 231, 235, 245, 246, 250, 270
Almanaque de Lisboa, 215
Almeida, Cipriano José Barata de, 205, 220, 221, 222, 223, 224, 225, 284, 286
Almeida, Francisco José de Lacerda e, 190
Almeida, José Américo de, 276
Alta Paulista, 127, 128, 237
Alto Peru, 160, 161
Álvares, Nuno, 13
Amazonas, 69, 92, 182, 183, 231
América, 25, 26, 135, 159, 177
América Central, 39
América do Norte, 15, 20
América do Sul, 45, 85, 101, 135
América Latina, 293
Anais da imprensa nacional (Vale Cabral), 175*n*
Andrada, Martim Francisco Ribeiro de, 197, 198
Andradas, 58, 67, 197, 198, 207; *ver também* Bonifácio, José
Andreia, Francisco José de Sousa Soares de, 73
Angelim, Eduardo Nogueira, 70, 72
Anhangabaú, rio, 107, 138, 139, 142, 146
animais, 146, 175, 185, 186, 187

Antiguidade clássica, 178, 179
Antilhas, 167
Antonil, André João, 23n, 24n, 189
Antônio Carlos, 53, 67, 68, 198
Anzures, Pedro, 166
Apostolado (organização secreta), 205
Araraquara, 115, 241
Araújo, Nabuco de, 29, 215, 217
Arcos, conde dos, 201
Argélia, 248
Argentina, 166, 171, 264
aristocracia, 40, 141
Armitage, John, 58n, 60n
Arquivo Militar, 191
Arrowsmith, John, 190
Ásia, 13, 177, 235, 293
assalariados, 85, 211, 238, 239, 240, 264
Asseca, visconde de, 18
Assembleia Constituinte (1823), 50-60, 197, 204, 205, 207, 223, 285
Associação dos Geógrafos Brasileiros, 101n, 124n, 279, 282
astronomia, 178, 179
Atibaia, 114, 123, 126, 127
Atlântico, oceano, 158, 159
Ato Adicional, 71, 74
Austrália, 90, 248
Autobiografia (Mauá), 213
Ávila, Garcia d', 17
Ayolas, 164, 167
Azevedo, J. Lúcio de, 14n, 34n

Baena, Antonio Ladislau Monteiro, 194
Baependi, 119
Bahia, 16, 17, 22, 23, 24n, 27, 40, 53, 59, 73, 74, 102, 108, 128, 174, 176, 193, 198, 203, 205, 206, 221-5, 244
Balaiada, 10, 75, 76, 77, 82, 282
Balanço do debate (Mariutti), 295n
bambutis, 105
Banco do Brasil, 60, 88n
Banda Oriental, 170, 171
bandeirantes, 25, 168
banqueiros, 40
Barata, Cipriano *ver* Almeida, Cipriano José Barata de
Barbosa, Januário da Cunha, 202
Barbosa, Rui, 93
Barueri, 101, 122

Bastos, Tavares, 92
Bauru, 127
Beer, Max, 10, 278
Bem-Te-Vi, O, 75
Biblioteca Municipal de São Paulo, 255n
Biblioteca Nacional, 175, 188
Bill Aberdeen, 86
Blake, Sacramento, 174
Bolívia, 160
Bonifácio, José, 50, 58, 67, 95, 197, 198, 202-8, 285
Borda do Campo, 106, 109, 111
Bornéu, 105
Botelho, Carlos, 266
Botucatu, 127
Bougainville, Louis Antoine de, 189
Bragança (SP), 114, 126, 127
Brasil, em compasso de espera (Fernandes), 290, 291n
Brasiliense, Américo, 94n, 95n
Braudel, Fernand, 283
Brésil en 1889, Le (Néri), 92n, 211
Brito, Antônio Guedes de, 22, 23
Buenos Aires, 135, 164, 167, 169, 170, 172
burguesia, 13, 38, 40, 41, 52, 78, 83, 84, 89, 94, 141, 284
burocracia, 254, 259

Cabanada, 10, 68, 70, 71, 72, 73, 282
Cabeza de Vaca, 164, 165, 166
cabo de Santo Agostinho, 159
caboclos, 232, 243
Caboto, João, 161, 162
Cabral, Pedro Álvares, 13, 14, 188
Cabral, Vale, 175
café, 92, 119, 126-8, 141, 148, 153, 213, 230-1, 234-5, 238, 245-6, 248-9, 261-6, 270, 277
Calamidades de Pernambuco (escrito anônimo), 38n, 40
Calderón, Mencia, 165
Califórnia, 90
Câmara, João Melo da, 15
câmaras municipais, 31, 41, 59
Caminha, Pero Vaz de, 188
caminhão, 152n
Caminho do Mar, 106, 115, 116, 117
Campanha (MG), 119
Campanha da Abolição (Morais), 210
Campinas, 113, 119, 127, 131, 153

ÍNDICE REMISSIVO

Campos de Piratininga, 104, 105
Campos, Batista, 69, 70, 71
Campos, Martinho de, 91
Canadá, 248
Cananeia, 116, 161, 162, 163, 164, 168
Candido, Antonio, 275
Cantareira, serra da, 150, 152
Capital, O (Marx), 278
capitalismo, 294, 295
Capitania de São Paulo, A (Washington Luís), 42*n*
Capítulos de história colonial (Abreu), 14
Capivari, 119
Caramuru, 176
carne, 116, 147, 164
Carolina (EUA), 20
Carone, Edgard, 290, 295*n*
carpintarias, 23
Carta a el-rei D. Manuel (Caminha), 188
Carta da América meridional (Arrowsmith), 190
Cartas do solitário (Bastos), 92
Cartas Régias, 27*n*, 35, 42*n*
cartografia, 114, 178, 179, 190
Casa Branca (SP), 113
Casa da Torre, 17, 23
Casa de Avis, 13
Castoriadis, Cornelius, 294*n*
Catai, 14
Cataldino, José, 168
Cavalcanti, os, 78, 81
Caxias, duque de, 10, 76, 77
Ceará, 40, 92, 184
Ceilão, 105
Central do Brasil, estrada de ferro, 88, 120, 125, 127, 140, 143, 150
cereais, 116, 239, 245
Ceuta, 14
Chaves Neto, Elias, 276, 289
Chaves, Fernando de, 161
Chaves, Francisco de, 163
China, 294
Cipango, 14
classes sociais, 29, 201, 203, 290, 295
Clube da Resistência, 202
Código Napoleônico, 52
Cohn, Gabriel, 293*n*
Coletânea de mapas da cartografia paulista antiga (Taunay), 114*n*
Colombo, Cristóvão, 159

Colônia do Sacramento, 169, 170, 171
colonização, 13, 15-6, 21, 23-30, 33, 39, 43, 101-6, 109-11, 113-4, 116-9, 123, 128, 131, 143, 149, 151, 166-7, 169-73, 251-3, 260, 263, 265-6, 268, 270, 272, 287-8
comerciantes, 14, 16, 37, 39, 40, 41, 47, 56, 57
Comissão Geológica e Geográfica de São Paulo, 195
Como mudar o mundo (Hobsbawm), 294*n*
Companhia de Jesus, 25
Companhia Geral do Comércio, 36
Compêndio de geographia universal (Torreão), 193
Comte, Auguste, 218
Comuna de Paris, 195
"Concentração japonesa em São Paulo" (Crissiúma), 149*n*
Congo, 105
Congresso da Paz de Wroclaw, 276
Conquista espiritual (Ruiz-Montoya), 174
Conselho de Procuradores, 204
Conspiração dos Alfaiates, 221
Contrato social ver *Do contrato social* (Rousseau)
Coroa portuguesa, 13-7, 30, 32, 43, 53, 158, 163, 170, 182, 200
Corografia brasílica (Aires de Casal), 174-96, 284
Corrêa, Ângelo Custódio, 72
Correa, Hércules, 289, 290
Correio Brasiliense, 190, 199
Cosme (escravo), 76
cosmografia, 178, 179
Cosmographia Universalis (Münster), 179
Cotegipe, barão de, 96
Cotia, 101, 122, 149
Couto, José Vieira, 190
crescimento vegetativo, 92, 252, 267
Crissiúma, Eddy de F., 149*n*
Crônica (Lopes), 14*n*
Crônica da Rebelião Praieira (Melo), 79*n*
Cultura e opulência do Brasil (Antonil), 23*n*, 189
Cunha, Euclides da, 26
Cunha, Francisco da, 190*n*

Da vida e feitos de d. Manuel (Osório), 176
Damaso, Joaquim, 175
Darwin, Charles, 181
De Decca, Edgar Salvadori, 295*n*
De la Colonisation chez les peuples modernes (Leroy-Beaulieu), 42*n*

Deffontaines, Pierre, 279
demagogia, 61, 69
democracia, 58, 63, 74, 83, 84, 201, 204, 205, 207, 208, 223, 292
Derby, Orville, 195
Descrição geográfica da América portuguesa (Cunha), 190*n*
desenvolvimento econômico, 33, 38, 50, 213, 270, 295
desenvolvimento industrial, 132, 271, 293
Despertador Brasileiro, 202*n*
Deutscher, Isaac, 294*n*
Deville, Gabriel, 278
Dezoito Brumário de Luis Bonaparte, O (Marx), 285
Dia do Fico, 202, 205
Dialética do conhecimento (Prado Jr.), 281*n*
diamantes, 37, 212, 213, 230, 231
Diário Novo, 78, 81*n*
diários de viagem, 189, 192
Dicionário geográfico, histórico e descritivo do Império do Brasil (Saint-Adolphe), 192
ditadura militar, 291*n*
divisão do trabalho, 245
Do contrato social (Rousseau), 52
donatários, 15, 16, 17, 18, 25
Drummond, Vasconcelos, 198, 202
Duque-Estrada, Osório, 93*n*

economia agrária, 19, 22, 23, 24, 253
economia portuguesa, 34
Editora Brasiliense, 276, 282, 287, 288
Elis, A., 20*n*
Engels, Friedrich, 285, 286, 290, 291, 294
engenhos, 16, 19, 22, 25, 29, 40, 78, 79, 164, 165, 230, 244
Ensaio corográfico do Pará (Baena), 194
Ensaio dum quadro estatístico da província de São Paulo (Müller), 119*n*
Épocas de Portugal econômico (Azevedo), 14*n*, 34*n*
Erário Régio, 200
Escravidão no Brasil, ensaio histórico-jurídico--social, A (Malheiro), 210
escravos, 17-21, 24, 26-9, 32, 34, 36, 48, 54, 55, 64, 69, 73, 75-6, 78, 85-8, 90, 92-4, 96, 164, 168, 199, 210, 221, 230, 233-4, 244, 248, 256-8, 260-3, 267, 286
Espanha, 14, 35, 90, 159-60, 163-6, 169-70

Espírito Santo, 16, 106, 251, 259
Esquerda Democrática, 277
Estadista do Império, Um (Nabuco), 11*n*, 29*n*, 88*n*, 91*n*, 215
Estado nacional brasileiro, 11, 51, 53
Estado Novo, 275, 288
Estados Unidos, 91, 213, 248
Estrabão, 179
estradas de ferro, 88, 120, 125, 127-8, 140, 142-7, 151, 212, 232, 262-3
estradas de rodagem, 125, 127, 128, 147, 148, 152, 232
estrutura social, 19, 29, 38, 237, 241
Europa, 14, 18-9, 26, 31, 44, 52, 68, 135, 141, 174, 181, 192, 211, 213-4, 242, 256, 259-63, 267, 275-6, 291
Evolução do povo brasileiro (Vianna), 17*n*
Évora, 25
Executivo, Poder, 59, 214, 291
exportação, 21, 36-7, 89, 116, 119, 249, 270

Fala do Trono, 54, 74
Faria, Alberto de, 213
Faria, Francisco de Sousa e, 171
Fausto, Boris, 291*n*, 295*n*
Faxina (SP), 113
fazendas, 25, 29, 36, 92, 94, 120, 126, 152-3, 173, 210, 230, 235, 237-44, 246-51, 253, 260-9, 272, 287
feijão, 20
Feijó, Diogo Antônio, padre, 66, 67, 68, 73, 74, 75, 81, 82
Fernandes, Florestan, 290, 291
ferrarias, 23
Ferreira, Silvestre Pinheiro, 175, 200
feudalismo, 15-9, 31, 51-2, 289, 293-5
Fico *ver* Dia do Fico
filantropia, 90
"Força do concreto, A" (Candido), 279
Forças Armadas, 54, 69, 70, 218, 257, 258
Formação da classe operária inglesa, A (Thompson), 295*n*
Formação do Brasil contemporâneo (Prado Jr.), 285, 288, 289
França, 182, 195, 283
franceses, 14, 45, 46, 57, 158, 194, 195, 258, 279, 283
Freguesia do Ó, 110, 143

ÍNDICE REMISSIVO

Freire, Felisbelo, 18
Freitas, Teixeira de, 217

gado, 108, 114, 164, 171, 173, 212, 235
Galvão, Fonseca, 174
Gama, Chichorro da, 79, 80
Gandavo, Pero de Magalhães, 176, 189
Ganns, Cláudio, 213
Garcia, Aleixo, 160, 162
Garcia, Rodolfo, 174
Gaspar da Madre de Deus, Frei, 18n, 188
Gazeta de Pernambuco, 223
geografia, 178-82, 192-4
Geographia geral do Brasil (Sellin), 193n
Geographia physica do Brasil (Wappaeus), 193n
Geographie Universelle (Malte-Brun), 192, 194n
Geographie Universelle (Réclus), 195
Getúlio Vargas: O poder e o sorriso (Fausto), 291
Godóis, Antônio Batista Barbosa de, 37n
Goiás, 60n, 113, 114, 118, 123, 173, 184, 190, 283
Góis, Pero de, 162
Golpe militar (1964), 291n
Gomes, Paulo Emílio Salles, 275
Gonçalves, André, 28
Grã-Bretanha, 45, 257, 258, 260
Great Prairies, 105n
Grécia Antiga, 13
Greve de massa e crise política (Moisés), 290
Guarapuava, 114
Guaratinguetá, 111
Guarda Nacional, 66, 67, 95
Guarulhos, 101, 111, 122, 150
Guerra do Paraguai, 92, 170
Guerra dos Farrapos, 73, 82, 83
Guerra dos Mascates, 40, 41n
Guerra Fria, 293
guerras holandesas, 11, 16, 33
Guerras Napoleônicas, 257
Guiana, 182, 183

hegemonia paulistana, 119, 120
Henderson, James, 192n
hidrelétricas, usinas, 133
História da fundação do Império brasileiro (Silva), 31n
História do Brasil de 1831 a 1840 (Silva), 65
História do café no Brasil (Taunay), 213
História do Império (Monteiro), 45n

História do Maranhão (Godóis), 37n
História e ideal (Candido), 279
História geral das bandeiras paulistas (Taunay), 27n, 28n
História geral do socialismo (Beer), 10
História seiscentista da vila de São Paulo (Taunay), 23n
História territorial do Brasil (Freire), 18n
History of Brazil (Armitage), 58n
History of Brazil (Henderson), 192n
Hobsbawm, Eric, 294, 295
holandeses, 16, 34, 35, 38, 40
Hospedaria dos Imigrantes, 264
Humboldt, Alexander von, 177, 181

Idade da Pedra, 14
Ideia de revolução no Brasil — 1789-1801 (Mota), 295n
ideologia, 55, 65, 81, 206, 276, 277, 278, 284, 293
Igreja Católica, 217, 289
Ilha Grande (RJ), 119
Ilhéus, 16
imigração, 24, 66, 78, 92, 134-5, 149, 211, 229-30, 244, 249, 255-7, 259-73, 288
imperialismo, 289, 295
Império brasileiro, O (Lima), 219
imprensa, 53, 59, 68, 78, 81, 201, 214, 220, 223, 225, 276, 286
Impressão Régia, 191, 197
Inácio, Bernarda de Francisco, 202
Independência do Brasil, 11, 39, 45-6, 49-58, 62-3, 67, 69, 82, 88, 143, 170, 172, 196-9, 201, 205-9, 214-7, 222, 230, 258, 260, 285
Índia, 14, 34
Índias, 14, 16, 34, 86, 159
índios, 20-1, 24-8, 30, 32-3, 103-5, 111, 115, 131, 139, 160-2, 164, 166, 168-70, 173, 176, 186, 190, 208, 255-6
indústria/industrialização, 132-4, 140-5, 150-1, 237, 239, 245, 247, 253, 271, 283, 291
Industrial History of the United States (Coman), 20n
infraestrutura econômica, 29, 50, 291
Inglaterra, 15, 44, 45, 47, 85, 86, 87, 90, 214, 295
Instituto de Organização Racional do Trabalho, 229n, 287
Instituto Histórico e Geográfico Brasileiro, 195

305

Introdução à revolução brasileira (Sodré), 295n
Introdução da geografia brasílica (Galvão), 174
Irala, Martínez de, 166
Itaboraí, visconde, 96
Itália, 249, 263, 266
Itapecerica, 101, 111, 122, 139
Itapetininga, 113, 114
Itararé, 113
Itu, 113, 119, 131

Jacareí, 111, 113, 115
Jacques, Cristóvão, 162
japoneses, 149
jesuítas, 25-8, 106-9, 111, 139, 168-9, 172, 217
João I, d., 14
João III, d., 25
João VI, d., 11, 44, 46-7, 50-1, 53, 58, 62, 197, 215, 222
Judiciário, Poder, 59, 291
Jundiaí, 104, 123, 130, 140, 143, 151, 264
Junta Diretiva da Tipografia Régia, 175

Kant, Immanuel, 180
Kruchov, Nikita, 277

La Blache, Paul Vidal de, 283
La Condamine, Charles-Marie de, 189
Lacerda, Joaquim Maria de, 193
ladinos, 87n
Laërne, Van Delden, 213
Laski, Harold J., 294n
latifúndios, 19, 23
Lavor, Vicente Ferreira, 71, 72
lavoura, 22, 27, 36, 38, 40, 173, 213, 230, 233-4, 237-8, 243, 245-50, 261-2, 264-7, 271
Lavradio, marquês de, 37, 39
Leal, Aurelino, 53
Leão, Honório Hermeto Carneiro, 74
Ledo, Joaquim Gonçalves, 202
Legislativo, Poder, 59, 95
Lei de Terras (1850), 216, 286
Lemos, Miguel, 218
Leonor Teles, rainha de Portugal, 13
Leroy-Beaulieu, 42n
Levante dos posseiros, O (Priori), 292
Levine, Robert M., 292n
Lévi-Strauss, Claude, 283
liberalismo, 55, 59, 83, 85, 207

liberdade econômica, 52, 55
Liga Progressista, 95
Lima, Araújo, 81n
Lima, Oliveira, 219
Lima, Pedro de Araújo, 75
Limeira, 261
Lisboa, 25, 31, 45, 48, 69, 189, 198-9, 202-6, 215, 222
litoral brasileiro, 15, 103, 106
Lobo, Manuel, 169, 170
Lofego, Silvio Luiz, 284n
Londres, 45, 190, 199
Lopes, Fernão, 14
Lopes, Pero, 163
Lorena, 111
Löwy, Michael, 285n

M'Boi, 101, 111, 122, 139
Machado, Alcântara, 27n
maciço paulistano, 136, 138, 140
Maçonaria, 201, 205
Madri, 163, 171
Magalhães, Benjamim Constant Botelho de, 218
Maioridade, 63, 71, 83, 198
Malásia, 105
Malcher, Félix Antônio Clemente, 71, 72
Malheiro, Perdigão, 210
Malte-Brun, Conrad, 192, 194n
Malte-Brun, V. A., 194
mandioca, 20, 54, 116
Manifesto comunista (Marx & Engels), 285, 294
Mantiqueira, serra da, 111, 113, 114, 125, 126, 135
Maranhão, 10, 23, 24n, 26, 31, 32, 36, 41, 42, 60, 67, 71, 75, 82, 186, 203
Mariani, José, 69
Mariátegui, José Carlos, 295
Mariutti, Eduardo Barros, 295n
Martinez, Paulo Henrique, 281
Martius, Carl Friedrich Philipp von, 177
Marx, Karl, 285, 286, 290, 291, 294
marxismo, 278, 293, 294
Marxismo, guerras e revoluções (Deutscher), 294n
mascates, 40n; *ver também* Guerra dos Mascates
Mason-Dixon Line, 20n
massas, 10, 51, 63, 65, 67, 69, 70, 71, 72, 76, 82, 84, 201, 290, 292

ÍNDICE REMISSIVO

Mato Grosso, 110, 114, 118, 123, 167, 168, 173, 183, 184, 190, 283
Mauá, barão e visconde de, 213
Mauá: Irineu Evangelista de Sousa — Barão e Visconde de Mauá 1813-1889 (Faria), 213
Mauá: Restaurando a verdade (Rabelo), 213
Mayeta, Simão, 168
Medrano, Catalina, 162
Melo, Figueira de, 79
Memórias para a história da capitania de São Vicente (Frei Gaspar), 18n, 188
"Memórias sobre a capitania de Minas Gerais" (Couto), 190n
Mendes, Manuel Odorico, 60n
Mendes, Teixeira, 218
Mendonça, F. J. Machado de, 41n
Meneses, Rodrigo César de, 42
Mennucci, Sud, 210
Menoridade, 10, 11, 62, 65, 66, 75
mercadorias, 21, 31, 35, 152
Mestre de Avis, 13
Middle West, 105n
1930, o silêncio dos vencidos (De Decca), 295n
1848, o aprendizado da República (Agulhon), 291
Milliet, Sérgio, 192, 276
minas/mineração, 34, 37, 38, 39, 40, 114, 118, 173, 230, 231
Minas Gerais, 61, 106, 111, 113, 118, 119, 125, 168, 173, 185, 190, 202, 213, 242, 283
Miranda, França, 198, 202
Mococa, 113
Moderador, Poder, 59, 81, 95
Mogi das Cruzes, 111, 122, 150
Mogi Mirim, 113, 119
Moisés, José Álvaro, 290n
Molucas, ilhas, 160, 162
monarquia, 44, 45, 46, 50, 51, 83, 94, 199, 200, 203, 222, 256, 257, 258
Monbeig, Pierre, 234, 235, 240, 283
monopólios, 16, 26, 36, 39, 40, 41, 55, 256, 269
Monteiro, Tobias, 45n
Montevidéu, 135
Montezinho, Antônio Roiz, 114n
Morais, Evaristo de, 210
Mosquera, Rui de, 162
Mota, Carlos Guilherme, 295n
Motins Políticos do Pará (Antônio), 70n
Moura, Caetano Lopes de, 192n

Moure, J. G. Amadeo, 194n
mouros, 25
Müller, Daniel Pedro, 119n
Münster, Sebastian, 179

Nabuco, Joaquim, 11, 29n, 84, 88n, 91, 215
Naiva, Ricardo, 76
Napoleão Bonaparte, 199
Nassau, Maurício de, 38
negros, 21, 24, 25, 27, 28, 36, 87, 89, 90, 230
Néri, Santana, 92n, 211
Nóbrega, Manuel da, 108, 109
Noite das Garrafadas, 61
Nordeste brasileiro, 78, 111, 185, 203, 230, 231
Notas introdutórias à lógica dialética (Prado Jr.), 281
Notices of Brazil (Walsh), 57n
Nova Zelândia, 248
Novais, Fernando Antonio, 295n
Novo Mundo, 14, 158, 169

Ocidente, 159
olarias, 23
Oliveira, Machado de, 69
Opinião Liberal, 95
Ordem de Cristo, 16
Ordenações Manuelinas, 17, 28
organização política, 32, 176, 215
Oriente, 34, 159
Osório, Jerônimo, 176
Ottoni, Teófilo, 63, 95
ouro, 15, 34, 37, 90, 114, 118, 144, 161, 163, 167, 168, 173, 212, 213, 230, 231
Ouro Preto, 96
Ouvidorias, 184

Pacífico, oceano, 159, 167
Pai dos pobres?: O Brasil e a era Vargas (Levine), 292
Palmella, conde de, 199
Panamá, 167
Pará, 10, 22, 26, 32, 36, 40, 53, 64, 67-9, 71-3, 174, 184-5, 194, 203
Paraguai, 26, 160-1, 163-8, 173, 182-3
Paraíba, 36, 67
Paraíba, rio, 213, 262
Paraibuna, 103, 125, 129
Paraná, 106n, 110, 113-4, 120, 123, 129, 165, 168-9, 185, 237, 242, 251, 283, 292

307

Paranapiacaba, serra de, 113, 130
parasitismo colonial, 34, 35, 47
Parati, 103, 115, 119, 125, 129
Parlamento inglês, 45
Partido Comunista, 276-7, 289-94
Partido Socialista, 276, 277
Patagônia, 163
Pátio do Colégio, 107
Patriota, O, 189, 190
pau-brasil, 14, 36, 158, 213, 270
Paulo no século XVI (Taunay), 20*n*
pecuária, 16, 19, 22, 75, 185
pedras preciosas, 14, 15
Pedro I, d., 50-1, 54-6, 58-67, 74, 82, 94-6, 204, 223
Pedro II, d., 67, 68, 214
Pena, Herculano Ferreira, 81
Pensilvânia (EUA), 105*n*
Pereyra, Carlos, 166
Pernambuco, 10, 15-6, 36, 38, 40-1, 67-8, 74, 77-81, 83, 162, 203, 205-6, 223-5
Peru, 163, 166-7, 172, 295
Pestana, Rangel, 95*n*
petróleo, 132, 282, 292, 293
Petróleo e nacionalismo (Cohn), 293*n*
Piauí, 22, 23, 75, 205, 279
Pimentel, Ana, 103
Pindamonhangaba, 111
Pinheiros, rio, 110-1, 136, 138-9, 141-2, 144, 146
Pinho, Wanderley, 219
Pinto, Pereira, 86*n*, 87*n*
Pinto, Rui, 162
Pioneiros e plantadores de São Paulo (Monbeig), 283*n*
Piracaia, 126
Piracicaba, 110, 115, 119
Piratininga, 105-8, 144, 151, 161, 283
Pita, Rocha, 188
Pitt, William, 45
Pizarro, 163
planalto paulista, 23, 103, 109, 111, 113, 114, 125, 128, 143
Pombal, marquês de, 27, 217
Pombo, Rocha, 10, 22, 31, 35
população brasileira, 49, 55, 64-5, 230-3, 252, 265, 267, 270
população colonial, 28, 29*n*
população rural, 235-8, 240-1, 244, 247, 251, 253-4, 269, 287, 293

Populações meridionais do Brasil (Vianna), 278
Portugal, 13-4, 28, 34-5, 37-8, 42, 45-7, 53, 56, 58, 66, 86, 108, 163, 165, 169-70, 174, 198, 201-2, 204, 206-7, 215-7, 221-2, 258, 262, 285
Portugal e Brasil na crise do antigo sistema colonial (Novais), 295*n*
Portugal, Tomás Antônio Vilanova, 199
positivismo, 218
Prado, Eduardo, 92*n*, 211
Praieira, Revolução *ver* Revolta Praieira
prata, 90
Prata, rio da, 116, 158-9, 162-72, 182, 258
Precursor do abolicionismo no Brasil: Luís Gama (Mennucci), 210
Primeiro Reinado, 58, 62, 64
Priori, Ângelo, 292
Proclamação da República, 218
Programas dos partidos, Os (Brasiliense), 94, 95
propriedade rural, 20, 229, 242, 250-1, 265, 268, 287
proprietários rurais, 29-30, 32, 38, 40-1, 49, 52, 54-6, 62, 75, 78, 91, 258, 260
prosperidade, 24, 27, 89, 153, 231-2, 248-50, 270, 273
Província Cisplatina, 53
Prússia, 262
Ptolemeu, Cláudio, 178, 179, 182
puãs, 105

Queirós, Eusébio de, 87
Quintas, Amaro, 295*n*

Rabelo, Castro, 213
Raça de gigantes (Elis), 20*n*
Raffard, H., 205
Raiol, Domingos Antônio, 70*n*
Ramalho, João, 106, 108, 109, 161
Rapport sur la culture du café en Amérique, Asie et Afrique (Laërne), 213
Rasquin, Jaime, 165
Ravasco, Bernardo Vieira, 22, 23
Rebeldes primitivos (Hobsbawm), 295*n*
Recife, 24, 38, 41, 79, 128
Réclus, Élisée, 195
recolonização, 50, 53, 55, 56, 58, 62
reforma agrária, 251, 269, 271-2, 287-8
Regência, 66, 69-70, 72-3, 75, 83, 278
rendeiros, 28, 29, 55

ÍNDICE REMISSIVO

Resende (RJ), 119
Revérbero Constitucional Fluminense, 202
Revista Brasiliense, 276
Revista do Instituto Brasileiro, 38n
Revolta dos Cabanos *ver* Cabanada
Revolta Praieira, 10, 11, 75, 79-82, 282
Revolução Chinesa (1949), 294
Revolução Constitucionalista do Porto, 46, 199-204, 222
Revolução de 1930, A (Fausto), 295n
Revolução Francesa, 44, 85, 221
Revolução Pernambucana, 198, 222
Revoluções do Brasil contemporâneo (Carone), 290, 295n
Révolution permanente, La (Trótski), 290
Ribeirão Preto, 235
Rio de Janeiro, 18, 24n, 37, 39, 41, 48, 53, 60, 65, 69, 78, 92, 102, 106, 119, 126, 153, 163, 168-77, 185, 188-9, 191, 197, 199-206, 210, 213, 215, 217, 222-4, 251, 259, 282, 290-2, 294-5
Rio Grande do Norte, 23, 36, 225
Rio Grande do Sul, 73, 113, 165, 171, 185, 241-2, 251-2
Rio Negro, 69
riqueza, 24, 34, 38, 78, 128, 160, 162-4, 166, 221, 248-9, 265, 270
Ritter, Carl, 177
Rivera, Hernando de, 165, 166
Rodrigues, Manuel Jorge, 72
Rose, R. S., 291n, 292n
Rousseau, Jean-Jacques, 52
Ruiz-Montoya, Antônio, 174

Sá, Mem de, 107, 109
Saint-Adolphe, Milliet de, 192
Saint-Hilaire, Auguste de, 177, 191, 192
Salões e damas do Segundo Reinado (Pinho), 219
Sampaio, Teodoro, 115, 127
Sanlucar de Barrameda, 162
Santa Catarina, 129, 160-2, 165, 169, 171, 242, 251-2, 259
Santa Cruz, Alonso de, 161
Santa Rita Durão, José de, 176
Santiago, José Joaquim da Silva, 70
Santo Amaro, 16, 111, 129, 133, 139, 152
Santo André, 104, 106-9, 111
Santos, 27, 102, 104, 116, 121, 128, 140, 263
Santos Marrocos, Luís Joaquim dos, 188

São João do Príncipe, 119
São José dos Campos, 111
São Luiz do Paraitinga, 103, 129
São Miguel, 101, 111, 122, 172
São Paulo, 16, 20, 24n, 26-7, 42, 92, 101-53, 163, 165, 168, 171-2, 185, 195, 202, 208, 231-6, 239, 241-4, 248-9, 251, 261, 263-4, 266, 269, 278-9, 282, 284, 287-8, 290
São Sebastião, 103, 115, 116, 119-20, 125, 128-9
São Vicente, 15, 19, 26, 102-3, 116, 161-2, 164, 168-9, 172, 188
sapatarias, 23
Saudades de São Paulo (Lévi-Strauss), 283n
Schumpeter, Joseph A., 294n
Segunda Guerra Mundial, 293
Segundo Reinado, 10-1, 94, 209, 211-2, 215-9, 278
selarias, 23
Sellin, A. W., 193, 195
semangs, 105
Senabria, Juan de, 165
Senado, 42, 60, 68, 93, 95, 169, 214
senhores de engenho, 21, 24, 29, 40, 75
Sentido social da revolução Praieira, O (Quintas), 295n
Sentinela da Liberdade, A, 205, 223, 224, 225
Sentinela da Praia Grande, A, 207
Sergipe, 74, 176, 184
Serra da Borborema, 185
Serra do Mar, 102-5, 115, 117, 119, 121, 125-6, 129-30, 133, 135, 185, 263
Serra, Ricardo Franco de Almeida, 190
serrarias, 23
sertanistas, 9, 21, 23
Sertão, Domingos Afonso, 22, 23
Sertões, Os (Cunha), 26
Sete de Abril, 11, 62-7
Sete ensaios de interpretação da realidade peruana (Mariátegui), 295n
"Significação do Manifesto Comunista na sociologia e na economia, A" (Schumpeter), 294n
Silva, Luís Alves de Lima e *ver* Caxias, duque de
Silva, Pereira da, 31n, 42, 65
Soares, Gabriel, 176, 189
Soares, Glaucio Ary Dillon, 291n
Soares, José Carlos de Macedo, 275
soberania nacional, 52, 53, 293
socialismo, 278, 293, 294
Socialismo ou barbárie (Castoriadis), 294n

309

Sociedade Conservadora, 67, 68
Sociedade Defensora da Liberdade e da Independência Nacional, 65, 66
Sociedade e política no Brasil (Soares), 291*n*
Sociedade Militar, 68
Sodré, Nelson Werneck, 295*n*
Solimões, rio, 174, 184
Solís, Juan Díaz de, 159, 160, 162, 164
Sorocaba, 113, 114, 123, 139
Sousa, Bernardo Lobo de, 70
Sousa, Irineu Evangelista de *ver* Mauá, barão e visconde de
Sousa, José Monteiro de, 95*n*
Sousa, Luís Antônio de Silva e, 190
Sousa, Martim Afonso de, 103, 106, 108, 161, 163, 164
Sousa, Tomé de, 28, 106, 162
Spix, Johann Baptiste von, 177
Stálin,Ióssif, 293
subsistência, 18, 30, 49, 56, 134, 232, 240, 271
Sweezy, Paul M., 294*n*

Tamanduateí, rio, 107, 110, 136-45
Tamoio, 197, 198, 202, 207, 208, 285
Tatuoca, ilha de, 73
Taubaté, 111, 115, 131
Taunay, Afonso de, 20, 23, 27*n*, 28*n*, 114, 213
Teoria da revolução no jovem Marx, A (Löwy), 285*n*
Terceiro Estado, 52
terra roxa, 126, 127, 262
Thompson, E. P., 295
Tietê, rio, 104, 109-11, 114-5, 121, 124, 126-7, 130, 132-3, 136, 138-45, 152
topografia, 104, 107, 113, 129, 130, 138, 139, 145, 146, 148, 149, 163
Tordesilhas, linha de, 158, 163, 165
Torre do Tombo, 189
Torreão, Basílio Quaresma, 193
tráfico de escravos, 34, 57, 85-92, 211, 230, 256, 258-60, 263, 265, 267
Transferência da Corte (1808), 44-6, 187-91, 200, 256
Tratado de geographia elementar, physica, histórica, ecclesiastica e politica do Império do Brasil (Moure & Malte-Brun), 194*n*
Tratado de Tordesilhas, 172

Tratados celebrados pelo Brasil (Pereira Pinto), 86*n*, 87*n*
Triângulo Mineiro, 114, 120, 123
Triássico, período, 127
Trótski, Liev, 290
Tunísia, 248

Ubatuba, 103, 115, 119-20, 125, 128-9
UDN (União Democrática Nacional), 276
Uma das coisas esquecidas (Rose), 291*n*, 292*n*
União Soviética, 275, 277, 293, 294
Universidade de Coimbra, 217, 221
urbanização, 143, 145, 146, 291
Uruguai, 135, 183, 213

Vale do Itajaí, 252
Vale do Paraíba, 103, 111, 113-4, 119-20, 123-9, 136, 139, 153, 233-4
Valença (RJ), 119
Valverde, Zelio, 197*n*
Varenius, Bernhardus, 180
Vargas, Getúlio, 291, 292
Vasconcelos, Inácio Corrêa de, 69
vassalagem, 16
vedás, 105
Veiga, Evaristo da, 65
Velho Mundo, 44, 52, 212
Vergueiro, Nicolau de Campos, 261, 263
Vespucci, Américo, 14
Vianna, Oliveira, 10*n*, 17, 91, 278
Vicente do Salvador, frei, 176, 189
Vida e morte do bandeirante (Alcântara Machado), 27*n*
Vieira, Antônio, padre, 27*n*
Vila Bela, 119
Vinagre, irmãos, 70, 71, 72
Vinhas, Moisés, 290
violência, 50, 199, 219, 291, 292
Voyage dans les provinces de Rio de Janeiro et de Minas Gerais (Saint-Hilaire), 177*n*

Wainer, Samuel, 291
Walsh, Robert, 57*n*
Wappaeus, J. E., 193, 195
Washington Luís, 42*n*

zonas econômicas, 22
zoologia, 185-7

Imagem de capa: *Ouro Preto, 1941.*

Foto tirada em viagem de estudos ao sul e ao norte de Minas Gerais (em especial às antigas regiões mineradoras). Desde muito cedo acostumado a viajar, e a utilizar as viagens como método de conhecimento, Caio Prado Jr. tinha na documentação fotográfica importante suporte ao trabalho de historiador e geógrafo. Retratando sobretudo os processos de produção, a cultura material, a atuação do homem no terreno, as mudanças e também as permanências na história, cpj era no entanto um fotógrafo talentoso, como revelam suas belas paisagens, recortes urbanos e a captação de momentos singelos do cotidiano.

Os muitos álbuns que organizou reunindo fotos das várias viagens de estudo e reconhecimento que fez ao interior do Brasil, ou mesmo álbuns com fotos de família, são testemunho do gosto do autor pela fotografia e pelas viagens — e da importância que tiveram em seu trabalho e em sua vida.

Os editores agradecem o pessoal do Instituto de Estudos Brasileiros da Universidade de São Paulo (ieb/usp) pelo apoio na pesquisa iconográfica para este volume.

1ª EDIÇÃO [2012] 2 reimpressões

ESTA OBRA FOI COMPOSTA PELO ACQUA ESTÚDIO EM MINION E IMPRESSA
PELA GRÁFICA SANTA MARTA EM OFSETE SOBRE PAPEL PÓLEN SOFT
DA SUZANO S.A. PARA A EDITORA SCHWARCZ EM AGOSTO DE 2021

A marca FSC® é a garantia de que a madeira utilizada na fabricação do papel deste livro provém de florestas que foram gerenciadas de maneira ambientalmente correta, socialmente justa e economicamente viável, além de outras fontes de origem controlada.